Aforismos para a
Sabedoria de Vida

O livro é a porta que se abre para a realização do homem.

Jair Lot Vieira

SCHOPENHAUER

AFORISMOS PARA A SABEDORIA DE VIDA

2ª edição

Tradução
RÔMULO ARGENTIÈRE

edipro

Copyright desta edição © 2022 by Edipro Edições Profissionais Ltda.

Título original: *Aphorismen zur Lebensweisheit*. Traduzido do alemão a partir da edição *Parerga und Paralipomena*, editada por Julius Frauenftädt e publicada em Leipzig, em 1875.

Todos os direitos reservados. Nenhuma parte deste livro poderá ser reproduzida ou transmitida de qualquer forma ou por quaisquer meios, eletrônicos ou mecânicos, incluindo fotocópia, gravação ou qualquer sistema de armazenamento e recuperação de informações, sem permissão por escrito do editor.

Grafia conforme o novo Acordo Ortográfico da Língua Portuguesa.

2ª edição, 2022.

Editores: Jair Lot Vieira e Maíra Lot Vieira Micales
Coordenação editorial: Fernanda Godoy Tarcinalli
Tradução: Rômulo Argentière
Edição de texto (1ª edição): Murilo Oliveira de Castro Coelho
Edição de texto (2ª edição): Fernanda Godoy Tarcinalli
Revisão: Brendha Rodrigues Barreto e Tatiana Tanaka
Diagramação: Karine Moreto de Almeida
Capa: Karine Moreto de Almeida

Dados Internacionais de Catalogação na Publicação (CIP)
(Câmara Brasileira do Livro, SP, Brasil)

Schopenhauer, Arthur, 1788-1860

    Aforismos para a sabedoria de vida / Arthur Schopenhauer ; tradução Rômulo Argentière. – 2. ed. – São Paulo : Edipro, 2022.

    Título original: Aphorismen zur Lebensweisheit

    ISBN 978-65-5660-058-1 (impresso)
    ISBN 978-65-5660-059-8 (e-pub)

    1. Conduta de vida 2. Filosofia alemã 3. Schopenhauer, Arthur, 1788-1860 I. Título.

21-84917   CDD-193

Índice para catálogo sistemático:
1. Schopenhauer : Filosofia alemã : 193

Cibele Maria Dias – Bibliotecária – CRB-8/9427

---

edipro

São Paulo: (11) 3107-7050 • Bauru: (14) 3234-4121
www.edipro.com.br • edipro@edipro.com.br
@editoraedipro   @editoraedipro

SUMÁRIO

NOTA BIOGRÁFICA 7

A influência de Schopenhauer 20

NOTA DA TRADUÇÃO 21

NOTA DA EDIÇÃO 23

AFORISMOS PARA A 25
SABEDORIA DE VIDA

INTRODUÇÃO 27

CAPÍTULO 1 - Aforismos para a Sabedoria de Vida 29
Divisão fundamental

CAPÍTULO 2 - Do que cada um é 37

CAPÍTULO 3 - Do que cada um tem   59

CAPÍTULO 4 - Do que cada um representa   67

CAPÍTULO 5 - Parêneses e máximas   115

CAPÍTULO 6 - Das diferentes épocas da vida   187

NOTA BIOGRÁFICA

Arthur Schopenhauer nasceu em Danzig (Prússia, atual Polônia), cidade livre, naquela época sob a tutela nominal da Polônia, no dia 22 de fevereiro de 1788. Foi o filho primogênito do negociante Heinrich Floris Schopenhauer e de Johanna Trosiener. Sua irmã, Adela, nasceu nove anos mais tarde, isto é, em 1797. A mãe do filósofo era filha de um conselheiro daquela cidade e tinha se casado com Heinrich em 1785. Floris Schopenhauer era um homem estimado pelos seus colegas; devido aos seus negócios, havia viajado muito pela França e pela Alemanha; gostava da cultura clássica e das ideias das instituições liberais; possuía uma inteligência clara e ao mesmo tempo uma vontade tenaz, inflexível e predisposta a determinar-se por meio de decisões tão rápidas como irrevogáveis. Quando, em 1793, a Polônia desmembrou-se e Danzig foi anexada à Prússia,[1] privada de suas liberdades e privilégios (Floris, republicano até a medula, entregou-se às vivas manifestações de entusiasmo quando os revolucionários tomaram a Bastilha), decidiu emigrar antes de submeter-se como um súdito mesquinho a uma monarquia absoluta. Realizou seu intento à custa de grandes perdas para os seus negócios, e fugiu com sua mulher e seu filho para Hamburgo, onde estabeleceu outra casa de comércio. Foi nessa cidade que começou a educação de Arthur.

---

1. O ducado da Prússia era uma dependência do reino da Polônia até o século XVII, e o reino da Prússia permaneceu como parte da Polônia até o reinado de Frederico II.

Aos nove anos, seu pai mandou-o para a França, na cidade de Havre, na casa de um armador correspondente de sua firma, chamado Gregorio Blésimare. Passados dois anos, deu provas de extraordinária capacidade receptiva para os idiomas, uma vez que aprendeu o francês com perfeição, língua pela qual conservou sempre uma predileção especial até o final de sua vida.

De volta a Hamburgo, seu pai obrigou-o a entrar para uma das mais famosas escolas da cidade: o Instituto Runge. Ali passou quatro anos, interrompidos por viagens constantes, durante as quais visitou, em companhia de seu pai, Hannover, Praga, Dresde, Leipzig e Berlim. Ao reverso do que seu pai intencionara, essas viagens proporcionaram ao jovenzinho sentimentos diametralmente opostos às tendências comerciais. Foi durante essas viagens que Arthur tomou gosto pelas leituras e pela contemplação, desembocando em uma vida intelectual que constituiu a mais forte inclinação de seu espírito.

Seu pai percebeu essa tendência, porém, demasiado sagaz para interpor-se abertamente contra a vontade do filho, e não querendo ceder como um vencido, pois era um homem que dificilmente retrocedia em seus propósitos, tratou de ganhar terreno, propondo-lhe que entrasse imediatamente em um colégio para seguir estudos clássicos ou que empreendesse uma longa viagem pela Europa junto com sua mãe, prometendo, porém, que no seu regresso seguiria a profissão de comerciante. Arthur escolheu essa última fórmula e partiu. A primeira etapa da excursão, que durou dois anos, não foi muito agradável, pois enquanto os seus pais visitavam a Inglaterra e a Escócia, ele permanecia nove meses em Wimbledon, em uma pensão dirigida pelo pastor protestante Lancaster, onde aprendeu o inglês com tanta perfeição como antes aprendera o francês. Depois de dois meses partiu para Paris, onde visitou museus, teatros, espetáculos e diversões; esteve em Bordeaux, Montpellier, Nimes, Marselha, Toulon, Ilhas Hyeres, Lyon, Chamounix, Viena, Dresde e Berlim.

De Berlim, enquanto seu pai voltava a Hamburgo e a sua mãe dirigia-se para Danzig, foi preparado rapidamente e confirmado na igreja pelas águas do batismo. Este foi o último ato religioso de sua vida; os seus pais, que eram indiferentes à matéria religiosa, no que estavam perfeitamente de acordo, não atribuíram a menor importância. De Danzig foi se reunir com o seu pai em Hamburgo, e, consequentemente, como havia prometido, entrou em 1805 no escritório de um comerciante da cidade, o senador Jenisch. Não foi, porém, um empregado padrão. Seu pai, como esperto conhecedor de homens, equivocou-se redondamente com ele. As viagens, em lugar de despertar no jovem Arthur o gosto instintivo pelo comércio, serviram-lhe para desenvolver o sentimento de contemplação da natureza e uma insaciável curiosidade de ver, saber, compreender e abranger tudo o que naturalmente não podia satisfazê-lo, como os frios e insípidos livros de caixa e as monótonas operações burocráticas.

No seu currículo declara, não sem vaidade, essa aversão pelos negócios: "*Me pejor nullus unquam inventus est mercatorius scriba.*"[2]. Não temos sequer que anotar que, de quando em quando, dava uma escapada. Foi assim que assistiu às famosas conferências sobre a frenologia,[3] que Gall, o seu inventor, pronunciava, então, em Hamburgo.

Em abril daquele mesmo ano, um acidente imprevisto veio devolver-lhe a liberdade: a morte de seu pai. Floris Schopenhauer caíra da janela de sua casa no canal e, em consequência disso, falecera. Não se pôde verificar se o acidente fora casual ou se fora um suicídio. Talvez, esta última versão seja a verídica. A diminuição rápida da fortuna, em consequência da liquidação desastrosa dos seus negócios em Danzig, a guerra do Consulado e, finalmente, as faustosas viagens que fizeram, dão muito que pensar. O acontecimento, porém, teve para ele uma manifestação oposta. A sua mãe, inteligência aberta e culta, conservadora aguda, mulher dotada de um vivo e insatisfeito sentimentalismo artístico, correu com sua filha Adela para morar em Weimar, onde a presença de Goethe sustentava uma sociedade literária e elegante muito em harmonia com os seus gostos e aspirações. O jovem, então, impetuoso como o pai, seguiu para Hamburgo, a fim de solver os seus negócios. A empresa, porém, era mais forte do que a sua vontade, de modo que, ao fim de algum tempo de inúteis e penosos sacrifícios, decidiu, animado pelos conselhos de sua mãe e do bibliotecário Fernow, a empreender tardiamente (tinha dezenove anos) os estudos clássicos.

Por ordem de sua mãe instalou-se em certo ginásio de Gotha, longe algumas léguas de Weimar, a fim de que não turbasse com seu gênio a sociedade que a mãe havia composto em seu redor. Uns versos satíricos que escarneciam dos professores indispuseram o rapaz com o diretor, Doring, que o convidou para que se retirasse do colégio.

---

2. "Sinto-me menos que nada, quando em algum lugar, me vejo administrador de negócios." (N.T.)

3. A frenologia é um campo de estudo extinto, desenvolvido pelo médico alemão Franz Joseph Gall, que afirmava ser capaz de determinar faculdades, o caráter, características da personalidade e, portanto, traços de criminalidade por meio da forma da cabeça.

Essa decisão contrariou enormemente sua mãe, cujo salão em Weimar era o ponto de reunião de todos os homens eminentes da cidade; indivíduos como Fernow, Wieland e sobretudo Goethe davam inusitado esplendor a suas festas. Contudo, temeu que o caráter áspero de Schopenhauer fosse desbotar aquelas reuniões tão alegres. Escreveu, então, ao filho: "Não posso estar de acordo contigo em tudo o que concerne a tua vida externa". Consentiu, não obstante, que ele viesse para Weimar. Não quis, porém, que ele vivesse na mesma casa. Remeteu-o para o professor Pasow, fazendo-lhe compreender que não era conveniente deixar-se ver frequentemente por ali.

Em Weimar, o jovem entregou-se ao estudo das línguas clássicas com tal ardor que em menos de dois anos ganhou o tempo perdido, encontrando-se em condições de passar do ginásio para a universidade. Mais tarde aprendeu também o italiano e o espanhol.

Esse acontecimento coincide com a sua idade maior: vinte e um anos (1809). Logo depois de receber a parte correspondente da herança paterna, inscreveu-se na Universidade de Goettingue. Abriu-se, então, a época mais fecunda de sua vida. Em um período de dez anos acabaria por formar rapidamente o seu espírito. Apesar do estudo incessante, não se despreocupava de escrever a maior parte de sua obra.

Inscrito na Faculdade de Medicina da universidade, a abandonou logo (cursando anatomia com Hampel e anatomia comparada com o célebre Blumembach), para consagrar-se à filosofia pura. Não obstante, tirou destes primeiros estudos, especialmente da biologia, grande partido para a sua teoria do querer viver.

O caderno de anotações onde eram registrados os livros emprestados pela universidade aos seus alunos, que se conserva e que dá precioso testemunho das oscilações de seu espírito inquieto, fala claramente da vocação de nosso estudioso para com a medicina, as letras, enfim, a filosofia. Durante o primeiro semestre de sua permanência na universidade, leu Tácito, Horácio, Lucrécio, Heródoto e Apuleio. Na primavera de 1810, inscreveu-se na Faculdade de Filosofia, porém sua vocação não havia explodido; seu espírito, insatisfeito e enorme, ia de um lado para outro, antes da cristalização definitiva. De 1º de maio a 4 de agosto, pediu sempre o *Specimen archeologiae telluris*, de Blumenbach, a *Matéria médica*, de Lineu, os *Epigramas*, de Marcial e, ao terminar o semestre, só então é que leu Schelling e Platão. Foram os momentos em que a sua vocação norteou-se. Durante os dois semestres de 1810-1811, quase não leu, a não ser Shakespeare e diversas obras de filosofia: Platão, Aristóteles, Kant, *A história da filosofia*, de Tenneman e de Schulze. Schulze era o autor de uma defesa do ceticismo contra as pretensões da *Crítica da razão pura*, de Kant, publicada em 1792, com o nome de *Aenesidema*.

Na realidade, esse filósofo era medíocre, porém mostrara tanta clarividência que denunciara, magistralmente, o ponto fraco e o lado inconsequente do kantismo. Kant restringe o mundo dos fenômenos ao uso do princípio da razão suficiente sob a tríplice forma: princípio de substância, de causa e de reciprocidade. Abandona, porém, suas premissas ao admitir "afecção", uma verdadeira causalidade do *numem*[4] sobre a coisa em si. Logicamente, o criticismo deveria levar no que concerne ao absoluto, ao ceticismo puro. Era esta, em síntese, a crítica de Schulze,[5] um tanto simplista, mas surpreendente do ponto de vista em que se colocara, e que lhe valera a denominação de Schulze-Aenesidema, que conservou até os nossos dias.

Não obstante a sua fama, a impressão que Schulze causou no espírito de Schopenhauer não foi muito favorável. As notas e impressões daquela época demonstraram-no com excessiva violência e rudeza de tom: "Que besta infernal! Que bruto este Schulze!".

Mais tarde, porém, reconheceu nele "o mais penetrante dos adversários de Kant". E certamente, se Schulze não ensinou muita coisa ao seu irrequieto aluno, fez-lhe simplesmente dois favores: o primeiro foi traçar-lhe um programa de estudos que influiu enormemente no desenvolvimento de suas ideias, ao aconselhá-lo que, para iniciar-se em filosofia, estuda-se conjuntamente Platão e Kant.

Pouco depois, escrevia Schopenhauer em seu caderno de notas a seguinte notícia a propósito de Platão e Kant: "A identidade destas duas grandes e obscuras doutrinas é um pensamento fecundo que chegará a ser uma das bases essenciais de minha filosofia". Verdadeiramente, Platão e Kant e a antiga sabedoria indiana haveriam de ser brevemente os elementos inspiradores de seu sistema. O segundo serviço foi pô-lo, graças às objeções formuladas por Schulze contra o kantismo, sobre o caminho da crítica que deveria unir mais tarde, à guisa de comentários, à sua própria doutrina.

Da Universidade de Goettingue passou à de Berlim, seguindo o costume dos estudantes da época em frequentar mais de uma universi-

---

4. "*Numem*" significa sentimento de ser criatura, impotente perante a divindade e sentimento de passividade e aceitação do que os deuses fazem; conformismo perante as intervenções divinas. (N.E.)

5. Refere-se a Gottlob Ernst Schulze, considerado por muitos a maior representação do ceticismo. (N.E.)

dade. Para lá partiu levando uma carta de Goethe, conseguida por intermédio de sua mãe, endereçada ao grande filósofo Wolff.

Três grandes filósofos brilhavam, então, na Universidade de Berlim: Hegel, Fichte e Schleiermacher. Deve-se notar que o rapaz não assistiu aos cursos de filosofia de Hegel, filosofia pela qual mais tarde teria ojeriza e repulsa fundamentais.

Hoje, que os tempos estão mudados, apreciamos as invectivas de Schopenhauer contra Hegel, diz W. Durant; o neorrealismo matou o renascimento do hegelismo e da filosofia idealística. Schopenhauer assistiu às aulas de Fichte e de Schleiermacher e, com o primeiro, sustentou em conversações privadas vivas controvérsias. Desejoso de completar a sua cultura literária e científica, ouviu as conferências de F. Aug. Wolff, célebre comentarista de Homero; as do astrônomo Bode;[6] as do naturalista Lichtenstein; as do fisiólogo Horkel e também não se descurou de frequentar o anfiteatro onde Rosenthal fazia as suas célebres dissecações.

Estava a ponto de concluir o doutorado e, para isto, havia começado a escrever a tese que serviria para confirmar o título, quando os acontecimentos tomaram um caminho inesperado, interrompendo o seu trabalho. O imperador da França, Napoleão I, desejando conquistar a Europa, tratou primeiramente de romper o nó forte da Tríplice Aliança, e de isolar a Prússia. Mas Schopenhauer, não sentindo o menor entusiasmo militar, indiferente à febre de patriotismo que levantava a Alemanha inteira contra Napoleão, ao calor febril dos discursos e manifestações de Körner e de Fichte, fugia da tormenta, escondendo-se em Rudolstadt, aprazível aldeia da Turíngia. Enquanto a Alemanha lutava contra o inimigo, ele terminou a sua tese de doutorado, a "Sobre a raiz quádrupla do princípio da razão suficiente". Isso se passou na primavera de 1813. Nessa época, ele escreveu essas linhas, que refletem o estado de seu espírito:

> Minha alma estava, então, invadida pela angústia e pela tristeza. A causa disso era que eu via como a minha vida deslizava no meio de circunstâncias que reclamavam outros motivos distintos daqueles cujo germe sentia nascer em mim. No meu retiro de Rudolstadt, pelo contrário, fiquei seduzido desde o primeiro instante pelo encanto indescritível da paisagem. Detestava tudo quanto se relacionasse com a guerra. Neste vale isolado por todas as partes, graças aos seus desfiladeiros, fui feliz por não ter visto em época tão terrível um só soldado e por não ter ouvido uma só vez o repicar dos tambores.

---

6. Johann Elert Bode (1747-1826) foi um astrônomo alemão. Determinou a órbita de Urano, nome que ele mesmo sugeriu.

Logo que terminou a tese, enviou-a para a universidade mais próxima, a de Hierna - pois mandá-la à de Berlim em trânsito tão precário seria arriscar-se a perdê-la -, e no dia 2 de outubro, recebeu o seu diploma de doutor. Poucos dias depois, a tese saía impressa na própria aldeia de Rudolstadt.

Um mês mais tarde, em novembro de 1813, mudou-se para Weimar, na casa de sua mãe, com quem se reconciliara, uma vez que ela sentiu-se orgulhosa com a titulação do jovem. Ali permaneceu até maio de 1814, quando, desgostoso com ela, transladou-se para Dresde. Nunca mais tornaram-se a ver. A mãe de Schopenhauer desfrutava fama de grande novelista - muitos de seus livros foram editados por Brockhaus e reimpressos várias vezes. Conta-se que, quando o jovem Arthur azedava com a mãe, dizia-lhe que o seu nome seria conhecido na história por meio de sua filosofia. A mãe sorria com superioridade. Mas estava profundamente enganada, porque o seu nome só foi conhecido pelas gerações seguintes por intermédio do próprio filho. Ela morreu em 1838.

O mais interessante de sua passagem por Weimar foi a relação que entabulou com Goethe. O grande poeta e criador do *Fausto* fixou a sua atenção no jovem, por causa da leitura de sua tese de doutorado. Goethe o encontrou nos salões da casa de sua mãe em princípios de novembro, e convidou-o para que fosse a sua casa. A consequência da visita e da troca de ideias surpreendeu o escritor do *Werther*, que sentiu uma extraordinária e viva prova de inteligência dada pelo jovem; e escreveu, então, estas linhas a Knebel:

> O jovem Schoppenhauer (com essa ortografia) me parece um homem bastante notável e interessante... Ocupa-se com penetrante clareza em embrulhar-se com a coberta de nossa filosofia moderna. Creio que tem aptidões e disposições para fazê-lo. Veremos se os amos do albergue permitirão que ele entre em seu lugar privado. De minha parte, o acho muito espiritual.

Note-se como se comprovava a afirmação de que, anos depois, havia de fazer o próprio Schopenhauer. Por isso, ele, espírito genial, foi reconhecido e apreciado pelo grande poeta alemão, por um outro gênio, se bem que o seu talento ainda estivesse em formação. Mas, quantos anos não teriam de passar ainda para que o seu gênio fosse apreciado universalmente!

O nome do jovem doutor apareceu nove ou dez vezes no diário do grande homem de letras, entre novembro de 1813 e fevereiro de 1814, em razão de conversações científicas sustentadas entre ambos.

Foi Goethe que aconselhou a Schopenhauer a se aprofundar na teoria das cores, da qual já havia feito alguns ensaios. Conta-se que, um dia, aproximando-se de uma janela, o jovem começou a contemplar o céu, em atitude melancólica e abstrata. Algumas moças que perceberam essa atitude romântica e filosófica do jovem puseram-se a rir. Goethe, então, interveio, afirmando que aquele jovem taciturno um dia iria sobressair a todos os demais. O grande poeta, com a clarividência do gênio, pareceu antever no jovem algo de extraordinário. Uma carta extraída do *Diário de Otília*, de Goethe, para Adela, participava-lhe que o seu ilustre sogro se entregava com o mais vivo interesse à leitura de *O mundo como vontade e representação*.

Antes de Arthur partir de Weimar, para nunca mais voltar, apresentou a Goethe um caderno em branco, rogando-lhe que imprimisse ali, com o seu punho, uma recordação pessoal. O poeta escreveu o famoso dístico, no qual seu espírito penetrante e bondoso lhe quis dar uma lição paternal:

Willst du dich deines Werthes freìden,
So musst der Welt du Wert verleihen.[7]

A lição, porém, não foi ouvida. Schopenhauer devia a Goethe muito mais que conselhos. Recebeu dele, segundo declarara depois, "a graça". A estima do grande poeta e filósofo não só lhe consolou da ligeireza dos carinhos da mãe, mas veio confirmar-lhe a sua vocação, e acabou por despertar-lhe na consciência a sua genialidade. Das mãos do "divino Goethe" saiu filósofo.

Em 1813, Schopenhauer iniciou um relacionamento com o orientalista Majer, que lhe fez voltar os olhos para os escritos da Índia antiga, recentemente revelados à Europa. Essa relação não foi menos decisiva que a de Goethe para com a evolução mental do jovem pensador, pois com as suas propriedades elaborou as místicas convicções do panteísmo dos filhos do Ganges, que chegariam a ser, dentro em pouco, o leito por onde correria a sua doutrina.

Tendo rompido definitivamente com sua mãe por causa de Gerstenberg, encaminhou-se para Dresde, onde passou quatro anos dedicados à meditação do sistema filosófico que, pouco a pouco, ia se cristalizando em sua mente, segundo declarara, sem intervenção voluntária e consciente de sua parte. Anotara em um manuscrito, em 1849:

---

7. "Se queres desfrutar o próprio valor,/ concede, por sua vez, algum valor aos outros." (N.E.)

As folhas escritas em Dresde durante os anos de 1814-1818 dão o testemunho da fermentação de meu pensamento. Toda a minha filosofia brotou, então, avançando pouco a pouco, como uma paisagem formosa que aparecia entre as brumas das montanhas. É notável que, já em 1814, com 27 anos, todos os dogmas de meu sistema, incluindo os secundários, estivessem já estabelecidos.

No segundo semestre de 1814, Schopenhauer consignava em suas notas as ideias capitais que haviam de constituir os pilares de sua filosofia: *a representação submetida ao princípio de razão; a objetivação da vontade; identidade da vontade e da coisa-em-si; negação da vida e da libertação pela supressão do querer; ilusão do prazer genésico* e tudo quanto havia de mais tarde se cristalizar em *O mundo como vontade e representação*. Esse período foi verdadeiramente o mais feliz e fecundo de sua vida. Não obstante, as alegrias, os passeios pela Suíça saxônica, as amizades de que desfrutava não conseguiram desviá-lo do fim a que premeditava chegar.

Seguindo o conselho de Goethe, começou a estudar a teoria das cores. Em 1815, após um ano de sérias meditações, Schopenhauer acreditou lançar ao mundo o primeiro grão de seu sistema. Brindou o mundo culto com a sua teoria, *Sobre a visão e as cores*. Newton ensinara que a luz branca é composta por sete cores, segundo a sua experiência do disco. De onde, porém, provinham essas cores? Goethe, para resolver o problema, admitia que as cores não eram senão combinações de luz e de sombra, cujas diferenças provinham dos meios atravessados. Confirmamos que isso era mais uma opinião de poeta do que de um sábio; para essa afirmação necessitaria de lançar mão dos recursos experimentais. Schopenhauer inclinou-se, porém, para uma opinião completamente diversa. Não era nos meios exteriores, mas nos meios da atividade da retina, onde acreditava existir a diferença das cores. Essa é a tese que desenvolveu na sua segunda obra: *Sobre a visão e as cores*.

Composto o manuscrito, em julho de 1815, enviou-o para Goethe. Esperou em vão que o poeta de Weimar lhe desse a sua opinião. O esperado juízo não chegou, e no ano seguinte deu a lume o livro sem experimentar o prazer que tanto desejava. Por causa dessa tese, a amizade dos dois esfriou-se, mas prosseguiu cambaleante.

Publicada a *Teoria das cores*, entregou-se inteiramente à grande obra que, em março de 1818, ficou pronta, a qual entregou nas mãos do célebre editor Brockhaus. Em setembro do mesmo ano, devido ao seu grande esforço cerebral, mudou para a Itália, levando uma carta de apresentação de Goethe para Byron.

No fim de dezembro, aparecia *O mundo como vontade e representação*. Pouco se sabe dessa viagem (Reisebuch); é, antes de um diário de viagens, um amontoado de notas filosóficas de caráter geral, independentes umas das outras, de escasso valor e que não nos traz nenhuma luz sobre a época, as circunstâncias em que foram escritas, sobre a vida e impressões do autor. Sabe-se, por elas, que alcançou Veneza, por Viena e Trieste; depois Florença, Bolonha e Roma, onde passou o inverno. Em março, estava em Nápoles, a partir de onde voltou para a Cidade Eterna, em abril, e desta encaminhou-se novamente para Veneza.

Não se conservou nenhuma carta dessa época, a não ser as respostas de sua irmã Adela. Por uma delas sabemos que amou a uma jovem "rica e de boa família"; amou-a com tamanha intensidade que não quis apresentar a Byron a carta que havia recebido de Goethe. Ele mesmo relata o sucedido com um sabor todo especial:

> Passeava pelo Lido com a minha amada, quando a minha Dulcinéa exclamou, presa da mais viva agitação: "*Ecco il poeta inglese!*".[8] Byron passou diante de mim montado em um cavalo, a galope, e a "donna" durante todo o dia não pôde esquecer a impressão que lhe causara a figura do poeta. Foi então que decidi não apresentar a carta de Goethe: "tive medo dos cornos!".

De Veneza, passou a Milão, onde recebeu uma carta desagradável de sua irmã comunicando-lhe que a casa Bulh, de Danzig, onde estava depositada integralmente a fortuna de sua mãe e a de sua irmã, havia quebrado. Arthur respondeu que estaria disposto a repartir o dote com a irmã, e apressou-se em voltar para a Alemanha. Pôs-se a caminho, parou alguns dias em Weimar, onde viu duas vezes Goethe, e chegou em Dresde disposto a arranjar os seus interesses com a casa quebrada. Depois de empenhada discussão, negou-se a entrar na reunião de credores que aceitavam como solução mais favorável o recebimento de uma terceira parte de seus haveres. Mas Schopenhauer gritou, esbaforiu, não aceitou e foi tão feliz na sua teimosia que, dois anos depois de a casa ter normalizado os seus negócios, recebeu integralmente o capital.

Enquanto se discutia os negócios, devido à diminuição considerável das rendas, Schopenhauer lançou mão da docência. Para esse fim, dirigiu uma petição à Faculdade de Filosofia de Berlim, solicitando a abertura de um curso privado. Em 24 de março de 1820, sustentava em tese de admissão, espécie de lição de ensaio, que versou sobre "as quatro diferentes classes de causas", prova que triunfou refutando vitoriosamente

---

8. Eis aqui o poeta inglês!

Hegel; poucos dias depois inaugurava, com o título de professor titular (*privat-docens*), um curso de cinco horas semanais "sobre a filosofia em geral, isto é, sobre a essência do mundo e sobre o espírito humano". O resultado dessa tentativa não poderia ter sido mais mortificante para o seu orgulho. Foi um fracasso completo. As suas aulas não duraram mais que um semestre. Tudo em volta dele era desespero. Suas teorias filosóficas não conseguiram vencer na cátedra, nem nos livros, a não ser um elogio entusiasta do filósofo J. P. Richter, que lhe consagrou algumas linhas. Nessa contingência, fugiu para a Itália, em 1822.

Ao regressar para a Alemanha, em Munique, onde passou o inverno de 1824, sofreu um baque na saúde. No ano seguinte, foi chamado a Berlim em razão de um processo. Em 1827, sofreu novo revés da fortuna, ocasionado pela compra de títulos do governo mexicano que acabava de fundir-se na bancarrota. Até 1830 continuou em Berlim, sem que nada de novo viesse lhe turbar a monotonia da vida. Do período que vai de 1820 a 1830, a sua vida foi de uma esterilidade especial. Não obstante, estudou muito, anotou tudo, mas o seu cérebro não conseguiu cristalizar nada de novo. Em 1824, propôs a um editor a tradução de *The natural history of religion* e os *Dialogues on natural religion*, de Hume, e *De la causa, principio ed uno*, de Giordano Bruno. Pensou até em traduzir novelas inglesas... Essas tentativas não surtiram resultados. Em 1829, leu um artigo no *Foreign Review*, no qual o autor lamentava o seu sentimento por ser a obra de Kant inacessível ao público inglês; Schopenhauer escreveu uma carta magnífica para Francis Haywood, autor do artigo, propondo-lhe a tradução das obras de Kant, em inglês. Essa tentativa não deu os resultados esperados.

Traduziu a obra de Gracián, do espanhol: *El oráculo manual y arte de la prudencia*, não encontrando editor que aceitasse os originais. No ano seguinte ofereceu os seus serviços para A. de Vitry, a fim de colaborar nas traduções das obras de Goethe para o francês. Novo fracasso o esperava.

Em 1831, tendo se instalado a cólera na capital da Prússia, em meados da primavera, Schopenhauer decidiu abandoná-la. Em agosto, instalou-se em Frankfurt am Main, cidade que, segundo lhe disseram, jamais foi visitada por tão terrível mal.

Em Frankfurt foi onde encontrou um biógrafo – Gwinner; onde fez os primeiros discípulos; onde a atenção pública fixou-se nele. Ao cabo de tantos anos de espera, a fama abriu-lhe as portas para a glória e a imortalidade. Renunciou definitivamente o "demônio das viagens", o amor, a família, a docência, dedicou-se exclusivamente em terminar a sua obra e esperou gostosamente cair nos braços da popularidade. Assim, transcorreu a sua vida durante esses anos. Em 1836, mudou de casa, e foi residir à margem direita do Main, em um lugar chamado Bellevue. No ano anterior, fizera uma excursão pelas margens do Reno. Dali para diante não abandonou mais Frankfurt. Não foi mais a Bonn, onde viviam retiradas a sua mãe e a irmã. A sua vida transcorreu monótona, mas cheia de vivacidade interior: lia tudo, escrevia muito. Todos os dias, depois do almoço, dava um passeio a pé, assim como fazia Kant, que, segundo dizia ao seu criado Lampe, podiam acertar o relógio pela matematicidade do passeio do grande criticista. Schopenhauer adornou a biblioteca com um busto de Kant, os retratos de Goethe e de Descartes, e um busto tibetano do qual ele gostava. Tinha por companheiro um cão chamado "Atma" porque amava muito os animais na mesma intensidade com a qual odiava aos homens. Quando via passar as águas do rio, na sua mansidão, modulava na flauta algumas melodias ou sinfonias de Haydn e canções italianas aprendidas no azar dos tempos passados.

Em 1833, teve a ideia de fazer uma segunda edição de *O mundo como vontade e representação*. Desde a publicação da primeira havia lido especialmente obras de história natural, biologia e meditava vagarosamente sobre o que lia. Tinha receio de lançar essa ideia, pois a primeira edição fora totalmente destruída por não ter sido vendida. Nessa contingência, reunia as notas que anteriormente havia feito e publicou um brilhante opúsculo intitulado *A vontade na Natureza*.

Ao inteirar-se de que dois professores de Königsberg, Rosenkranz e Schubert, pensavam publicar a edição completa das obras de Kant, escreveu-lhes em termos tão convincentes, demonstrando que Kant havia "inutilizado, deformado, estropiado" a sua própria obra na segunda edição, e que deveriam tomar cuidado em servir-se dela. Oferecia-lhes um estudo que havia feito de ambas as edições, a primeira e a segunda e até um índice das erratas e falhas de impressão dos *Prolegômenos a toda metafísica futura* e da *Crítica da razão pura*. Todas as suas correções e observações foram aceitas, com grande satisfação de seu amor-próprio. Pode-se dizer que a edição das obras de Kant saíram mais perfeitas do que nunca, graças a sua intervenção.

A segunda alegria não se fez esperar. No ano de 1839, a Academia de Ciências da Noruega abriu um concurso para premiar um trabalho sobre o tema: "A liberdade da vontade". Schopenhauer enviou uma dissertação que foi premiada, recebendo ao mesmo tempo o título de membro daquela organização. Não obstante, uma segunda tese levada a concurso pela Sociedade Dinamarquesa de Ciências foi refugada, porque alegaram que o autor deixou-se arrastar pela violência da linguagem contra os professores de filosofia, principalmente Schelling e Fichte. Ambos os trabalhos apareceram no ano seguinte sob o título comum de *Os dois problemas fundamentais da ética*. Depois disso, durante três anos, preparou em silêncio o segundo volume de *O mundo como vontade e representação*. Era um novo tomo, uma espécie de coleção de provas que havia tirado de suas leituras e que vinham confirmar a tese fundamental de sua filosofia. Escreveu novamente para Brockhaus, que se negou a imprimir a obra. Por fim, depois de uma exurrada de cartas o editor cedeu à resistência e a obra apareceu em 1844, em Leipzig, enriquecida com o volume complementar.

Três anos depois, reeditou a sua tese de doutorado ("Sobre a raiz quádrupla do princípio da razão suficiente"). Nem esta e nem aquela conseguiram romper o gelo. Pensando que a sua dialética fosse inacessível ao grande público, começou a compor umas notas breves e reflexões sobre a vida, observações das leituras feitas nos tempos passados. Daí apareceu o *Parerga e Paralipomena*, que não conseguiu aceitação de nenhum editor. Graças à intervenção de um de seus mais entusiastas discípulos, Frauenstaedt, a obra foi lançada em Berlim.

Com essa obra de amarguras, a glória veio-lhe às mãos. Discípulos e admiradores se multiplicavam; o seu nome se espalhava pelo mundo; revistas alemãs e estrangeiras começavam a proclamar o seu nome. A Faculdade de Leipzig abriu um curso para explicar a sua filosofia; artistas famosos corriam a Frankfurt plasmar seus elogios; Elizabeth Ney modelou o seu busto; Wagner dedicou-lhe um exemplar de seu "Ring" com "veneração" e "gratidão"; protestos de admirações; banquetes; flores em seus aniversários; a curiosidade geral, tanto tempo adormecida, agora ficava pasmada em vê-lo passar pelas ruas de Frankfurt; viajantes que chegavam especialmente para sentar-se com ele na mesa redonda do Hotel da Inglaterra. Era a glória enfim, a glória tão almejada e tão esperada! W. Durant disse que Schopenhauer no fim da vida quase virou otimista.

Arthur Schopenhauer morreu no dia 4 de setembro de 1860, de uma congestão pulmonar. Extinguiu-se sem sofrimento, sentado no seu sofá debaixo do retrato de Goethe. Pensavam que ele estava dormindo, mas quando observaram-no certificaram-se de que havia expirado.

No cemitério de Frankfurt, onde foi enterrado, existe uma lápide de mármore negro, tal como foi a sua vontade, oferecendo à curiosidade do emocionado visitante apenas estas duas palavras: *Arthur Schopenhauer*.

A influência de Schopenhauer

Nesta breve biografia, podemos agregar que a influência da filosofia de Schopenhauer foi grandiosa em todos os ramos: na ciência, na filosofia e na literatura. A sua filosofia minou todo o romantismo do século XIX.

O seu intuitivismo serviu como material para Bergson compor a sua filosofia, bem como a sua obra *Evolução criadora* não é senão a vontade de Schopenhauer. As elocubrações do pessimista alemão deram nascimento à psicanálise de Freud, segundo o sarcasmo de Papini. Freud, porém, contesta essa afirmação. Contudo, na filosofia de Schopenhauer está contida embrionariamente a teoria pansexualista, bem como os conceitos do inconsciente, da neurose e do recalcamento.

Influenciou, também, nas conclusões da *teoria da relatividade*, cujo espírito filosófico, segundo conta o grande matemático Einstein, insuflou na finalidade da teoria (Ver: *Comment je vois le Monde*).

Obras consultadas:

J. B. BERGUA - *Notícia sobre Schopenhauer.*

RÔMULO ARGENTIÈRE - *A teoria da relatividade - Psicanálise e suas relações com a filosofia idealística.* Ensaio.

W. DURANT - *The story of philosophy.*

WALLACE - *Life of Schopenhauer.*

NOTA DA TRADUÇÃO

Aforismos para a Sabedoria de Vida foi traduzida do original alemão *Parerga und Paralipomena*, edição de Leipzig, 1875 (2 v.). Servimo-nos, também, das traduções espanhola e francesa; a primeira é de J. B. Bergua e a segunda, de J.-A. Cantacuzène; em sentido todo subsidiário, em um esforço pleno de compreensão. Para esclarecer melhor o texto, coloquei algumas anotações e aproveitei outras da edição francesa, que é abundante em suas informações. Isso bem demonstra os nossos esforços em fazer a edição brasileira mais completa do que as precedentes. E o nosso objetivo parece que foi conquistado, porque traduzir Schopenhauer não é tarefa fácil. A sua linguagem é flexível, clássica, às vezes nebulosa. Achei-me na contingência de prevenir os leitores para que não haja um mal-entendido na interpretação do texto brasileiro. Tomando a filosofia de Kant e de Platão como base de sua ideia, fez um sincretismo harmônico desses dois portentosos pensadores, não escapando também, a sua dialética, de algo inacessível e empanado. Repetirei a todos as palavras de um historiador sobre Spinoza:

Este livro não é para ser lido, mas para ser estudado.

R. A.

NOTA DA EDIÇÃO

No decorrer do processo de tradução, conforme explicado anteriormente, Rômulo Argentière recorreu ao cotejo do original alemão com duas edições, uma francesa e outra espanhola, e optou por reproduzir algumas notas da edição francesa no intuito de acrescentar informações relevantes para o leitor.

Na preparação desta 2ª edição, optamos por identificar a origem das notas da seguinte forma: as notas originais de Schopenhauer aparecem seguidas de (N.A.); as notas do tradutor, de (N.T.); as notas do editor da nossa 1ª edição, de (N.E.); e tanto as notas acrescidas pelo editor alemão quanto aquelas reproduzidas a partir da edição francesa foram identificadas, respectivamente, com os nomes do editor Julius Frauenftädt e do tradutor J.-A. Cantacuzène. Optamos ainda por manter o deslocamento das referências bibliográficas realizado na 1ª edição, do corpo do texto, onde estavam no original, para as notas de rodapé. Essas notas permanecem sem identificação de autoria, por pertencerem ao texto do próprio autor.

AFORISMOS PARA A SABEDORIA DE VIDA

INTRODUÇÃO

Tomo a noção da sabedoria de vida, em sua acepção imanente, ou seja, o que entendo por essa classificação, a arte de tornar a vida tão agradável e feliz à medida das possibilidades individuais. Este estudo poderia chamar-se também eudemonologia, isto é, um tratado versando sobre a vida ditosa. Encarada por esse prisma, a vida feliz, considerada do ponto de vista puramente exterior, depois de frias e maduras reflexões (já que se trata de apreciações subjetivas), é preferível à não existência. Sobre essa definição da vida feliz, ficamos apegados a ela, não só por temor à morte, como pelo desejo de vê-la durar indefinidamente. Não sei se a vida humana pode corresponder ou corresponde à noção de semelhante existência paradisíaca, uma vez que a questão foi debatida pela minha filosofia, a qual respondeu negativamente; ao contrário, a eudemonologia pressupõe uma resposta afirmativa. Essa afirmação, com efeito, baseia-se no erro inato que combati em minha grande obra *O mundo como vontade e representação*, no início do capítulo XLIX do segundo volume. Por conseguinte, para tratar a questão, tive de me afastar completamente do ponto de vista elevado, metafísico e moral a que conduz a minha verdadeira filosofia. Todas as reflexões que se seguem estão fundamentadas, mais ou menos, em uma verdadeira acomodação, uma vez que as coisas examinadas no ponto de vista habitual e empírico conservam o erro que apontamos de início. Seu valor pode ser, portanto, puramente condicional, uma vez que encaramos a palavra "eudemonologia" como um eufemismo. Não aspiro a que esta exposição seja completa; sei perfeitamente que o tema é inesgotável e, se tentasse esboçar os traços desse caminho dilatado, teria de repetir o que os outros já explanaram sobre o mesmo assunto.

Como obra digna de se ler e que trata da mesma matéria que estes aforismos, recordo, somente, alhures, o livro de Cardamus: *De utilitate ex adversis capienda*.[1] Esse livro poderá completar a parte que ofereço no meu. Aristóteles, também, no capítulo V do livro 1 de *Retórica*,[2] intercalou, a título de curiosidade, uma eudemonologia abreviada. A sua obra, porém, é demasiadamente minguada.

Por incidência, devo afirmar que não recorri a esses predecessores, porque considero que meu ofício não é compilar; se procedesse dessa forma, perderia a unidade da perspectiva, que é a alma das obras desse gênero. Os sábios, em geral, em todas as épocas disseram sempre a mesma coisa, e os néscios, isto é, a imensa maioria de todos os tempos, disseram e fizeram a mesma coisa. E tudo continuará como sempre.

Voltaire, por essa razão edificante, disse ponderadamente: "Nous laisserons ce monde-ci aussi sot et ausai méchant que nou l'avons trouvé en y arrivant." ("Deixamos esse mundo tolo e mau assim como o encontramos.").

---

1. Refere-se ao filósofo e médico Joan Cardami, conhecido como Cardamus, do século XVI, pai das primeiras tentativas de compreender a mente humana a partir do cérebro. São atribuídas a Cardamus as primeiras confirmações médicas de entender o cérebro, e não o coração, como centro das emoções. (N.E.)
2. Ver ARISTÓTELES. *Retórica*. Tradução, textos adicionais e notas Edson Bini. São Paulo: Edipro, 2011. (N.E.)

Capítulo 1
AFORISMOS PARA
A SABEDORIA DE VIDA
Divisão fundamental

Aristóteles dividiu (*Ética a Nicômaco*, 1, 8)[3] os bens da vida humana em três classes: os exteriores, os da alma e os do corpo. Não conservando essa divisão senão em quantidade numérica, direi, simplesmente, que a sorte dos mortais gravita na redução dessas três coisas fundamentais, a saber:

1. O que cada um é, ou seja, a personalidade em seu sentido dilatado. Compreende-se, por conseguinte, a saúde, a força, a beleza, o temperamento, o caráter moral, a inteligência e suas manifestações.
2. O que cada um tem, isto é, as propriedades e os bens de todas as classes.
3. O que cada um representa, por essa expressão subentendo, segundo é sabido, a maneira como os demais consideram a um indivíduo, quer dizer, sua opinião sobre ele. A subdivisão compreende as honras, a categoria e a glória.

As diferenças da primeira classe, das quais me ocuparei, são as mesmas que a natureza estabeleceu entre os homens; donde se pode inferir que sua influência sobre a felicidade ou a desgraça é mais essencial e decisiva que as diferenças derivadas das regras humanas, que mencionarei nas classes subsequentes. As vantagens verdadeiramente pessoais,

---
3. Na numeração de Bekker, 1098b10. Ver ARISTÓTELES. *Ética a Nicômaco*. 4. ed. Tradução, textos adicionais e notas Edson Bini. São Paulo: Edipro, 2014. (N.E.)

por exemplo, uma grande inteligência ou um grande coração, distinguem-se das outras vantagens que proporcionam as qualidades ou os nascimentos, mesmo que estes sejam da realeza concedida pelo dinheiro e riquezas congêneres; dessa forma, acreditamos que os reis verdadeiros são idênticos aos reis dos teatros. Metrodoro, primeiro discípulo de Epicuro, já havia intitulado um capítulo de sua obra: "De como as coisas que provêm de nós mesmos contribuem mais para a nossa felicidade do que aquelas que nascem das coisas exteriores".[4]

Para o bem-estar do indivíduo e de toda a sua maneira de ser, o principal é o que se encontra ou se produz nele. Aqui reside, logicamente, seu bem-estar ou seu mal-estar. Sob essa forma definitiva, manifesta-se, primeiro, o resultado de sua sensibilidade, de sua vontade e de seus pensamentos. Tudo o que sucede fora do indivíduo só tem influência indireta. As circunstâncias, os acontecimentos exógenos, afetam a cada indivíduo de maneira diferente; mesmo que colocadas em ambientes idênticos as pessoas vivem em um mundo distinto. E isso ocorre porque suas percepções, seus sentimentos e as inclinações da própria vontade se relacionam direta e imediatamente, enquanto as coisas exteriores não exercem influência sobre eles senão quando são a causa determinante dos fenômenos internos. O mundo em que se vive depende da maneira de quem o concebe, maneira essa que é distinta de indivíduo para indivíduo. Assim, segundo a natureza das inteligências, parecerá pobre, insípido, monótono, rico, interessante e variado. Quando qualquer indivíduo inveja de outro as aventuras notáveis que lhe ocorreram durante a vida, deveria antes invejar-lhe a faculdade de concepção que emprestou aos acontecimentos, e a importância que adquiriram ao saírem de sua boca; o mesmo acontecimento que no cérebro do homem de talento adquire matizes tão interessantes, concebido por um espírito vulgar, não passaria de uma cena insípida da vida cotidiana. Essa asserção se manifesta, com toda a evidência, em muitas poesias de Goethe e Byron, cujo assunto baixa indubitavelmente para alguma ação da vida real. Só um parvo, lendo-as, seria capaz de invejar a agradável ventura, em lugar de invejar a poderosa imaginação que, de um assunto trivial e corriqueiro, soube fazer algo tão grande e formoso. Da mesma maneira, o melancólico presenciará uma tragédia ali, onde o sanguinário não verá senão um conflito interessante, e o fleumático, um fato sem a mínima importância.

---

4. Cf. ALEXANDRIA, Clemente de. *Stromata*, II, 21, p. 362, na ed. de Würzburg das *opp. polem*. [Os *Stromata* seriam uma espécie de "história da filosofia" sem perspectiva histórica, uma miscelânea de referências que acaba por constituir um tesouro rico e eclético. (N.E.)]

Tudo isso deriva de que a realidade, isto é, toda a atualidade momentânea compõe-se de duas metades: o sujeito e o objeto. Essas metades, porém, tão necessárias e estreitamente unidas como o hidrogênio e o oxigênio para a água. Por exemplo, mesmo que as partes subjetivas ou objetivas sejam idênticas e que as objetivas ou subjetivas tenham variado nos correspondentes, a realidade atual seria totalmente distinta; a melhor e mais formosa metade objetiva, se a subjetiva é obtusa e de má qualidade, não proporcionará nunca uma atualidade e realidade má, quero dizer, em termos mais precisos, que viria a ser como uma bela paisagem vista com o tempo refletido por uma câmara escura e defeituosa. Sintetizando vulgarmente: cada um está embutido em sua consciência como em sua pele e vive imediatamente nela, porque se torna difícil socorrer-se do mundo exterior. No teatro, uns fazem papéis de príncipes e ministros, outros de lacaios, de soldados e de generais e, assim, sucessivamente. Tais diferenças, porém, não existem senão no exterior; no interior o núcleo da personalidade continua idêntico em todas, quer dizer que não somos senão uns pobres cômicos cheios de misérias e de preocupações.[5]

Na vida real sucede a mesma coisa. As diferenças de categoria e de riquezas dão a cada indivíduo um papel que não corresponde à diferença interior da felicidade e do bem-estar. Em todos os indivíduos reside, como sempre, o mesmo pobre-diabo com suas preocupações e misérias, que podem variar no que diz respeito ao fundo e à forma, porém, no que se refere ao ser, são mais ou menos idênticos em todos eles; há, seguramente, diferenças de graus, porém elas não dependem de modo algum da condição de riqueza, ou seja, do papel desempenhado na vida.

Tudo o que acontece e tudo o que existe para o homem não está senão imediatamente em sua consciência. É evidente que a qualidade da consciência é essencial à percepção imediata dos acontecimentos. Na maioria dos casos, tudo depende das imagens que nela se representam. Todo o Fausto, todos os gozos são pobremente refletidos na consciência obtusa de um medíocre se a comparássemos com a portentosa consciência de Cervantes que, sumido em um lôbrego cárcere, imaginava o D. Quixote.

A metade objetiva da atualidade e da realidade está nas mãos da sorte; é, por conseguinte, variável; a metade subjetiva está em nós mesmos; é, por consequência, imutável em sua parte essencial. Apesar de to-

---

5. Aqui reside precisamente o núcleo da filosofia de Schopenhauer, onde ressalta a influência do idealismo filosófico de Hegel, Schelling, Fichte e o objetivismo unicista do "divino" Spinoza. (N.T.)

das as mutações exteriores, a vida de cada homem é marcada pelo próprio caráter, desde o princípio até o fim. Poder-se-ia compará-la a uma série de variações sobre o mesmo tema. Ninguém pode fugir de sua individualidade. Com o homem sucede a mesma coisa que com os animais. Estes, em qualquer posição que se coloquem, permanecem confinados no círculo estreito que a Natureza traçou irrevogavelmente ao redor de seu ser. Esse paradigma explica porque todos os nossos esforços por fazer a felicidade de um animal querido devem manter-se forçosamente em limites restritos precisamente por causa de seu ser e de sua consciência. Da mesma maneira, a individualidade do homem estabeleceu de antemão a medida gradativa de sua felicidade possível. É, especialmente, o limite de suas forças intelectuais que determinam a sua aptidão para os gozos elevados. Se todos os esforços exteriores são reduzidos, tudo o que os homens ou a sorte faça por ele seria impotente para transportá-lo além da felicidade e do bem-estar humano. Como um animal que é, teria de se contentar com os gozos sensuais de uma vida íntima e alegre em sua família, de uma sociedade de baixa classe ou de passatempos vulgares. A instrução ponderada, mesmo que recebesse um certo influxo, necessitaria romper esse círculo, porque os gozos mais elevados, variados e duradouros são os do espírito, por mais falsa que possa ser nossa opinião a esse respeito, durante os anos de nossa juventude. Esse gozo depende especialmente da força intelectual. Fácil é, contudo, ver claramente como nossa felicidade depende do que somos, de nossa individualidade, enquanto levamos em linha de conta o que temos e o que representamos. É certo que a sorte pode melhorar; ademais, as pessoas que possuem a riqueza interior não exigem grandes coisas. Um medíocre, porém, será sempre um medíocre; um tolo continuará sendo sempre um tolo, mesmo que seja colocado no paraíso, rodeado pelas mais lindas huris.[6] Goethe disse:

Volk und Knecht und Überwinder
Sie gesteh'n, zu jeder Zeit,
Höchstes Glück der Erdenkinder
Sei nur die Persönlichkeit.[7]

---

6. Huris são as virgens prometidas no paraíso islâmico aos justos que morrem em Alla'h: *"E deles serão as huris [virgens] de olhos escuros, sabei que criamos as huris para eles, e as fizemos virgens, companheiras amorosas para os justos." Alcorão*, surata 56, versículos 12-40. (N.E.)

7. "Povo, lacaio e conquistador/ Reconhecem sempre/ Que o supremo dos mortais/ É somente a personalidade." (*O Divan*). (N.T.)

Que o *subjetivo* seja incomparavelmente mais essencial à nossa felicidade e aos nossos gozos do que o *objetivo*, isto se comprova em tudo, desde a fome, que é a melhor cozinheira, até o ancião, que olha com indiferença a deusa que o jovem idolatra. Destaca-se dessa asserção, especialmente, o dom da saúde, bem que excede em categoria a qualquer riqueza exterior, uma vez que, em realidade, um mendigo robusto e jovial é mais feliz do que um rei enfermo. Um temperamento tranquilo e saudável, nascido da saúde perfeita e da feliz organização; uma razão lúcida, viva, penetrante e exata; uma vontade moderada e doce terá como resultado a formação eufórica de uma boa consciência. Esses são, precisamente, tesouros que nenhuma categoria e riqueza poderão comprar. O que um homem é em si mesmo, o que lhe acompanha na solidão de sua miséria, é mais essencial para ele do que todo o ouro do mundo. Um homem de talento, na solidão absoluta, encontra nos próprios pensamentos e na imaginação riquezas para se divertir agradavelmente, enquanto o ser limitado, por mais que frequente os saraus, os espetáculos, os passeios e os divertimentos não chegará a sufocar o tédio que lhe atormenta. Um caráter bom, moderado e doce poderá ficar contente na indigência, enquanto que todas as riquezas não poderão satisfazer a um caráter ávido, invejoso e perverso. O homem dotado continuadamente de uma individualidade extraordinária e superior pode prescindir da maioria dos gozos a que o homem aspira em geral, prazeres que para ele não passam de um transtorno pesado. Horácio disse de si mesmo:

Gemmas, marmor, ebur, Thyrrena sigilla, tabellas,
Argentum, vestes Gaetulo murice tinctas,
Sunt qui habeant, est qui non curat habere;[8]

e Sócrates dizia, admirando os objetos de luxo expostos à venda: "Quantas coisas existem de que eu não necessito".

Assim, portanto, a condição essencial para a felicidade na vida é o que somos, isto é, a própria personalidade. Em todas as circunstâncias que encaramos o problema, a asserção é suficiente para explicá-lo. Ademais, a personalidade não está submetida à morte, como os bens de outras categorias, pelo que não pode ser arrebatada pelo fio da Parca.[9]

---

8. "Pérolas, mármore, marfim, estátuas, mesas, pratas, roupas tingidas de púrpura e azeviche; muitos passam sem tais coisas, outros nem se importam." (HORÁCIO, *Epistulae* II, L. II, versos 180 ss.) (N.T.)

9. Cada uma das três deusas (Cloto, Láquesis e Átropos) que fiavam, dobravam e cortavam o fio da vida (a morte). (N.E.)

Nesse sentido, o seu valor pode passar por absoluto, em contraposição ao valor puramente relativo das outras duas proposições. Dessa síntese resulta que o homem é suscetível de ser modificado pelo mundo exterior mais do que geralmente se supõe. O tempo onipotente exerce também seu poderio e as qualidades físicas e intelectuais sucumbem, insensivelmente, sob seus ataques insidiosos; unicamente o caráter moral permanece inacessível pelas suas ondas agitadas e absorventes.

Sob esse aspecto imprevisto, os bens das duas últimas categorias têm uma vantagem ponderada sobre as duas primeiras asserções, por serem bens que o tempo pode arrebatar diretamente. A segunda vantagem é que, estando colocados fora de nós, são acessíveis pela sua natureza e que cada um desfruta, pelo menos, a possibilidade eventual de adquiri-los; o que está em nós subtrai-se ao alcance do nosso poder; estabelecido *jure divino*, mantem-se invariável durante toda a vida. Os versos seguintes, de Goethe, contêm uma verdade inexorável:

> *Wie an dem Tag, der dich der Welt verliehen,*
> *Die Sonne stand zum Grusze der Planeten,*
> *Bist alsobald und fort und gediehen,*
> *Nach dem Gesetz, wonach du angetreten.*
> *So musst du sein, dir kannst du nicht entfliehen,*
> *So sagten schon Sybillen, so Propheten;*
> *Un keine Zeit un keine Macht zerstückelt*
> *Geprägte Form, die lebend sich entwickelt.*[10]

A única coisa que poderemos fazer é empregar a personalidade tal como se fôssemos tirar proveito dela; por conseguinte, não devemos perseguir senão as aspirações que nos correspondem; não procurar desenvolver senão o que nos é apropriado, evitando qualquer outra coisa que nos desvie desse caminho; não escolher, portanto, o estado, a ocupação, o gênero de vida que não nos convém.

Um atleta, dotado de extraordinária força muscular, forçado por circunstâncias exteriores a dedicar-se a uma ocupação sedentária, a um trabalho manual, meticuloso e pesado, ao estudo e às ocupações cerebrais, serviços que reclamam forças muito distintas, as quais não estão

---

10. "Assim como no dia em que saístes para o mundo,/ o Sol estava ali crescendo para saudar os planetas;/ assim tu cresceste continuadamente,/ como a justiça perante a lei, conforme começaste./ Tal é teu destino: não podes livrar-te de ti mesmo./ Assim falavam as Sibilas e os profetas também;/ em nenhum tempo poderia uma potência destruir/ a forma impressa, que se desenvolve no transcorrer da vida." (N.T.)

suficientemente desenvolvidas nele, esse homem diante dessa situação sentir-se-ia o mais desgraçado dos humanos. Mais desgraçado, porém, é aquele no qual as forças intelectuais predominam e que se vê obrigado a deixá-las inertes e sem ação para ocupar um cargo vulgar que não as reclama, ou um trabalho corporal para o qual sua força física não é suficiente. Não obstante, temos de fugir na juventude do óbice da presunção, a fim de não atribuir alarde às forças que não possuímos.

Da preponderância demarcada da primeira classe sobre outras duas resulta que é mais significativo trabalhar para conservar a saúde e desenvolver as faculdades do que adquirir riquezas; não se deve interpretar isso no sentido dilatado, para que se deva desdenhar a aquisição do necessário e do conveniente. Mas a riqueza propriamente dita, isto é, o supérfluo, contribui muito pouco para a nossa felicidade. Nesse caso, são muitos os ricos que se sentem desgraçados porque estão desprovidos de cultura real do espírito, de conhecimento e, por conseguinte, de todo o interesse objetivo que pode torná-los aptos para uma ocupação intelectual. A riqueza pode proporcionar a satisfação das necessidades reais e naturais, todavia, exerce uma influência mínima sobre nosso verdadeiro bem-estar. Este, pelo contrário, é perturbado por verdadeiras e inumeráveis inquietações, que geram a conservação de uma grande fortuna. Não obstante, os homens se ocupam muito mais em adquirir riquezas do que a cultura intelectual, mesmo o que cada um é contribui mais para a sua felicidade do que o que cada um *tem*. Quantas pessoas vemos, diligentes como formigas, ocupadas, da manhã à noite, em aumentar a riqueza já adquirida! Não conhecem nada além do horizonte limitado que encerra os meios da conquista do dinheiro; seu espírito é vazio e, por conseguinte, inacessível a qualquer ocupação grandiosa. Os gozos mais elevados, os deleites intelectuais, são inatingíveis para eles; em vão tratam de preenchê-los por gozos fugitivos, sensuais, ligeiros e custosos de se adquirir. No termo da vida, encontram como resultado, quando a fortuna lhes foi favorável, uma grande soma de dinheiro que deixam aos herdeiros, encarregando-lhes de aumentá-lo ou dissipá-lo. Essa existência, mesmo que em aparência seja muito séria e importante, é tão insensata como aquela em que o homem engalana-se com o cetro da loucura.

O essencial para a felicidade na vida é o que o indivíduo tem em si mesmo. A dose do bom-senso, porém, é ordinariamente reduzida. A maioria dos que já saíram vitoriosos na luta contra a penúria sente-se no fundo tão desgraçada como os que ainda estão em confronto. Seu vazio interior, a insipidez de sua pobre inteligência, induzem-nos a procurar a companhia dos outros, o calor de seus iguais porque *similis simili gaudet*.[11] Então, começa de comum acordo a caça ao passatempo e às diversões, que procuram nos gozos sensuais, depois, nos prazeres de todas as classes e, por último, no desregramento geral. A causa dessa funesta dissipação, que em tempo incrivelmente curto dilapida grandes heranças, como certos filhos de boas famílias que entram ricos na vida, não é outra coisa senão o tédio resultante da pobreza e do vazio de espírito que acabamos de descrever. Um desses jovens, lançado ao mundo, rico no exterior e pobre por dentro, inutilmente se esforçará em nivelar a fortuna interior com a exterior, querendo receber tudo de fora, como esses velhos que tratam de conquistar novas forças no alento dos jovens. Dessa maneira, a pobreza interior acaba por produzir também a pobreza exterior.

Não enaltecerei a importância das outras categorias de bens da vida humana, já que a fortuna, hoje, é universalmente apreciada para necessitar que seja recomendada. A terceira categoria é de uma natureza muito etérea comparada à segunda, uma vez que ela não consiste na opinião das demais. Sem embargo, cada qual está obrigado a aspirar à honra, quer dizer, a ser um homem bom; a posição só poderá ser aspirada pelos que servem ao Estado e, quanto aos que perseguem a glória, são bem poucos os que podem pretendê-la. A honra é considerada um bem inapreciável e a glória a coisa mais esquisita que um homem pode pretender. É o velocino de ouro[12] dos eleitos. Ao contrário dessa asserção estão os néscios que preferem a posição e a riqueza. A segunda e a terceira categorias exercem uma sobre a outra o que se denomina de ação recíproca; assim é certo o adágio de Petrônio: *Habes, habeberis* (*Tens, terás*) e em sentido inverso, a boa fama, por outras formas, nos ajuda a adquirir a riqueza.

---

11. Expressão latina que significa "igual com igual se entende". (N.E.)
12. Na Grécia antiga, Jasão, no intuito de retomar o trono do reino de Tessália, roubado pelo usurpador Pélias, que lhe é devido por nascimento, parte em busca do velocino de ouro, o símbolo de que os deuses não abandonaram a cidade. O velocino de ouro pertencia originalmente ao carneiro que tinha salvo os filhos de Atamante, Frixo e Hele, de serem sacrificados a Zeus sob as ordens de sua malvada madrasta. (N.E.)

Capítulo 2
DO QUE CADA UM É

Reconhecemos de maneira geral que o que cada um *é* contribui mais para a sua realidade do que o que cada um *tem,* ou o que cada um *representa.* O principal é sempre o que um homem é; por conseguinte, o que possui em si mesmo, porque a individualidade o acompanha em todos os tempos e em todos os lugares e tinge com seu matiz todos os acontecimentos de sua vida. Em toda coisa, em toda ocasião o que afeta primeiro é ele mesmo. Isto é verídico em se tratando dos próprios gozos materiais e, com maior razão, dos espirituais. Assim, a expressão inglesa *To enjoy one's self* é muito exata; não se diz em inglês: "Paris o gosta", mas "Desfruta em Paris" (*He enjoys himself at Paris*).

1. A saúde do espírito e do corpo

Mas, se a individualidade é de má qualidade, todos os gozos serão como um vinho generoso em uma boca impregnada de amargura. Em boa ou má fortuna, salvo a eventualidade de grande desgraça, o que sucede a um homem em sua vida tem menor importância do que a maneira como ele se *sente,* isto é, a natureza e o grau de sensibilidade sob todos os aspectos. O que temos em nós mesmos e por nós mesmos, em suma, a personalidade e seu valor, são o único fator imediato de nossa felicidade e de nosso bem-estar. Todos os outros valores agem indiretamente e a sua ação pode anular-se, porém, a da individualidade nunca.

Daí, deduzimos que a inveja mais irreconciliável e a mais cuidadosa dissimulação dão origem às vantagens pessoais. Ademais, a qualidade da consciência é a única coisa permanente e persistente; a individualidade age conscientemente, continuadamente mais ou menos a todo o instante. As demais condições só influem temporal, ocasional e passageiramente, podem variar ou desaparecer. Aristóteles disse: "A natureza é eterna, as coisas não".[13] Por esse motivo suportamos com mais resignação uma desgraça cuja causa é puramente exterior do que aquela em que somos culpados, porque o destino pode variar, mas o nosso caráter é imutável. Os bens subjetivos, tais como um caráter nobre, um cérebro poderoso, o humor alegre, o corpo bem organizado e em perfeita saúde, ou sintetizando de maneira geral *o mens sana in corpore sano*,[14] constituem bens supremos para a nossa felicidade. Deveríamos dedicar-nos mais ao seu desenvolvimento e conservação do que à possessão irrefreada dos bens exteriores e da honra exógena.

O que contribui diretamente para a nossa felicidade é o humor jovial, porque essa boa qualidade encontra imediatamente sua recompensa nos próprios predicados. Quem é alegre tem sempre motivos pessoais. Nada pode substituir completamente essa boa qualidade, enquanto ela mesma não pode ser substituída por nada. Não importa que o homem seja jovem, formoso, rico e considerado. A fim de julgar a sua felicidade terá de saber se é alegre. Se for alegre, então pouco importa que seja jovem ou velho, bem formado ou coxo, pobre ou rico, pois é feliz. Na minha primeira juventude, li um dia, em um livro antigo, a frase seguinte:

Quem ri muito é feliz e quem chora muito é desgraçado.

Nota muito vulgar, porém, por causa de sua verdade sensível, não pude esquecer, mesmo que fosse o superlativo de um *truism*.[15]

Assim, pois, devemos abrir as portas e as janelas à alegria, sempre que esta se apresente, porque ela nunca chega a ser extemporânea. Às vezes, vacilamos em admiti-la, como frequentemente fazemos, querendo primeiro justificar e procurar os motivos que provocaram o nosso contentamento, debatendo-nos em conceitos e atacados pelo medo dos eruditos de que o riso nos aparta das meditações sérias ou de graves

---

13. *Ética a Eudemo*, VII, 2-37.
14. JUVENAL, Décio Júnio. *Sátiras*, X, 356.
15. Palavra inglesa muito expressiva que não tem tradução fiel ao português; equivale, por exemplo, à simplicidade de uma verdade dita, ou, segundo D. Bensabat, "verdade evidente". (*Dicionário composto sobre as vistas de Johnson, Webster, Grant, Richardson*). (N.T.)

preocupações. Não obstante, é certo que essa inquietação ponderada pode melhorar nossa situação, ao passo que a alegria é um benefício imediato. Ela é, por assim dizer, o dinheiro sonante da felicidade. O resto é bilhete problemático de loteria, em analogia ao contentamento que nos fornece a felicidade em todos os momentos. A alegria constitui o bem supremo de todos os seres, cuja realidade tem a forma de uma atualidade indivisível entre dois tempos infinitos. Deveríamos, pois, aspirar, antes de tudo, a adquirir e conservar esse bem, já que provamos sem dubiedades que nada contribui menos para a alegria do que a riqueza e nada contribui mais a essa felicidade do que o alcance da saúde. Nas classes inferiores, principalmente entre os trabalhadores, isto é, entre os proletários da terra, observam-se os rostos mais alegres e contentes, ao passo que entre os ricos e os grandes dominam as figuras melancólicas. Por conseguinte, deveríamos, antes de tudo, conservar esse estado perfeito de saúde, cuja exteriorização é a alegria.

Para isso, é sabido que se deve evitar todos os excessos e desregramentos, toda a emoção violenta e penosa, assim como toda a satisfação desmedida ou prolongada. É necessário praticar todos os dias, duas horas pelo menos, de exercícios rápidos ao ar livre, tomar banhos frequentes de água fria e outras medidas higiênicas do mesmo gênero. Não há saúde onde não existe movimento suficiente. Todas as funções da vida, para se efetuarem adequadamente, exigem movimentos dos órgãos e do corpo. Por isso, disse Aristóteles, com razão: "A vida está no movimento".

A vida consiste essencialmente no movimento.

No interior de todo órgão reina um movimento incessante e rápido; o coração, em seu duplo movimento complicado, de sístole e diástole, palpita impetuoso e infatigavelmente. Vinte e oito pulsações são suficientes para precipitar a massa inteira do sangue na torrente da circulação grande e pequena; o pulmão funciona como a bomba de uma máquina a vapor; as entranhas se contraem continuadamente em movimentos peristálticos; todas as glândulas secrecionam sem interrupção; o cérebro tem um movimento duplo para cada golpe do coração e para a aspiração dos pulmões. Como ocorre no gênero de vida completamente sedentário de muitos indivíduos, quando o movimento falta quase em absoluto, resulta uma desproporção notável e perniciosa entre o repouso exterior e o tumulto interior, porque esse perpétuo movimento endógeno exige que seja ajudado em parte pelo do exterior. Esse estado desproporcionado é análogo ao estado quando somos forçados a não manifestar nada no exterior, enquanto uma emoção qualquer nos faz ferver interiormente. As árvores, para florescer, têm que ser agitadas pelo vento. Essa é uma regra absoluta que se pode enunciar de maneira geral e concisa, em latim: *Omnis motus, quo celerior, eo magis motus* (Quanto mais acelerado é um movimento, maior ele é).

Nossa felicidade depende de uma alegre disposição de ânimo e do estado de saúde. Somos levados a comparar a impressão que nos produz as mesmas circunstâncias exteriores ou os mesmos acontecimentos durante os dias de saúde e vigor, com as que se produzem quando o estado de enfermidade nos torna torpes e inquietos. As coisas não são objetivas e reais; aparecem em nossa percepção, o que nos poderá tornar felizes ou desgraçados. Isso expressou bem Epicteto: "Comovem aos homens não as coisas, mas as suas apreciações sobre as coisas". Em geral, a maior parte de nossa felicidade fundamenta-se na saúde; com ela, tudo se converte em manancial de prazer; sem ela, não podemos desfrutar bens exteriores, de quaisquer naturezas que sejam. Os bens subjetivos, tais como as qualidades de inteligência, de coração e de caráter, diminuem e se perdem devido à enfermidade. Não é sem razão que nós nos informamos mutuamente do estado de saúde e desejamos reciprocamente o bem-estar, porque isso é, em realidade, o mais importante da felicidade humana. Conclui-se daí que a mais grave loucura é sacrificar a saúde pela riqueza, carreira, estudos, glória e especialmente a voluptuosidade e os gozos fugitivos; pelo contrário, tudo deve ceder à saúde, à primazia de suas ações.

Por maior que seja a influência da saúde sobre a alegria tão essencial à felicidade, esta não depende unicamente daquela, porque, mesmo com saúde perfeita se pode ter um temperamento melancólico e uma disposição predominante à tristeza. A causa reside na constituição primitiva e imutável do organismo e especialmente na relação normal da sensibilidade com irritabilidade e reprodutividade. Uma preponderância anormal da sensibilidade produzirá a desigualdade de humor, isto é, uma alegria periódica, exagerada, melancólica, temporal, excessiva. O gênio está determinado pelo excesso de força nervosa, isto é, da sensibilidade. Aristóteles observou retamente que todos os homens ilustres são melancólicos: "Todos os homens que se distinguiram na filosofia, na política, na poesia ou na ciência foram sempre melancólicos".[16] Foi, sem dúvida, nesta passagem que Cícero pensou ao expressar a sua frase tão citada: *Aristoteles ait, omnes ingeniosos melancholicos esse* ("Aristóteles disse que todos os homens de talento foram melancólicos").[17]

Shakespeare descreveu graciosamente essa diversidade de temperamentos:

---

16. *Problemas*, 30-1. [Obra que trata dos temas mais diversos, inclusive a magia. (N.E.)]
17. CÍCERO, Marco Túlio. *Disputas Tusculanas*, 1, 33.

Nature has fram'd strange fellows in her time:
Some that will evermore peep through their eyes,
And laugh, like parrots, at a bag-piper;
And others of such vinegar aspect,
That they'll not show their teeth in way ot smile,
Tough Nestor swear the jest is laughable.
(*The merchanter of Venice*, cena I)[18]

Essa mesma variedade foi designada por Platão com os nomes de "humor difícil" e "humor fácil". Podemos comparar a suscetibilidade distinta em diferentes indivíduos para as impressões agradáveis ou desagradáveis, já que uns se riem daquilo que os outros se desesperam. A suscetibilidade para as impressões desagradáveis diminui conforme aumenta a suscetibilidade para as impressões agradáveis. Dada a circunstância de êxito ou de fracasso em uma empreitada difícil, o de humor difícil se enfadará pelo fracasso e não se regozijará pelo êxito; o de humor fácil, pelo contrário, não ficará enojado pelo fracasso e se alegrará vivamente do êxito obtido. Se o de humor difícil consegue vencer em dez projetos, em nove, pelo menos não ficará alegre e tornar-se-á acabrunhado pelo fracasso na décima vez; no caso inverso, o de humor fácil se consolará e se regozijará com este único êxito. Não é fácil, porém, encontrar mal sem compensação; assim ocorre com os de humor difícil, isto é, com os caráteres sombrios e inquietos, pois eles suportam mais desgraças e sofrimentos reais que aqueles cujos caráteres são alegres e despreocupados. Aqueles que veem todas as coisas pelo lado negro e que pensam em coisas escabrosas tomam suas determinações e não terão, por conseguinte, desenganos tão frequentes como aqueles que veem todas as coisas com as cores e perspectivas risonhas. Não obstante, quando uma afetação mórbida do sistema nervoso e do aparato digestivo recrudesce um humor triste inato, este poderá, então, culminar em um grau em que o desgosto permanente produz o tédio da vida, de onde resulta a inclinação letal ao suicídio. Esse ato poderá ser provocado pela mínima contrariedade, já que para atingir esse grau maléfico não se necessita de muitas ponderações; só a permanência do mal é suficiente para a determinação do ato. O suicídio será levado a efeito, então, com uma reflexão fria e resolução inflexível; o enfermo,

---

18. "A natureza formou, às vezes, estranhos indivíduos:/ uns que eternamente fecham e abrem os olhos/ e que riem como papagaios ante um toucador de flauta;/ e outros de tão avinagrado aspecto/ que não mostrariam os dentes, sorrindo,/ mesmo que o grave Nestor jurasse/ que o que rirá era de graça desbordante." (*O mercador de Veneza*, cena I)

nessa etapa, posto sob certa vigilância, com o espírito constantemente fixo na ideia, aproveitar-se-á do primeiro momento em que a vigilância se descuide em torno da sua pessoa para recorrer, sem vacilação, sem luta, sem espanto, a esse meio de alívio tão natural e oportuno nesse momento. Esse estado foi descrito concenciosamente por Esquirol, em seu *Traité Des Maladies Mentales*.[19] É certo que o homem são e alegre poderá também, em circunstâncias especiais, atirar-se ao suicídio. Isso, porém, sucede quando a intensidade dos sofrimentos ou a desgraça próxima e inevitável seja mais forte que os temores da morte. Não há diferença entre a força maior e menor do motivo determinante, uma vez que ela está em relação inversa com o humor triste. Quanto maior for este, mais insignificante poderá ser o motivo; pelo contrário, quanto maior seja a disposição de espírito,[20] assim como a saúde que é sua base, mais grave deverá ser o motivo. Terá, pois, graus inumeráveis entre dois casos extremos

---

19. Humor fácil e humor difícil. Essas noções preliminares partiram de Hipócrates e chegaram até Platão, que nos transmitiu integralmente. Vê-se em Schopenhauer a notável intuição da biotipologia moderna, que, graças aos trabalhos de Kretschmer sobre a caracteriologia de Pende, sobre a endocrinologia, de Vidoni, Cassoni, Viola, Naccaratti, sobre a bioantropometria, confirmam plenamente o juízo do grande pessimista alemão. Sobre essa particularidade, a biotipologia, porém, discorda do pessimista quando esse afirma a imutabilidade do caráter, o que, com o acervo das noções científicas atualmente acumuladas, a ideia do discípulo de Kant rui completamente. E se fôssemos generalizar suas ideias, elas se chocariam francamente contra a mutabilidade das espécies e as leis da evolução. (N.T.)

20. Um neovitalista, o Prof. H. von Wyss, diz: "Ultimamente Schroeder (*Stimmungen und Verstimmungen*) (*Os humores e maus humores*. Leipzig, 1930), identificou os sentimentos vitais de Scheler (*Der Formalismus in der Ethik – O formalismo na Ética*. Halle, 1927). Esse pesquisador ocupa-se, sobretudo, com as indisposições doentias, por exemplo, com os estados endógenos de depressão, e afirma que tais indisposições não resultam de experiências tonalizadas efetivamente, mas que, pelo contrário, é a disposição melancólica que influi sobre a espécie e a qualidade de nossas experiências íntimas. Schroeder pensa ainda que justamente o conhecimento das condições endógenas dos estados de indisposição nos obriga a distinguir claramente entre humor e sentimento, no sentido de que as disposições e as indisposições, em oposição aos sentimentos, nunca procedem de experiências subjetivas, mas coincidem regularmente com os fenômenos corporais. Essa concepção poderá ser admitida se identificarmos, como Schroeder, o conceito de humor com o conceito de temperamento, isto é, o sentimento vital da disposição. Nós, porém, estendemos ainda mais o conceito de humor, no sentido da definição ainda exarada, como o estado de uma disposição da consciência, continuadamente transformado, para a eleição de conteúdos psíquicos de determinada matiz e dirigida a uma determinada conduta. Com tal concepção do conceito do humor, chegaremos a reconhecer que as disposições, muito frequentemente, se acham ligadas aos estados corporais, mas que, também, se originam, de modo igualmente frequente, das experiências afetivas e que, por isso, podem provir de todas as camadas da vida emotiva. (WYSS, H. von. *Psicologia médica*). (N.T.)

de suicídio, entre o provocado puramente por recrudescência enferma do humor triste inato e a do homem são e alegre, originada por causas meramente objetivas.

2. A beleza

A beleza é, em parte, análoga à saúde. Esta qualidade objetiva, mesmo que só contribua indiretamente à felicidade pela impressão que produz sobre os outros, tem, contudo, grande importância para o sexo masculino. A beleza é carta aberta de recomendação, pois conquista os corações de antemão; a ela se aplica principalmente os versos de Homero:

*Não deveis desdenhar os dons gloriosos dos deuses,
pois eles não aceitam ou recusam os caprichos.*[21]

3. A dor e o tédio – a inteligência

Um exame superficial nos fará descobrir dois inimigos da felicidade humana: a dor e o tédio. Podemos observar que à medida que conseguimos distanciar-nos da dor, nos aproximamos do tédio e assim reciprocamente. Nossa vida representa, na realidade, uma oscilação mais ou menos delineada entre essa dicotomia, que provém do puro antagonismo em que elas se encontram em relação de uma com a outra: uma é o antagonismo exterior e objetivo e a outra é, ao contrário, interior e subjetivo. Exteriormente, a necessidade e a privação engendram a dor; o bem-estar e a abundância fazem brotar o tédio. Por esse motivo, vemos a classe baixa do povo em luta incessante contra a necessidade, por conseguinte, contra a dor, e a classe rica e elevada empenhada em luta permanente e, às vezes, desesperada contra o tédio. Interiormente ou subjetivamente, o antagonismo funda-se em que, em todos os indivíduos, a facilidade para se impressionar com esses males está em relação inversa com a impressão produzida pelos outros, porque essa suscetibilidade é determinada pela medida das forças intelectuais. Um espírito obtuso é sempre acompanhado por impressões obtusas e de escassa sensibilidade, o que torna o indivíduo pouco acessível às dores e aos desgostos de toda a espécie e de todos os graus; porém, essa qualidade obtusa da in-

---

21. *Ilíada*, 3, 65.

teligência produz o vazio interior que se revela através de tantos semblantes e que se manifesta por uma atenção sempre despertada a todos os acontecimentos insignificantes do mundo exterior. Esse vazio é a verdadeira causa do tédio. O indivíduo atacado desse mal aspira com avidez a excitações exteriores, a fim de pôr em movimento seu espírito e seu coração, não vacilando em lançar mão de quaisquer meios para atingir o seu objetivo. Não é difícil elevar-se acima do meio ambiente. É notório e lamentável as distrações a que se entregam os homens na sociedade e nas palestras não menos inferiores, que as conversações das tascas do grande número de desocupados e basbaques que andam pelo mundo. Esse vazio interior estimula-os, principalmente, a perseguir todas as espécies de reuniões, de divertimentos, de prazeres e de luxo, perseguições a que tantas pessoas são conduzidas ao fracasso, à dissipação e finalmente à miséria. Ninguém se imuniza melhor desses extravios do que com a *riqueza interior,* a riqueza do espírito, porque quanto mais ele se eleva ao nível superior, menos lugar deixa ao tédio. A atividade incessante dos pensamentos, o exercício sempre renovado em presença das manifestações múltiplas do mundo interior e exterior, a força e a capacidade das combinações sempre variadas põem o cérebro superior fora do alcance do tédio, exceto nos momentos de fadiga. Mas, em compensação, a inteligência superior tem por condição imediata uma sensibilidade mais viva e uma impetuosidade maior na vontade e nas próprias paixões; da argamassa dessas condições resulta uma intensidade considerável em todas as emoções e uma sensibilidade exagerada para com as dores morais e físicas, como também uma impaciência maior frente aos obstáculos, como para um simples transtorno que sucede no decorrer dos fenômenos naturais da vida.

Aquilo que contribui poderosamente para esses efeitos é a vivacidade produzida pela força da imaginação.

A nossa descrição aplica-se, em devidas proporções, a todos os graus intermediários que enchem o vasto intervalo compreendido entre o imbecil mais obtuso e o maior gênio. Por conseguinte, tanto objetivamente como subjetivamente, todos os seres se aproximam do repositório das desgraças humanas, uma vez que eles tendam a derivar para o ponto oposto. A inclinação do homem levará a esse respeito, a compaginar o melhor possível, o objetivo e subjetivo, isto é, a se precaver contra a causa do sofrimento que possa atingi-lo de maneira mais fácil. O homem inteligente aspirará, antes de tudo, a evitar qualquer dor, aborrecimento e a procurar o repouso, prazeres agradáveis e úteis. Procurará, portanto, uma vida tranquila, modesta, defendida dos infortúnios. Depois que mantemos durante algum tempo relações com os homens, e que ficamos conhecendo-os profundamente, preferimos logo uma existência retirada e, se formos espíritos superiores, escolheremos *incontinenti* a solidão. Um homem, quanto mais possui em *si mesmo*, menos necessidade tem do mundo exterior e de menos utilidade lhe parecerão os outros seres. É justo que a superioridade da inteligência conduza à insociabilidade. Ah! Se a quantidade da sociedade pudesse substituir-se pela qualidade, então valeria a pena a gente viver nesse mundo![22] Desgraçadamente, cem néscios colocados em uma montanha não equivalem a um homem de talento. O indivíduo situado no extremo oposto, desde que desfrute alguns momentos de folga, procurará a todo o transe, diversões e sociedade. Acomodar-se-á em tudo, sem fugir de nada, nem de *si mesmo*. Na solidão, cada homem se vê reduzido aos seus próprios recursos e é de onde revela o que possui em *si mesmo*. Na solidão, o imbecil coberto de púrpura suspira carregado pelo fardo eterno de sua miserável individualidade, enquanto o homem de altos dotes povoa e anima com seus pensamentos a região mais deserta do universo. Por esse motivo disse Sêneca, com razão: *Omnis stultitia laborat fastidio sui* ("A estultícia até a si mesmo é desagradável").[23] A frase de Jesus de Sirah[24] é consoladora: "A vida do néscio é pior do que a morte". Vemos, em resumo, que o indivíduo se torna mais sociável na medida em que se torna mais vulgar e pobre a vida do seu espírito. No mundo não existe meio-termo entre insulamento e sociedade. Supõe-se que os negros sejam os mais sociáveis dos homens, como são, sem dúvida alguma, os mais atrasados intelectualmente. Informações oriundas da América do Norte e publicadas por um jornal francês[25] contam que os negros, sem distinção de livres ou escravos, se reúnem em grande número, em local ermo, e não se cansam de contemplar seus próprios rostos negros e avultados, tão semelhantes uns aos outros.

---

22. Aqui transparece a notável influência exercida por Rousseau no espírito do século XIX. As ideias do filósofo de Genebra fundiram-se inconscientemente no cérebro de Schopenhauer e ei-lo aqui a imprecar contra a sociedade e os homens... (N.T.)
23. SÊNECA, Lucius Aneu. *Cartas morais (Epistulae ad Lucillium)*. (N.E.)
24. Refere-se ao *Ieshua ben Sirah*, o Jesus filho de Sirah. O autor do *Sirácide* (também conhecido por *Livro do Eclesiástico* a qual Schopenhauer se refere), não é o Jesus descrito nos Evangelhos cristãos. Entretanto, não se deve confundir o Eclesiástico com Eclesiastes, reconhecido como autoria de Salomão. O Eclesiástico (ou Sirácide), é um dos livros deuterocanônicos que constam da Bíblia católica e foi escrito pelo judeu chamado Jesus, filho de Sirach, por volta do ano 185 a.C., sendo traduzido para o grego por seu neto e incorporada na Septuaginta no século seguinte. O fato de ter sido bastante usado no começo da igreja cristã fez que recebesse o nome de Eclesiástico. (N.E.)
25. *Le Commerce*, 19 de outubro de 1837.

O cérebro parece ser o parasita ou inquilino do organismo; também os ócios adquiridos não passam de um inquilino adquirido pelo prazer de sua individualidade, o fruto maduro de sua existência, fonte de gozo para uns e, para outros, trabalho e dor. Vemos, agora, quais são os resultados dos ócios na maioria dos homens: o tédio e a idiotização sobrevêm sempre que a negligência não se encontra preenchida por gozos sensuais ou tolices. Aquilo que demonstra precisamente a inutilidade e a desvalorização do ócio é a maneira com que o empregam. São o *ozio lungo d'uomini ignoranti*, de que fala Ariosto.[26]

O homem comum só se preocupa com o *passar o tempo;* o homem de talento, em *aproveitá-lo.* A razão primordial de que os espíritos limitados estejam tão expostos ao tédio prende-se a que a sua inteligência não é absolutamente outra coisa senão o *intermediário dos motivos* de sua vontade.[27] Em dados momentos existem *motivos* ponderáveis, então a vontade repousa e a inteligência folga, porque a primeira, tanto como a segunda, não podem entrar em atividade pelo próprio impulso. O resultado é, portanto, o terrível estancamento de todas as forças do indivíduo e a persistência do tédio. Para combatê-lo insinua-se sorrateiramente à vontade motivos insignificantes, provisionais, escolhidos na indiferença do acaso, a fim de estimular e pôr também em movimento a inteligência que deve perceber tudo; esses motivos, porém, são em relação aos motivos reais e naturais o que o papel-moeda é em respeito ao dinheiro, uma vez que seu valor é puramente convencional.

Tais são os *jogos* de baralhos e outros, inventados precisamente para preencher o fim que acabamos de descrever. Quando esses meios faltam, o homem comum se põe a tamborilar nos cristais ou a beber tudo que lhe cai nas mãos. Por isso, em todos os países, os jogos de baralhos chegaram a ser a preocupação máxima da sociedade, isto é, a medida do valor dessas reuniões e a bancarrota declarada de todo o pensamento. Não há debates entre ideias, uma vez que, na troca de cartas, procura-se subtrair mutuamente alguns míseros florins. Oh! Lastimosa espécie! Para não ser injusto, não quero omitir o argumento que se pode invocar para justificar o jogo de cartas; poderíamos dizer que ele constitui uma preparação preliminar para a vida do mundo e dos ne-

---

26. "O tempo ocioso do homem ignorante." (N.E.)
27. O leitor deve estranhar esse termo *vontade* empregado por Schopenhauer de uma maneira muito diferente do vulgar. Essa vontade do pessimista alemão é a vontade infinita, ou melhor, a vontade universal e não a vontade individual, a volição de atos dos indivíduos. Aqui está propriamente uma aresta dos pensamentos de Fichte e de Schelling. Bergson herdou esse idealismo e apresentou a matéria com os mesmos atributos de Schopenhauer. (N.T.)

gócios, já que aprendemos a aproveitar com prudência as circunstâncias invariáveis estabelecidas pelo azar (as cartas), a fim de que, com golpes preparados, poderemos tirar delas todo o partido possível. Dentro dessa fronteira, habituamos a conservar o decoro social, estando sempre de boa cara, mesmo que o jogo corra pessimamente. Os jogos de cartas, porém, exercem uma influência desmoralizadora. O espírito do jogo é subtrair de outra pessoa tudo o que ela possui por meio da astúcia ou do ardil. O costume de proceder assim no jogo reflete e se arraiga no cérebro, predomina na vida prática e chega insensivelmente a proceder de maneira idêntica, mesmo quando se trata do *meu* e do *teu* e a considerar como permitida toda a vantagem que se tem entre as mãos, desde que isso seja coberto com o eufemismo da legalidade. Na vida vulgar, todos os dias temos provas concretas desses casos.

Os ócios são, como dissemos, a flor e o fruto da existência de cada indivíduo, porque só eles colocam-no em posse de seu próprio *eu*. Devemos julgar felizes os que conquistaram esse bem. A maioria dos homens não encontra nos ócios senão um pretexto para não ter nada que fazer, aborrecendo-se mortalmente e sendo uma carga pesada para si próprio. Felicitemo-nos pois, *oh! irmãos meus, de sermos filhos de mãe livre e não de escrava*.[28]

Da mesma maneira que o país mais feliz é aquele que tem menos necessidade de importação ou não tem necessidade alguma, assim, também, é feliz o homem a quem seja suficiente apenas a sua riqueza interior e que exige do mundo exógeno, para sua diversão, pouco ou quase nada. Existem razões concretas para assim julgarmos, uma vez que essa importação é cara, escravizadora e perigosa, expõe aos desenganos e não é senão um mal sucedâneo para as produções do próprio solo. Acho que não devemos receber nada dos outros e menos do mundo exterior. Aquilo que um indivíduo poderia ser para outro é uma coisa muito problemática e limitada. Cada qual pode ficar só e *quem* está só resolve a grande questão. Goethe disse a esse propósito, dissertando de maneira geral, que todas as coisas definidas estão reduzidas a si próprias.[29]

Oliver Goldsmith disse a si mesmo:

Still to ourselves in ev'ry place conaign'd,
Our own felicity we make or find.
(*The Traveller*)[30]

---

28. Epístola de São Paulo aos Gálatas, 4, 31.
29. *Poesia e verdade*, Livro III.
30. "Reduzidos a qualquer parte de nós mesmos,/ somos nós que crescemos ou encontramos a nossa felicidade." (*O viajante*, 431-2)

Todo indivíduo deve proporcionar a si mesmo o melhor e o mais importante. Se assim proceder encontrará em si mesmo as causas e os prazeres que o tornam feliz. Com grande razão disse Aristóteles: "A felicidade pertence a todos aqueles que se bastam a si mesmos".[31] Todas as causas exteriores da felicidade e do prazer são, por sua natureza, eminentemente incertas, equívocas, fugitivas, esvoaçantes, portanto, sujeitas a se deter facilmente mesmo nas circunstâncias mais favoráveis, posto que não podemos as ter sempre ao alcance de nossa mão. Com a idade, quase todas as esperanças se esgotam fatalmente e "O amor, os jogos, as viagens, a equitação, as aptidões para figurar no mundo, tudo isso nos abandona implacavelmente; a morte nos rouba amigos e parentes; tudo decai e só nos resta o mais importante que é o saber e o que a personalidade possui de si mesmo"... Só isso resiste mais tempo. Em todas as épocas, não obstante, essa norma continua sendo a causa verdadeira da felicidade. Porque não há muito que se ganhar no mundo; a miséria e a dor ocupam o universo e os que têm se esquivado desse caminho são procurados pelo tédio. A perversidade governa o mundo e a tolice é a que domina. O destino é cruel e os homens são dignos de lástima. No mundo, assim, organizado como o nosso, o que o indivíduo possui dentro de si é semelhante a uma habitação iluminada, cálida, alegre, em meio das neves e dos gelos de uma noite de dezembro. Por conseguinte, ter uma individualidade rica e superior, e especialmente muita inteligência, constitui, indubitavelmente, na terra, uma sorte feliz, por mais brilhantes que possam ser os outros tesouros do mundo exterior. Devemos reconhecer a sabedoria e a prudência, na seguinte opinião que a rainha Cristina da Suécia emitiu aos dezenove anos de idade sobre Descartes, a quem só conhecia pelo nome e por uma obra que havia lido dele, o qual vivia, então, na mais pura solidão, na Holanda:

Mr. Descartes est le plus heureux de tous les hommes, et sa condition me semble digne d'envie.[32]

O necessário é, como sucedia com Descartes, que as circunstâncias exteriores sejam bastante favoráveis para permitir *possuir-se* e estar contente consigo próprio. Por esse motivo, o *Eclesiastes* (7, 11) já dizia: "Tão boa é a sabedoria como a herança, e dela tiram proveito os que veem o sol".

---

31. *Ética a Eudemo*, VII, 2.
32. BAILLET. *Vie de Descartes*, VII, 10. ["Descartes é o mais feliz de todos os homens, e sua condição me parece digna de inveja". (N.T.)]

O homem, a quem a natureza concedeu favoravelmente essa sorte, velará com cuidado zeloso para que o manancial interior de sua felicidade lhe seja sempre acessível, mas, para esse fim, necessita de independência e ócio. Esses bens são adquiridos de bom grado com a moderação e o juízo e se torna mais fácil à medida que possa se livrar dos recursos exteriores dos prazeres. Por isso, as perspectivas dos cargos, o ouro, o favor e a aprovação do mundo não o induzirão a renunciar a si mesmo para acomodar-se aos favores mesquinhos ou ao mau gosto dos homens. Vencido o obstáculo, fará o que Horácio disse em sua *Epístola a Mecenas* (livro 1, ep. 7): "É uma grande loucura permanecer no *interior* para ganhar no *exterior*". Em outras palavras: trocar em sua totalidade ou em partes o repouso, o ócio e a independência pelo fastio, a aristocracia, a pompa, os títulos e as honrarias. Não obstante, Goethe assim procedeu. Pelo que diz respeito a mim, o meu gênio arrastou-me energicamente para o caminho oposto.

A verdade examinada possibilita-nos estabelecer que a causa principal da felicidade humana provém do interior e essa observação está confirmada plenamente pelo gênio de Aristóteles na sua *Ética a Nicômaco* (1, 7 e VII, 13, 14);[33] diz que todo o gozo supõe uma atividade e, por conseguinte, o emprego de uma força que não pode existir sem ela. Essa doutrina aristotélica, que faz consistir a felicidade humana do homem no livre exercício de suas faculdades predominantes, está também reproduzida por Estobeo em sua *Exposição da moral peripatética*.[34] Eis o que diz a passagem seguinte: "Da felicidade que consiste em exercer as faculdades de cada um por meio de trabalhos capazes daquele resultado"; explica que por trabalho designa toda faculdade fora do comum. O destino primitivo das forças de que a natureza proveu o homem é a luta contra a necessidade que o oprime por todos os lados. Quando suspende por alguns momentos o seu embate, as forças sem emprego convertem-se em uma carga para ele;[35] então deve *jogar* com elas, isto é, empregá-las, mesmo sem objetivo, senão ficará exposto à pior das desgraças humanas: o tédio. O tédio, segundo se depreende, atormenta os grandes e os ricos mais do que os pequenos. Lucrécio fez uma descrição surpreendente, cuja verdade se destaca cotidianamente nas grandes cidades:

---

33. Ver ARISTÓTELES. *Ética a Nicômaco*. Tradução, textos adicionais e notas Edson Bini. 4. ed. São Paulo: Edipro, 2014. (N.E.)
34. *Extratos de Estobeo*, 11, 7.
35. De Malthus a Schopenhauer e do grande filósofo alemão, a *Teoria da luta pela vida*, de Darwin, estava próxima. Schopenhauer foi, portanto, um precursor de Darwin. (N.T.)

Exit saepe foras magnis ex aedibus ille,
Esse domi quem pertæsum est, subitoque reventat;
Quippe foris nihilo melius qui sentiat esse.
Currit, agens mannos, ad villam praecipitanter,
Auxilim tectis quasi ferre ardentibus instans:
Osictat extemplo, tetigit quum limina villae;
Aut abit in somnum gravis, atque oblivia quaerit;
Aut etiam properans urbem petit, atque revisit.[36]

Esses indivíduos, quando são jovens, as forças musculares e genitais preenchem os gastos. Mais tarde, porém, não restam senão as forças intelectuais; se elas falham ou faltam materiais aprovisionados para sua atividade, a miséria é grande. Sendo a *vontade* a única força inesgotável, tratam então de excitar as paixões. Recorrem, por exemplo, aos grandes jogos de azar, que é um vício verdadeiramente degradante. Todo indivíduo sem ocupação escolherá, segundo a sua natureza de forças predominantes, uma diversão que lhe ocupe o tempo todo, tais como o jogo de bolas ou xadrez, caça ou pintura, as corridas de cavalos ou a música, os jogos de naipes ou a poesia, a heráldica ou a filosofia etc.

Poderemos tratar dessa matéria elaborando um método que explane sobre as três *forças fisiológicas fundamentais,* que estudaremos aqui, com uma demonstração explícita. Apresentarei o manancial de três gozos possíveis, que os homens estudarão os que lhe são proporcionais, segundo as forças que predominam nos indivíduos.

Encontramos, em primeiro lugar, os gozos da *força reprodutiva:* esses gozos consistem na comida, na bebida, na digestão, no repouso e no sonho.[37] Existem povos a quem se atribui a instituição desses gozos como gloriosos prazeres nacionais.

Em segundo lugar, estão os gozos de *irritabilidade;* esses são as viagens, o baile, a esgrima, a equitação, os jogos atléticos de todas as clas-

---

36. *De natura Deorum,* III, 1.060-7. ["Um homem abandona seu esplêndido palácio para fugir do aborrecimento, porém, logo depois, volta, não se encontrando muito feliz. Outro corre a toda pressa em direção às suas terras, parecendo que vai extinguir um incêndio; porém, apenas chega lá, tropeça com o aborrecimento; entrega-se então ao sonho, procurando esquecer-se de si mesmo. Não demora muito para que o vejais voltar à cidade, não com menos pressa." (N.T.)]

37. Aqui está uma fonte de Freud, na sua célebre dissertação sobre o gozo das mucosas. Como sabemos, a psicanálise procedeu em parte do grande Schopenhauer, o caluniado, a vítima da pena cáustica e da verrina do "convertido" G. Papini. Queiram ou não queiram, a psicanálise, as *visões,* como diz o crítico de Florença, são vitoriosas e constituem o patrimônio científico mais profundo da época. (N.T.)

ses, assim como a caça e até os combates de guerra.[38] Em terceiro lugar vêm os gozos de *sensibilidade,* tais como a contemplação, pensar, sentir, escrever poesia, escultura ou música, estudar, ler, meditar, inventar, filosofar etc. Sobre o valor, grau e duração desses gozos distintos teríamos de fazer muitas observações, deixaremos, entretanto, esse cuidado ao nosso leitor. Todo o mundo compreende que nosso prazer é motivado pelo emprego de nossas forças produtoras. Ninguém poderá negar que a primeira categoria, sob esse ponto de vista, pertence à sensibilidade, cujo predomínio decidido estabelece a distinção entre o homem e as demais espécies animais. As outras duas forças fisiológicas fundamentais que existem nos animais, no mesmo grau ou talvez, em grau mais enérgico que no homem, vêm em segundo lugar. Nossas forças intelectuais pertencem à sensibilidade e por esse motivo julgo que seu predomínio nos torna aptos a desfrutar dos gozos que residem no *entendimento*.[39] No que concerne aos prazeres *espirituais,* estes têm a sua intensidade aumentada à medida que seu predomínio seja mais acentuado.[40]

---

38. Os gozos do combate de guerra entram no ciclo do sadismo; eis porque Schopenhauer os classifica como gozo de irritabilidade. (N.T.)

39. Réstia dos pensamentos dos sensualistas ingleses, Locke, Condillac e principalmente David Hume. (N.T.)

40. A natureza vai elevando-se gradativamente, desde a ação mecânica e química do reino inorgânico ao reino vegetal, com seus surdos gozos e daqui parte o reino animal, no qual surge a aurora da *inteligência* e da *consciência;* imediatamente a partir desses débeis inícios, vai subindo grau a grau, para alcançar, finalmente, em um supremo esforço, o *homem,* cuja inteligência alcança o ponto culminante e o fim de suas criações difíceis. Na espécie humana, o entendimento apresenta, todavia, gradações numerosas e sensíveis e raras vezes chega ao grau mais elevado ou a culminar em uma inteligência realmente grandiosa. Em seu sentido mais estrito e rigoroso, a inteligência é o produto mais difícil, a síntese suprema da natureza; por conseguinte, é o mais raro e precioso tesouro que o mundo pode oferecer. O conhecimento apresenta-se, nessas inteligências, mais lúcido e nele o mundo se reflete mais claro e completo do que em qualquer outro cérebro. O ser que está em posse dela possui a mais nobre e delicada riqueza da terra: um manancial de prazeres em comparação às ínfimas misérias e da qual ele não apela ao mundo exterior senão para lhe pedir o ócio, para desfrutar sem dores o bem-estar e atalhar acabadamente o seu diamante. Todos os prazeres não intelectuais são de baixa natureza; todos têm por objetivo movimentos da vontade, tais como ânsias, esperanças, temores, desejos irrealizados de qualquer natureza; todas essas realizações não podem transcorrer sem dor; e, uma vez conseguido atingir o fim, verificamos, mais ou menos, que as nossas decepções foram grandiosas. A nossa inteligência só se aclara com os gozos intelectuais. A dor está ausente no domínio da intelectualidade: tudo se converte em conhecimento. Os prazeres intelectuais não são acessíveis senão pelo caminho que entra no ciclo da própria inteligência. Porque *tout l'esprit, qui est au monde est inutile à celui qui n'en a point* (todo o talento que existe no mundo é inútil para aquele que não o tem). Não obstante, há uma desvantagem que não deixa de acompanhar a este privilégio: é que a facilidade de ser impressionado pela dor

O homem normal, o homem comum, não se interessa vivamente por uma coisa se a sua *vontade* não é excitada e se não existe o interesse pessoal. Toda a excitação persistente da vontade está, por conseguinte, combinada com a dor. O jogo de cartas, ocupação habitual da "boa sociedade" em todos os países,[41] é um meio de excitar intencionalmente a vontade por interesses tão ínfimos, quando não ocasionam dores momentâneas e, às vezes, conflitos seríssimos. Podemos considerar essas pessoas simples bonecos da vontade. O homem dotado de forças intelectuais predominantes é capaz, ao contrário, de se interessar vivamente por coisas que caminhem pela estrada da *inteligência* pura, sem que o querer possa aí se imiscuir. Esse interesse transporta-o, então, à região em que a dor é essencialmente desconhecida, isto é, na atmosfera dos deuses em que a vida decorre facilmente, os interesses mesquinhos do bem-estar pessoal, com as misérias de todas as classes; enquanto um tédio insuportável se apodera deles precisamente no intervalo de tempo em que não estão ocupados em perseguir esses projetos, enveredam, entregam-se ao ardor selvagem da paixão cujo estímulo é o único suficiente para agitar essa massa inerte. O homem dotado de faculdades intelectuais preponderantes possui, ao contrário, uma existência rica em pensamento, sempre animada e importante; objetivos dignos de interesse lhe ocupam o cérebro enquanto pode desfrutar do ócio para canalizar suas atividades para esse lado. E leva dentro de si um acervo de gozos mais nobres. O impulso exterior vem das obras da natureza e do aspecto da atividade humana e das produções que só ele pode compreender e desfrutar plenamente.

Enquanto que a existência dos demais homens transcorre no entorpecimento, no sonho e as aspirações se dirigem para mente. Para o

---

aumenta à medida que o grau de inteligência se eleva e chegará, por conseguinte, a atingir o apogeu na inteligência mais elevada. (N.A.)

41. No fundo, a *vulgaridade* consiste em que o *querer* domina totalmente na consciência o entendimento; deduz-se que, nesse grau, o entendimento submete-se a serviço da vontade; quando esse serviço não reclama a inteligência, quando não existem motivos gradativos, o entendimento cessa por completo a sua atividade e sobrevém uma vacuidade absoluta de pensamento. O *querer*, desprovido de entendimento, é a coisa mais ínfima do universo, dir-se-ia um tronco sem vida. Esse estado constitui, portanto, a vulgaridade. Os órgãos dos sentidos e a atividade intelectual necessária para a apreensão dos dados exteriores trabalham sozinhos na ação; daí resulta que o homem vulgar está sempre apropriado a todas as impressões e percebe instantaneamente tudo o que se passa em sua volta, ao ponto de que o mais ligeiro ruído, qualquer circunstância, por mais insignificante que seja, desperta imediatamente sua atenção, idêntico ao que se passa com os animais. Tudo isso revela-se em seu semblante e exterioriza a aparência vulgar, cuja impressão se torna mais repulsiva, na medida em que a vontade ocupa toda a consciência, tornando-se baixa, egoísta e má. (N.A.)

indivíduo só existe a realidade que ele viveu; enquanto os demais, como os ouvintes ocasionais de uma peça teatral, não podem compreender, como ele, o drama vivido. Por esse motivo é certo que o homem superior anseia por aprender, tem necessidade de ver, estudar, meditar, de exercer a sua atividade concomitante ao ócio disponível. Voltaire observou exatamente que *"il n'est vrais plaisirs qu'avec de vrais besoins"* ("não há verdadeiros prazeres senão com verdadeiras necessidades"). Esta necessidade do homem inteligente é a condição real que o coloca ao alcance dos gozos, cujo acesso é proibitivo aos leigos. Por isso as belezas da natureza e da arte, as obras intelectuais de toda a espécie, mesmo quando se rodeiam delas, não são no fundo senão a relação e significação que as cortesãs têm para com os velhos. Um ser privilegiado constitui seu verdadeiro fim, não considerando os outros se não como um *meio*. Para ele, o restante dos homens leva uma existência insípida, vã e desolada, o que justifica plenamente seu ponto de vista de servir-se deles como degraus para o cume de sua glória. Essa vida intelectual é, portanto, a principal ocupação do homem superior; aumentando seu tesouro de conhecimentos, adquire constantemente uma unidade e perfeição cada vez mais pronunciadas, como uma obra de arte em vias de conclusão. A vida dos demais, sendo puramente prática, está dirigida unicamente para o bem pessoal, aumentando só em longitude, não em profundidade, e destinada, não obstante, a servir-se de fim a si mesmo, enquanto a outra é um simples meio, que contrasta penosamente com esta.

Nossa vida prática e real, sem a agitação das paixões, torna-se aborrecida e monótona; porém, quando sobrevém a agitação, torna-se imediatamente dolorosa; por isso são felizes aqueles que recebem como patrimônio uma soma de inteligência que excede a medida reclamada pelo serviço da vontade. Sobre a vida afetiva, pode-se transformá-la em vida intelectual que lhe ocupe e lhe divirta *sem dor,* podendo mantê-la vivaz e atarefada. O simples ócio, isto é, a *inteligência desocupada a serviço da vontade,* não é suficiente; para esse fim é necessário um excedente de *força* positiva que nos torne aptos para uma ocupação puramente espiritual e não dedicada a serviço da vontade. Ao contrário, *"otium sine litteris mors est et hominis vivi sepultura"* ("o repouso sem o estudo é uma espécie de morte do homem vivo dentro da sepultura").[42] A vida intelectual que existe ao lado da vida real apresenta inúmeras gradações, desde os trabalhos do colecionador que descreve os insetos, os pássaros, os minerais ou as moedas, até as mais elevadas produções da Poesia e da Filosofia.

Uma vida intelectual como esta não só nos protege contra o tédio como até contra suas consequências perniciosas. Resguarda-nos

---

42. SÊNECA. *Epístola,* 82.

contra as más companhias e contra inúmeros perigos, as desgraças, as perdas e as dissipações a que o homem se expõe ao procurar sua felicidade na vida real. Por exemplo, minha filosofia não me deu até hoje um tostão; não obstante, me tem confortado muito, principalmente nas minhas amarguras.

O homem normal, ao contrário, está limitado para os prazeres da vida, para as coisas *exteriores,* tais como a riqueza, a posição, a família, os amigos, a sociedade etc. – nisso consiste precisamente a base de sua felicidade, mas é oscilante, pois, quando perde estes objetos, todas as coisas se desmoronam logo após as decepções brutais da experiência. Para caracterizar o estado desse indivíduo, podemos dizer que o seu centro de gravidade está *fora*. Por isso, seus desejos e caprichos são sempre variáveis: quando seus meios permitem, não cavila em comprar quintas com cavalos, ou oferecer festas; depois começa a viajar e, sobretudo, levará uma vida faustosa; tudo isso, precisamente, porque procura em qualquer objeto uma satisfação vinda de *fora*. O mesmo sucede com o homem extenuado que espera encontrar em caldos e drogas a saúde e o vigor, cujo equilíbrio é a própria força vital. Para não passarmos imediatamente ao extremo oposto, tomemos um homem dotado de uma potência intelectual que, sem ser excessiva, exceda a medida ordinária e estritamente suficiente. Esse homem, quando as fontes exteriores dos prazeres chegam a se esgotar ou não o satisfazem, cultiva como afeiçoado algum ramo das belas artes, ou a ciência, tal como a botânica, a mineralogia, a física, a astronomia, a história etc., e encontra nelas um grande fundo de gozo e de recreação. Com esse motivo, podemos dizer, então, que o centro de gravidade está dentro *dele*. Mas, o simples diletantismo na arte está ainda muito longe da faculdade criadora; mesmo as ciências deixam em pé as relações dos fenômenos entre si, não podendo absorver inteiramente o homem a se entregar ao problema em detrimento de outros interesses. Essa função está entregue exclusivamente à suprema eminência intelectual, que se chama comumente *gênio*. Só ele toma por norma, íntegra e absoluta, a essência e a existência das coisas; porém, detém depois, segundo sua direção individual, a expressar as suas profundas concepções por meio da arte, da poesia e da filosofia.

Só para o homem dessa têmpera é uma necessidade irresistível a ocupação permanente consigo próprio, com os seus pensamentos e com as suas obras; para ele, a solidão é uma sombra amiga e o ócio o supremo bem. De tudo ele pode prescindir e quando possui bens supérfluos reconhece que eles são como uma carga pesada. Só desses homens podemos dizer que o centro de gravidade está todo *dentro dele*. Esta demonstração nos explica porque os homens desta espécie tão rara são imprestáveis para com as suas famílias, os amigos, o bem público, esse interesse íntimo e ilimitado pelo qual os outros fazem tantas coisas e do qual ele pode prescindir, renunciar, porque *é suscetível* de se possuir a si mesmo. Existe, pois, nele, um elemento isolado, cuja ação se torna mais enérgica quanto menos os homens tenham as possibilidades de satisfazê-lo plenamente. Interiormente, o homem superior não pode ver esses semelhantes, se bem que sinta a todo o momento a dessemelhança de sua natureza, habitua-se insensivelmente a vagar entre os demais seres como espécie distinta e a servir-se, quando suas meditações se fixam neles, da terceira e não da primeira pessoa do plural.

Após estas considerações preliminares, concluímos que o homem mais feliz é esse dotado intelectualmente pela natureza, e esta importância se torna categórica quando levamos em conta o que temos dentro de nós e não o que temos fora de nós. O objetivo, por maior que seja a sua influência, nunca age senão por intermédio do outro, isto é, o subjetivo, pois a ação do objetivo é secundária. Os seguintes versos nos explicam esse contraste:

A riqueza da alma é única riqueza;
em todas as demais sobrepujam as inconveniências.[43]

Um homem interiormente rico não pede ao mundo exterior senão um dom negativo: o ócio, para poder desfrutar, aperfeiçoar e desenvolver sua riqueza interior. Reclama, pois, unicamente, em toda sua vida, em todos os seus dias, em todas as suas horas, estar em posse da própria personalidade. Para o homem predestinado a imprimir a marca de seu espírito na humanidade inteira não existe senão uma só felicidade ou desgraça: poder aperfeiçoar o seu talento ou não poder fazer nada disso. Tudo ou mais para ele é insignificante. Por esse motivo, vemos que, todos os espíritos de todos os tempos sempre concederam ao ócio o maior valor, porque tanto vale o ócio como quanto vale o homem: "A felicidade está no ócio", disse Aristóteles.[44] Diógenes Laércio[45] refere-se também que "Sócrates encarecia o ócio como a mais formosa das riquezas". Isso é, pelo menos, o que entende Aristóteles quando declara que a vida mais bela é a do filósofo.[46] Diz igualmente na *Política*: "Exercer livremente o seu talento, eis a verdadeira felicidade".[47]

---

43. Lucian, *Anthol.*, 1, 67.
44. *Ética a Nicômaco*, X, 7.
45. *Epigramas*, II, 5, 31.
46. *Ética a Nicômaco*, X, 7-9.
47. *Política*, IV, 11, 3.

Goethe disse também em *Wilhelm Meister*: *"Wer mit einem Talent zu einem Talent geboren ist, findet in demselben sein schönstes Dasein"* ("Aquele que nasceu com talento por esse talento acha a existência mais bela").

Possuir o ócio não é só situar-se fora do destino comum como também da natureza comum do homem, porque seu destino natural é empregar o tempo em adquirir o necessário para sua existência e o da família. Se assim não proceder tornar-se-á filho da miséria e não filho da inteligência livre. Nessa contingência, o ócio chega a ser um peso, um martírio para o homem vulgar, desde que ele não o possa encher com os jogos, passatempos, bagatelas e meios artificiais de todas as classes. Por isso, o ócio traz também perigos para ele, porque já disseram uma vez que *Difficilis in otio quies* ("Difícil é a quietude no ócio"). Devemos reconhecer que uma inteligência que excede a medida normal é igualmente um fenômeno anormal e, por conseguinte, contra a natureza. Quando acontece que algum homem foi bafejado pela natureza com esse bem, para encontrar a felicidade necessita de ócio que, precisamente, para os outros não é senão um fardo funesto e importuno, enquanto para ele não é senão um pégaso libertado, isto é, um homem livre.

Se essas esferas, a exterior e a interior, se encontram reunidas, sua unificação produz a suprema felicidade, porque o homem favorecido com esses atributos levará então uma vida de ordem superior, subtraído às origens do sofrimento humano: o tédio e a necessidade. Ficará libertado, igualmente, do cuidado penoso de se dedicar a ganhar a vida e da incapacidade para desfrutar o ócio, isto é, a existência livre propriamente dita. O homem não pode se esquivar desses dois males se não os neutraliza e não os anula reciprocamente. O temperamento apaixonado que está sob o influxo dessa condição, concomitante à vivacidade e à perfeição, que são inseparáveis dele, insuflam nas emoções violências incomparavelmente fortes. É sabido que existem muito mais emoções dolorosas que agradáveis; devemos recordar, também, que as elevadas faculdades intelectuais fazem que o homem se distancie e fique estranho aos demais homens e às suas agitações, porque quanto mais possui em si mesmo, menos pode conviver com os outros. Nos mil objetos, nos quais os mais vulgares sentem prazeres infinitos, parecem-lhe insípidos e repugnantes. Talvez haja nessa mentira a lei de compensação que em tudo reina e domina. Não se supôs, com alguma aparência de razão, que no fundo o homem mais limitado de espírito era o mais feliz? Seja como for, eu pelo menos não invejarei essa felicidade. Não quero antecipar ao leitor a solução definitiva dessa controvérsia, uma vez que Sófocles emitiu dois juízos diametralmente opostos: "O saber é, em tudo, a parte principal da felicidade".[48] Em outra parte exara uma lamentação dura: "A vida do sábio não é das mais agradáveis".[49] Os sábios do antigo testamento não se entendem entre si; Jesus de Sirah disse: "A vida do insensato é pior do que a morte". O Eclesiastes, pelo contrário, pronunciou: "Quem *ajunta* sabedoria ajunta dor".[50]

Agora que se estendeu a corrente de nosso pensamento, quero mencionar o que se designa particularmente uma palavra exclusiva da língua alemã: *Philister* (burguês, rendeiro, filisteu). Por essa designação entendo que o homem, devido à medida estreita e suficiente de suas forças intelectuais, não *tem necessidades espirituais*. Essa expressão pertence à gíria estudantina e depois foi empregada em acepção mais elevada, porém análoga com o seu sentido primitivo, para qualificar os que são contrários aos filhos da Musa, isto é, ao homem prosaico. Com efeitos, esse continua a ser o "homem comum". Colocando-me em um ponto de vista mais elevado, quisera definir os *filisteus*, dizendo que são pessoas constantemente ocupadas com a maior seriedade do mundo, vendo-o pelo prisma de uma realidade que não existe. Essa definição de natureza transcendental não está em harmonia com o ponto de vista popular em que me coloquei nessa dissertação. Poderia, por consequência, não ser compreendido pelos meus leitores. A primeira admite, pelo contrário, a facilidade de um comentário específico e caracteriza a essência e a raiz de todas as propriedades singulares do *filisteu*.[51] É certo, como já dissemos, que o filisteu é um *homem sem necessidades espirituais*. Daqui se desprendem sérias consequências: a primeira, *com respeito a ele mesmo*, a de não ter *gozos espirituais;* a segunda, a máxima citada já refletiu que *"il n'est de vrais plaisirs qu'avec de vrais besoins"*. Não possui nenhuma aspiração em adquirir conhecimentos e juízos para animar sua existência, como não tem nenhuma aspiração aos prazeres estéticos, porque essas duas aspirações estão estritamente ligadas. Quando a moda ou alguma outra violência impõe-se, esses gozos se desprendem imediatamente dele, como uma obrigação de despachar seus trabalhos. Os únicos prazeres para ele são os sensuais. Comer ostras, beber vinho e champagne, isso constitui o fim supremo de sua existência. Proporcionar tudo o que possa contribuir ao bem-estar

---

48. *Antígona*, 1328.
49. *Ajax*, 550.
50. *Eclesiastes*, 1, 18.
51. Não obstante a cega veneração de Schopenhauer por Goethe, Engels chama Goethe de filisteu, e diz mesmo que o próprio Hegel, assim como Lessing, tinha pendendo da cabeça a trança de filisteu. (N.T.)

material: esse é, pelo menos, o programa de sua vida. E que satisfeito fica quando pode alcançar tudo isso! Se esses bens lhe são concedidos de antemão, torna-se imediatamente vítima do tédio; para afugentá-lo, inventa toda sorte de divertimentos: bailes, sociedades, jogos de cartas, cavalos, mulheres, vinho, viagens etc. Não obstante, tudo isso não basta quando a ausência de necessidades intelectuais torna impossível os prazeres intelectuais. Assim, pois, uma seriedade lúgubre e seca, semelhante à do animal, é própria do *filisteu* e é o que o caracteriza. Nada o regozija, nada o comove, nada lhe desperta o interesse. Os gozos materiais se esgotam rapidamente, a sociedade, composta de filisteus, com ele, se torna imediatamente fastidiosa e os jogos de cartas acabam por fatigá-lo. Restam-lhe, às vezes, os gozos da vaidade pessoal, que consistem em exceder, à vista dos outros, a riqueza, a posição, influência ou poder, o que lhe valerão a estima, ou procurará se nivelar com os que brilham e acalentar-se ao reflexo de seu esplendor (eis o que o inglês denominou de *snob*).

A segunda consequência resultante da propriedade fundamental que reconhecemos no filisteu é que, em relação *aos demais,* como está privado de necessidades intelectuais e limitado apenas às necessidades físicas, procurará os homens que possam satisfazer a estas últimas e não às primeiras. Ninguém tem o direito de exigir-lhe altas qualidades intelectuais, pelo contrário: quando encontra-se com pessoas dotadas dessa riqueza interior, acaba por se exceder em antipatia e até no ódio, porque sente em sua presença um sentimento importuno de inferioridade[52] e uma inveja surda, secreta, que oculta com o maior cuidado, acumulando-a, para que ela se converta em raiva muda.[53] Não pensa nunca em elevar seu apreço e consideração pelas faculdades do espírito; essa força é empregada exclusivamente na conquista da posição e da riqueza, do poder e das influências, que passam aos seus olhos por serem as únicas qualidades compatíveis com as suas aspirações. Isso porque os *idealistas* não lhe aconselham nenhum divertimento, preferindo então recorrer aos realistas. Estes também fatigam e, ao invés de divertirem, aborrecem a gente. Arrastam, também, junto de si, os desastres de toda a espécie, enquanto os idealistas são inesgotáveis em sua inocência eminente.

Em toda nossa dissertação que versa sobre a felicidade humana, levei em consideração as condições físicas e principalmente as qualidades intelectuais. Em minha memória sobre *O fundamento da moral* (§ 22) expus como a perfeição influi diretamente sobre a felicidade. Remeto, pois, o leitor, a esta obra.

---

52. Freud conseguiu arrancar de Schopenhauer o segredo do "complexo de inferioridade". (N.T.)
53. Fonte de Freud sobre recalcamento e sublimação. (N.T.)

Capítulo 3

DO QUE CADA UM TEM

Epicuro, o grande doutor da felicidade, dividiu admirável e judiciosamente as necessidades humanas em três classes:

Em primeiro lugar estão as necessidades naturais e necessárias que, não sendo satisfeitas, produzem a dor; estas se reduzem ao *victus* e o *amictus* (alimentos e vestuário) e são fáceis de se satisfazer.

Em segundo lugar estão as necessidades naturais, mas não necessárias, assim como a necessidade de satisfação sexual, mesmo que Epicuro não a inclua na dissertação de Laércio (claro está que reproduzo, em geral, todas essas doutrinas ligeiramente modificadas e corrigidas). Esta necessidade é mais difícil de se satisfazer.

Em terceiro lugar vêm as que não são nem necessárias nem naturais: são as necessidades do luxo, da abundância, do fausto e do esplendor; seu número é infinito e sua satisfação muito difícil de se conseguir.[54]

O limite de nossos desejos razoáveis em relação à fortuna é muito difícil, senão impossível, de se determinar. Porque o limite de cada um, nesta questão, não repousa em uma quantidade absoluta, mas relativa, isto é, na relação entre seus desejos e sua fortuna. Esta última sentença, considerada em si mesma, está tão desprovida de sentido como o numerador de uma fração sem denominador. A ausência dos bens dos quais um homem jamais pensou em aspirar não pode coagi-lo de nenhuma

---

54. Cf. DIÓGENES LAÉRCIO, X, c. 27, § 149 e § 127; e CÍCERO, *De finibus*, 1, 13.

maneira: ele ficará perfeitamente satisfeito com aquilo que possui, enquanto um outro, mesmo possuindo cem vezes mais, considerar-se-á desgraçado, porque sempre lhe falta algum objeto que cobiça. Cada indivíduo tem a respeito dos bens que pode conseguir um horizonte próprio e suas pretensões não chegam aos limites dessa linha. A pessoa sentir-se-á feliz quando um objeto, situado dentro de seus limites, se apresenta de tal maneira que possa ser conseguido. Sentir-se-á, porém, desgraçado se sobrevierem obstáculos que lhe arrebatem as perspectivas. O que está mais além desses limites determinados não exerce nenhuma influência sobre sua pretensão. Por esse motivo, considero que a grande fortuna do rico não molesta o pobre, porque todas as riquezas que o plutocrata possui não o consola quando recebe um desengano. (A riqueza é como a água salgada: quanto mais se bebe, mais sede dá; o mesmo acontece com a glória.)[55]

Depois da perda da riqueza ou do bem-estar, dominamos a primeira dor e nosso humor habitual não diferirá e continuará sendo o mesmo que era antes de termos as posses. Isso se explica porque, tendo diminuído pela sorte o fator de nosso haver, conseguimos reduzir o ponto objetivado de nossas pretensões.

Ressaltamos que isso é o que propriamente há de doloroso na desgraça. Uma vez, porém, feita a operação, a dor se torna cada vez menos sensível, acaba por desaparecer e a ferida tende a cicatrizar. Na ordem inversa, em presença de um acontecimento feliz, a carga que comprime nossas pretensões se torna dupla e nos permite dilatar-se. É nisso, precisamente, que reside o prazer. Este, porém, não dura senão o tempo necessário para que esta operação termine, pois habituamo-nos a subir na escada aumentada das pretensões e nos tornamos indiferentes à posse correspondente das riquezas. Isso é o que explica a estrofe de Homero,[56] cujos dois últimos versos reproduzo aqui:

Tal é o espírito dos homens terrestres, semelhantes aos dias concedidos pelo Pai de todos os homens e de todos os deuses.

A origem de nosso descontentamento reside em nossos esforços sempre renovados para elevar o fator das pretensões, enquanto o outro fator repousa em franca imobilidade.

---

55. Nietzsche parafraseia esta enfática declaração de Schopenhauer: "É triste viver no mar e morrer de sede; vós pondes tanto sal em vossas verdades que fazeis todas as águas insaciáveis ao clamor da sede". (N.T.)

56. *Odisseia*, XVIII, 130-7.

Não há nenhum assombro em ver na espécie humana, pobre e cheia de necessidades, a veneração mais alta e sincera ao culto da riqueza. Mesmo o poder é estimado porque conduz à riqueza. Não há quem se surpreenda ao ver os homens deixarem de lado qualquer outro atributo, quando se trata de adquirir riquezas e, por exemplo, observar os professores de filosofia malbaratar a filosofia para ganharem dinheiro. Acusa-se, frequentemente, os homens de fixarem suas atenções no dinheiro e de amá-lo mais do que tudo nesse mundo. Creio que é muito natural, quase inevitável, amar um objeto que, semelhante a um Prometeu infatigável, está disposto a todo instante a tomar a forma do objeto atual de nossos desejos tão variáveis ou de nossas necessidades tão diversas. É verdade que qualquer outro bem não pode satisfazer mais do que a um só desejo, mais do que a uma só necessidade; os alimentos não valem senão para os que têm fome, o vinho para os que estão com sede, os medicamentos para os enfermos, um capote para o inverno, as mulheres para a juventude etc. Todas essas coisas não são pois mais do que "bens relativos", isto é, relativamente bons. O dinheiro é o bem absoluto porque não provê unicamente a uma só necessidade *in concreto*, mas a necessidade geral *in abstracto*.

A fortuna de que se dispõe deve ser considerada como um baluarte contra o grande número de males e desgraças possíveis e não como um compromisso e ainda como uma obrigação de se procurar os prazeres do mundo. As pessoas que, sem terem uma fortuna patrimonial, chegam, por seu talento, seja este qual for, a colocar-se em condições de ganhar muito dinheiro, caem, quase sempre, na ilusão de julgar que seu talento é um capital estável e que o dinheiro que seu talento produz é, por conseguinte, a conversão lucrativa do dito capital. Nessa conjectura, não reservam nada do que ganham para consolidar um capital duradouro e gastam à medida que ganham. Segue-se que caem, ordinariamente, na pobreza, quando seus ganhos cessam ou detêm-se por completo (o talento é passageiro por sua natureza, como é, por exemplo, o talento para todas as belas-artes que se esgota), ou bem, quando as circunstâncias especiais, ou as probabilidades que os tornam produtivos, desaparecem. Alguns artesãos podem conduzir-se desse modo, porque as capacidades exigidas para seu ofício não se perdem facilmente ou podem suprir-se pelo trabalho dos seus assalariados; ademais, seus produtos podem ser objetos de necessidade cujo curso está sempre assegurado. Um provérbio alemão disse com razão: *Ein Handwerk hat einen goldenen Boden* ("Um bom ofício é ouro puro").

Não acontece o mesmo com os artistas e com os *virtuosi* de toda a espécie. Por esse motivo é que eles são pagos regiamente; pela mesma razão, deveriam capitalizar o dinheiro que ganham; mas, em sua presunção, consideram-no como interesse puro e por essa estrada desembocam na derrocada completa.

Não obstante, as pessoas que possuem fortunas patrimoniais sabem muito bem distinguir os princípios, discenir entre um capital e os interesses. A maioria deles trata de colocar seu capital com garantias, não o dispondo em nenhum caso e reservando, se for possível, a oitava parte dos interesses para remediar uma crise eventual. Dessa maneira, pode conservar seu bem-estar. Nada disso que acabamos de proferir adota-se aos comerciantes. Para eles o dinheiro é em si mesmo um instrumento de ganhar o utensílio profissional, por assim dizer; mesmo que o tenham conquistado por meio do próprio trabalho, procurarão, em seu emprego, os meios de conservá-lo ou de aumentá-lo. Assim, pois, a riqueza é mais frequente nessa classe do que em qualquer outra.

Observa-se geralmente que aqueles que já estão aferrados à verdadeira miséria e à necessidade não temem esses descalabros e estão mais inclinados à dissipação do que aqueles que não conhecem esses males senão por intermédio de referências. Na primeira categoria estão os que, por qualquer casualidade ou por habilidades especiais, passaram rapidamente da pobreza ao bem-estar. Na outra, os que nasceram com fortuna e a conservaram. Estes últimos preocupam-se mais com o futuro do que os primeiros, que são mais econômicos. Podemos deduzir, sem susto para o leitor, que a necessidade não é uma coisa tão má como parece observada de longe.

Não obstante, a razão parece estar contida na seguinte proposição: para o homem nascido com uma fortuna patrimonial, a riqueza parece algo indispensável, como o único elemento de existência possível, isto é, a mesma coisa que o ar. Portanto, tratará de cuidar da fortuna que possui e será, geralmente, ordeiro, previdente e econômico. O contrário sucede com aquele que desde o nascimento viveu na pobreza, cuja condição lhe pareceu sempre natural; mais tarde, se por uma sinuosidade do caminho da sorte encontrar a riqueza, esta lhe parecerá simplesmente supérflua, julgará então que é uma dádiva para desfrutar e aproveitar os seus benefícios. Julga que, quando a tenha perdido, saberá sair dos apuros, como antes que nada possuía. Ademais, descarregou-se de um peso terrível. Aqui adapta-se o que disse Shakespeare em *Henrique IV*:

The adage must be verified:
That beggars mounted run their horse to death.[57]

Agreguemos que estas personagens possuem, não só na cabeça como no coração, uma firme e excessiva confiança por parte da sorte e pelos próprios recursos, que outras vezes ajudá-los-ão a fugir da necessidade e da indigência. Não consideram a miséria como os ricos de nascimento, que pensam ser ela um abismo sem fundo, ou o seio de um pântano que basta pisar-lhe com os pés para que desapareçam da superfície. A particularidade humana pode explicar como algumas mulheres pobres antes do matrimônio são mais exigentes e esbanjadoras do que aquelas que levam um bom dote. Com efeito, está provado que a maior parte das mulheres ricas não só leva fortunas, mas é zelosa e possui, por assim dizer, o instinto hereditário para a conservação do dote, mais do que as pobres. Não obstante, se quiserem sustentar a tese contrária, poderão se apegar na autoridade da primeira sátira de Ariosto. O doutor Johnson, porém, adere à minha opinião:

A woman of fortune being used to the hadling of money, spends it judiciously: but a woman who gets the command of money for the first time upon her marriage, has such a gust in spending it, that she throws it away whit great profusion.[58]

Em todo o caso, aconselho aos que se casam com mulheres pobres que não lhes deixem o legado de uma fortuna, mas uma simples renda, levando em consideração que a fortuna dos filhos não venha cair em suas mãos.

Não há nenhuma indignidade em minha pena ao recomendar aqui o cuidado de conservar a fortuna adquirida ou herdada, porque considero que é uma vantagem apreciável possuir uma fortuna adquirida, mesmo que seja suficiente para se viver comodamente, sem família, em uma verdadeira independência, isto é, sem ter necessidade de trabalhar. Essa precaução consiste na imunidade das misérias e dos tormentos anexos à vida humana. Essa é, por conseguinte, a emancipação da es-

---

57. "O adágio deve se cumprir:/ o mendigo montado faz seu cavalo galopar até a morte." (Parte III, Ato 1, cena 4.)

58. Ver BOSWELL. *Life of Johnson*, vol. III, p. 199, ed. 1821. ["Uma mulher rica que está acostumada a manejar o dinheiro gasta-o com parcimônia; porém, uma mulher que em seu matrimônio toma pela primeira vez o encargo de administrar a fortuna, toma tal gosto em esbanjá-la que derrama o dinheiro em profusão." (N.T.)]

cravidão geral que traça o destino dos filhos da Terra. Só por esse favor é, verdadeiramente, um homem livre, condição realmente *sui juris*, senhor do tempo e de suas forças e podendo afirmar todas as manhãs: "A jornada é minha".[59]

Assim, pois, é certo que a diferença entre aquele que tem cem contos de renda e aquele que possui mil é infinitamente menor do que entre o primeiro e aquele que nada possui. A fortuna patrimonial alcança o seu mais súbito valor quando o seu possuidor é bafejado pela sorte de possuir dote intelectual superior e persegue projetos cuja realização não se coaduna com o trabalho necessário para ganhar a vida. Colocado nesta condição, esse homem está duplamente protegido pela sorte. Poderá viver exclusivamente a serviço do gênio e pagará duplamente sua dívida para com a humanidade, produzindo aquilo que nenhum outro poderia fazer, criando aquilo que constituirá o bem e a honra da sociedade humana. Colocado nessa situação favorável, receberá, por certo, o agradecimento da humanidade por suas obras filantrópicas.

---

59. De acordo com essas ideias e por ser verdadeiramente interessante, traduzo a sincera e patética dedicatória que fez Schopenhauer em sua obra básica, *O mundo como ideia e representação*, à memória de seu pai:
"*Piis Patris Manibus*
Devo-te o poder de dedicar a minha vida a serviço da verdade, sem por ela ser um mártir. Pude seguir minha inclinação nativa para o estudo, a meditação e as investigações sábias, sem me ver, por isso, obrigado a padecer, mendigar ou arrastar-me; sem sucumbir à tentação de rebaixar a Filosofia para torná-la um instrumento dos interesses mais vulgares, sem ter que submeter a minha doutrina a esses interesses; sem ter que chegar a vender-me aos satélites do obscurantismo, aos tartufos e aos santarrões! Se o meu destino não foi mais do que enfrentar medíocres e bater-me em uma luta desigual; se sempre pude levantar orgulhosamente a cabeça e seguir o nobre conselho de Voltaire: 'Vamos viver apenas dois dias: não vale a pena, pois, passá-los arrastando-nos aos pés dos miseráveis desprezíveis'; se a minha frugalidade que de bom grado me fez renunciar a toda vantagem que não fosse a livre disposição de mim mesmo, assegurou-me, ao menos, esta liberdade durante toda a minha vida, de tal maneira que, cada manhã, ao despertar, posso dizer: 'O dia de hoje me pertence!'. Se a absoluta indiferença de meus compatriotas ante o espetáculo de meus esforços não pôde colocar-me em estado de não terminar minha obra, na qual estive a ponto de me dedicar toda a vida a serviço dessa grande coisa, a ti, só, e a ninguém mais devo os benefícios, meu inolvidável pai. Por isso, tal qual havias previsto, cada dia dou-te graças e louvo a tua benemerência.
Nam Coesar nullus nobis haec otia fecit! Por esse motivo, de agora em diante, ocupa esta praça de honra em frente de meu monumento, como recompensa de teu mecenato. Que cada homem a quem a minha obra ofereça alegrias ou ensinamentos saiba que esta obra pôde vir a lume tanto por ti como por mim. E isto é o que de mais e de melhor posso fazer para reconhecer e remunerar tão consideráveis benefícios que recebi de ti." (N.T.)

O homem que possui um patrimônio e não produz nada de semelhante, mesmo que fosse a título de simples concorrência ao progresso da ciência, é um tolo desprezível. E ele não será feliz porque o trabalho de se redimir da necessidade transporta-lo-á para o outro polo da miséria humana, o tédio, que o martiriza de tal maneira que seria mais feliz se a necessidade lhe tivesse imposto uma ocupação. Este tédio fará que ele se lance facilmente às extravagâncias que minarão a sua fortuna, da qual não é digno. Realmente, observamos que uma multidão de pessoas está na indigência por ter gasto o dinheiro que possuía, a fim de proporcionar um alívio momentâneo ao tédio de que estava possuída.

Muitas pessoas correm, perseguem a promoção no serviço público, quando se trata, especialmente, de obter favores, amigos, relações, por intermédio das quais poder-se-ia subir, grau a grau, e chegar algum dia a postos mais elevados. Nesse caso, vale muito ter vindo ao mundo sem o menor tostão. Para o indivíduo que não é da aristocracia e que possui algum talento, ser pobre, indigente, constitui uma vantagem real e uma recomendação brilhante. Porque aquilo que cada um procura e ama acima de tudo, tanto em uma simples conversação como no serviço público, é a inferioridade do outro. Só um miserável está convencido e compenetrado de sua inferioridade profunda, íntegra, indiscutível, unilateral, de sua completa insignificância e de sua nulidade, em grau exigido pelas circunstâncias. Só um miserável inclina-se a todo o momento e sabe curvar a sua espinha dorsal em reverências a 90 graus bem contados; sofre sempre com um sorriso aflorado nos lábios; reconhece méritos onde não existe nenhum valor; apregoa como obras mestres, publicamente, em alta voz ou em altos caracteres impressos, as inépcias literárias de seus superiores ou de homens influentes; sabe mendigar e, por conseguinte, pode ser iniciado a tempo, desde a sua juventude, nessa verdade oculta que Goethe descobriu:

Über's Niederträchtige
Niemand sieh beklage:
Denn es ist das Mächtige,
Was man dir auch sage.[60]

Aquele que herda de seus pais uma fortuna suficiente para viver será classificado geralmente como um rebelde. Habituou-se a andar

---

60. *West-östlicher Divan.* ["Que ninguém se queixe da inferioridade, porque é o que move o mundo, diga-se o que se quiser." (N.T.)]

com a cabeça erguida; não aprendeu as argúcias servis; acostumou-se a se vangloriar e ostentar certas habilidades que possui e cuja insuficiência deveria compreender ao ver o que se passa com os medíocres e com os rasteiros; é capaz de observar a inferioridade dos que estão colocados sobre ele; e, por último, quando as coisas tomam um tom de indignidade, torna-se acabrunhado e misantropo. Não obstante, esse homem não triunfa no mundo e acaba sempre dizendo como o desapreensivo Voltaire:

> *Nous n'avons que deux jours à vivre; ce n'est pas la peine de les passer à ramper sous des coquins mèprisables.*[61]

Desgraçadamente, reflito de passagem que este *coquin mèprisable* é um atributo que se pode aplicar a muitos indivíduos neste mundo. Podemos, pois, pensar com Juvenal:

> *Hauld facile emergunt, quorum virtutibus obstat res angusta domi.*[62]

Essa sentença se aplica dignamente às carreiras das pessoas ilustres, e não sobre a vida das gentes mundanas.

Entre as coisas que o homem possui, não contei mulher e filhos, porque o homem é propriedade deles. Com melhores razões poderia incluir os amigos; porém, aqui também o proprietário deve ser na mesma proporção propriedade do outro.

---

61. "Não vivemos senão dois dias; não vale a pena, pois, passá-los arrastando-nos aos pés dos miseráveis desprezíveis." (N.T.)
62. Sat. II, v. 164. ["Dificilmente o mérito abre caminho quando luta contra a necessidade." (N.T.)]

Capítulo 4
DO QUE CADA UM REPRESENTA

1. Da opinião dos outros

Apreciamos demasiadamente o que representamos e realçamos as opiniões dos outros, segundo a nossa personalidade, isso devido a uma debilidade particular de nossa natureza, mesmo que a menor reflexão nos ensinasse que essas considerações não concorrem ou contribuem para a nossa felicidade. É trabalhoso explicar a grande satisfação interior que o homem experimenta quando observa um rastro de opinião favorável a seu respeito. Quando se acaricia o lombo do gato, vemo-lo ronronar de prazer; tal qual o felino, vemos refletir-se a mesma doce expressão de êxtase no semblante do homem a quem se elogia, especialmente quando o elogio cai no domínio de suas pretensões, mesmo que estas atribuições sejam uma mentira palpável. Os signos da aprovação dos outros tornam-se para ele uma consolação na possibilidade de uma desgraça real ou quando fluem parcimoniosamente para ele as duas fontes principais da felicidade, de que já falamos. É assombroso certificar-se de como ele se desgosta e sente-se dolorosamente afetado por qualquer lesão a sua ambição, a qualquer respeito, grau, quando esse aríete seja acobertado pelo dardo do desdém, negligência ou consideração. O sentimento de honra é uma propriedade que pode exercer uma influência saudável sobre a sorte das pessoas, como sucedâneo de moralidade. Devemos adiantar que sua ação sobre a verdadeira felicidade do homem e especialmente sobre sua independência (condição essencial para a felicidade) é mais prejudicial e perturbadora do que favorável. Tornar-se-ia prudente, do nosso ponto de vista, fixar-lhe os limites e, por meio de reflexões e apreciações exatas sobre o valor dos bens, moderar essa grande sucetibilidade que temos a respeito da opinião dos outros, não nos importando com suas atribuições favoráveis ou contra, porque em ambos os casos há uma origem comum. Se assim não agirmos, permaneceremos escravos e autômatos da opinião e dos sentimentos dos outros.

Sic leve, sic parvum est, animum quod laudis avarum
Subruit ac reficit.[63]

Por conseguinte, é justo fazermos uma apreciação do valor do que um é em si e por si mesmo aos olhos dos demais, pois já provamos, muito a contragosto, que essa atribuição nos conduz a uma felicidade íntima. O primeiro termo da comparação compreende tudo aquilo que ocupa o tempo de nossa existência, o conteúdo íntimo desta, portanto, todos os bens que já examinamos circunstancialmente nos capítulos intitulados: *Do que cada um é* e *Do que cada um tem*. Provamos também que o lugar onde se movimenta a esfera de ação de tudo isso é a própria consciência do homem. Ao contrário, acontece com o que somos para com os demais, pois o lugar é a consciência dos outros. É, por assim dizer, a figura sob a qual aparecemos aos outros, as noções a que eles se referem sobre a nossa personalidade.[64] São coisas que julgamos não existirem diretamente para nós. A sua existência só é constatada indiretamente porque a sua persistência determina a conduta dos demais para conosco. Esta asserção não entra realmente em consideração, senão quando sua influência venha a modificar o que somos e a nossa personalidade. O que sucede na consciência estranha não é perfeitamente indiferente à medida que conhecemos suficientemente a superficialidade e a futilidade dos pensamentos, dos limites reduzidos das noções, a mesquinhez dos sentimentos, o absurdo das opiniões e o número considerável dos erros que se cometem em quase todos os cérebros e, à medida que aprendemos experimentalmente com que desprezo falam de nós, julgamos o desdém com que meia dúzia de imbecis vêm os

---

63. "Quão leve, quão insignificante é o que abate ou reconforta meu espírito, ávido de elogio." HORÁCIO. *Epistulae*, II. I. 179. (N.T.)
64. As classes mais elevadas, em seu fausto e seu esplendor, na magnificência e ostentação de toda a espécie, podem dizer: nossa felicidade está completamente fora de nós; seu lugar está no cérebro dos outros. (N.A.)

homens superiores. Então compreendemos porque é valorosa a opinião dos homens e das suas honrarias.

Mesmo que o indivíduo esteja sobrecarregado de recursos, ele não poderia nunca encontrar a felicidade nas classes de bens de que já falamos, pois tem que procurá-la nesta terceira, isto é, no que somos, não na realidade, mas na imaginação dos outros. Abordando a tese geral, podemos afirmar que nossa natureza animal é a base de nosso ser e, por conseguinte, de nossa felicidade. O essencial para o bem-estar é a saúde e depois os meios necessários para nossa manutenção, que nos torna a existência livre de cuidados e apreensões. A honra, o esplendor, a grandeza, a glória, por muito valor que se lhes possa atribuir, não podem fazer concorrência com os bens essenciais nem substitui-los, pelo contrário, em circunstâncias adversas não se vacilaria um momento em trocá-las pelos outros atributos. Seria, pois, muito útil para a nossa felicidade se conhecêssemos essa verdade tão sensível: que cada qual vive efetivamente dentro de sua própria pele e não dentro da opinião dos outros e que, como é natural, nossa situação pessoal está determinada pela saúde, o temperamento, as faculdades intelectuais, a renda, a mulher, os filhos, a habitação etc. Ouço, constantemente, muitos gritarem com ênfase: "A honra vale mais do que a vida; o que os demais pensam de nós, eis a questão!". Em suma, esta máxima exclamativa pode ser considerada como uma hipérbole, no fundo da qual grita a prosaica verdade de que, para brilhar e avançar entre os homens, a honra, isto é, a sua opinião a respeito de nós, é de utilidade indispensável. Voltarei mais adiante sobre o assunto. Tenho a dizer que o preceito de manter em guarda o estímulo para o sentimento durante toda a vida, a custo de esforços incessantes, de mil perigos e dissabores, tem por objetivo elevá-los no conceito público. Não só os empregos, os títulos e as condecorações, mas também a riqueza, a ciência[65] e as artes procuram este único fim, tendo por resultado definitivo conseguir obter o respeito dos demais. Tudo isso ele não o faz senão para provar a enormidade da tolice humana.

Conceder demasiado valor à opinião dos outros é uma superstição que domina universalmente; tem suas raízes em nossa natureza desde o nascimento da sociedade e da civilização,[66] e é certo que exerce em

---

65. *Scire tuum nihil est, nisi te scire hoc sciat alter.* (Nada é o teu saber se não sabes o que os outros sabem.) (N.A.)

66. "Aproximei disso a conjectura de Darwin, segundo a qual os homens teriam, na sua origem, vivido em hordas, ficando cada uma delas sob o domínio de um único macho, forte, violento e ciumento... O pai da horda primitiva monopolizara, como déspota absoluto, todas as mulheres, matando ou expulsando os filhos, rivais perigosos.

toda a nossa conduta uma influência incomensurável e hostil à nossa felicidade. Essa influência pode se revelar sob a forma de uma deferência ansiosa e servil e culminar na revolta com que instigou Virgínio a cravar no seio da filha o punhal, ou arrastar o homem ao sacrifício de seu repouso, sua fortuna, sua saúde e até sua vida pela glória póstuma. Em verdade, este prejuízo oferece um recurso cômodo aos que estão destinados a reinar sobre os homens e lhes servir de guias. Assim, pois, o preceito de manter em guarda o estímulo para o sentimento de honra ocupa uma parte principal em todos os ramos da arte de dirigir os homens, mas, com respeito à verdadeira felicidade do indivíduo, ocorre uma coisa muito distinta; devemos, por conseguinte, dissuadi-lo de que conceda demasiado valor à opinião dos outros. Não obstante, como nos ensina a experiência diária, o que a maioria das pessoas estima é, precisamente, a opinião dos outros sobre ela. Preocupa-se mais com isso, ignorando que sua própria consciência é o reflexo da personalidade. Por um transtorno da ordem natural pode julgar que a opinião é a parte real de sua existência enquanto a outra lhe parece a parte ideal. Às vezes, converte o derivado e o secundário no objetivo principal. Se a sua figura, estampada nos cérebros dos outros, lhe satisfaz mais que a si mesmo, a apreciação direta do que não existe diretamente, isso constitui uma loucura sem ser uma loucura, com o nome de Vaidade que se chama "Vanitas", para indicar com este vazio o fictício desta tendência. Torna-se fácil compreender porque afirmamos que essas categorias de erros consistem em esquecer o fim pelo meio, como a avareza. O valor que concedemos para a opinião dos outros e a nossa constante preocupação a esse respeito vão além dos limites racionais, podendo transpassá-los e tornar-se, possivelmente, em uma espécie de mania estendida, ramificada, isto é, inata. Em tudo aquilo que fazemos, levamos em conta antecipada a opinião dos outros e essa preocupação dá azo ao nascimento da metade das angústias e preocupações que nos afligem. É, realmente, essa preocupação que encontramos no fundo de todo nosso amor-próprio ferido, por ser tão ignóbil no fundo de suas vaidades, de todas as suas pretensões, suntuosidades e ostentações. Sem essa preocupação, sem esse furor, o luxo não seria a décima parte do que é. Nele fundamenta-se todo o nosso orgulho, *point d'honneur e puntiglio*, a qualquer espécie de esfera a que pertençamos; e quantas vítimas não

---

Um dia, no entanto, esses filhos, associando-se, triunfaram do pai, mataram-no, devoraram-no em comum..." (Freud, *Ma vie et la Psychoanalyse*, trad. M. Bonaparte). Eis o que existe de Schopenhauer em Freud. (N.T.)

exige?! Revela-se desde menino e em cada fase da vida; alcança, porém, seu apogeu na idade madura, porque nessa época, como a aptidão para os gozos sexuais esgotou-se, a vaidade e o orgulho não têm com quem repartir-se senão com a avareza. Esse furor é observado nitidamente entre os franceses, nos quais reina endemicamente e se manifesta, às vezes, pela ambição mais néscia, pela vaidade nacional mais ridícula e pela fanfarronice mais desavergonhada. Suas pretensões são anuladas por eles mesmos, porque são alvo do escárnio das outras nações, motivo pelo qual lhes compuseram um apodo grotesco e cortês de "*la grande nation*"[67].[68]

Para explicar claramente tudo o que expomos sobre a insensatez que é a preocupação desmesurada da opinião dos outros, quero referir-me a um exemplo supreendente dessa loucura arraigada na natureza humana. Esse exemplo encontra-se favorecido pelo efeito luminoso resultante do encontro de circunstâncias com um caráter apropriado. Isso é a consideração suficiente para provar a intensidade da força do ridículo motor que aciona as ações humanas. Na passagem seguinte da informação detalhada que o *The Times* de 31 de março de 1846 publicou sobre a execução recente do chamado Thomas Wix, um operário que assassinou seu patrão por mera vingança:

> Na manhã do dia marcado para a execução, o reverendo capelão do cárcere apresentou-se em sua cela. Wix, porém, tranquilamente não dava ouvidos às suas exortações; sua única preocupação era conseguir demonstrar um extremo valor na presença da multidão que iria assistir ao seu ignominioso fim... E o conseguiu. Chegado ao pátio do cárcere que tinha que atravessar para subir ao patíbulo, elevado nas imediações, exclamou: *Pois bem! como dizia o doutor Dodd, vou conhecer o grande mistério!*
> Mesmo que estivesse com os braços atados, subiu sem auxílio os degraus do cadafalso; chegando à cúspide, levantou os braços e saudou a multidão. Os espectadores reunidos responderam com aplausos formidáveis.[69]

Ter a morte à vista, sob a forma mais espantosa e a eternidade atrás dela, e preocupar-se unicamente com o efeito que iria produzir

---

67. Em francês no texto alemão. (N.E.)
68. A França de hoje não é a mesma do tempo do filósofo pessimista; o francês se orgulha de sê-lo não por ser um orgulho patrioteiro, mas pela França ser, na cultura moderna, uma espécie de Grécia antiga. Disse Victor Hugo: "Paris é o cérebro do mundo". (N.T.)
69. Schopenhauer esqueceu-se de contar a temerária coragem de Danton no tribunal e no cadafalso. No parlamento teve esta exclamação, que é o reflexo de sua fatuidade: "E digam o que disseram, o meu nome no Panteon da História!". A caminho da guilhotina, David, o pintor convencional, chamou-o de infame, vendido. Danton, serenamente, retrucou no meio da carreta: "Lacaio!". Que alma terrível, mas heroica! (N.T.)

sobre a massa de idiotas congregados e da opinião que iria deixar em seus cérebros, não é isso um magnífico exemplo de ambição estúpida? Lecomte, que foi guilhotinado no mesmo ano em que Paris prevaricara no regicídio, lamentava, principalmente, durante o processo, não poder apresentar-se decentemente trajado na Câmara dos Pares. Seu grande pesar foi não poder cortar o cabelo antes da execução. Antigamente sucedia a mesma coisa. Vemos na introdução (*declaración*)[70] de Mateo Alemán donde fez preceder sua célebre novela *Guzmán de Alfarache*, referindo que muitos criminosos extraviados roubam suas últimas horas ao cuidado da salvação da alma, na qual deveriam empregar-se exclusivamente para preparar de memória um sermão que devem proferir no alto do patíbulo.

Nesses rasgos podemos ver refletida nossa própria imagem, porque são esses exemplos de talhe colossal que nos dão as explicações mais evidentes dessa matéria. Para todos nós, as preocupações, os desgostos, os cuidados, as cóleras, as inquietações são produzidos pela opinião que os outros têm sobre a gente e são tão absurdas como os pobres diabos precedentemente citados. A inveja e o ódio derivam em grande parte da mesma raiz.

A contribuição indubitável para a nossa felicidade, composta principalmente de tranquilidade e de ânimo alegre, advém com o limitar da força desse móvel e de rebaixá-lo a um grau que a razão pode justificar (a um meio, por exemplo), e assim arrancar de nossa carne esse espinho que nos causa tantas dores. Não obstante, as coisas são muito difíceis. Temos que tratá-las com franqueza natural e inata: "*Etiam sapientibus cupido gloriae novissima exuitur*", disse Tácito.[71] O único meio de nos livrar dessa loucura universal seria reconhecê-la como uma sandice aberta. Nessa contingência, vemos claramente até que ponto a maioria das opiniões nos cérebros dos homens é, por vezes, falsa, errônea e absurda. Como a opinião dos outros exerce pouca influência sobre nós, na maioria dos casos, e das coisas, todo indivíduo adoeceria de cólera se ouvisse em que tom os outros falam dele. A honra, também, não tem senão um valor indireto e imediato. Se pudéssemos obter a cura dessa loucura coletiva, ganharíamos infinitamente em tranquilidade de ânimo e contentamento e adquiriríamos uma alegria sã e natural. A influência benfeitora da vida retirada sobre nossa tranquilidade de alma e sobre a satisfação provém, em grande parte, de que nos subtrai a obrigação de viver constantemente sob os olhares dos outros e, por conseguinte, nos tira a preo-

---

70. Em espanhol no texto alemão. (N.T.)
71. *Historiae* IV, 6. ["A sede de glória é a última de que se despojam os sábios." (N.T.)]

cupação incessante de suas opiniões. Essa solidão faz que nos voltemos para nós mesmos. Agindo dessa maneira, evitaremos igualmente muitas desgraças reais, cuja única causa é essa aspiração ideal ou, corretamente falando, essa deplorável loucura. Ficará, também, a faculdade de prestar mais atenção aos bens reais, os quais poderemos então desfrutar gostosamente. Mas, como dizem, "aquilo que é nobre é difícil".

Esta loucura de nossa natureza, que acabamos de descrever, sugere três caminhos principais: a ambição, a vaidade e o orgulho. Dentre esses dois últimos, a diferença reinante consiste em que o orgulho é a convicção firme, adquirida de nosso valor próprio sob todos os aspectos; a vaidade, pelo contrário, é o desejo de fazer nascer essa convicção nos demais com a secreta esperança de poder mais tarde apropriar-se dela. Assim, pois, o orgulho é estima de si mesmo, procede do interior, quer dizer, diretamente.[72] A vaidade, pelo contrário, é a tendência em adquirir a estima do exterior, isto é, indiretamente. Por esse motivo a vaidade metamorfoseia o orgulhoso em falador taciturno. O vaidoso deveria saber que a elevada opinião dos outros, a qual aspira por todos os meios, obtém-se guardando silêncio, mesmo que tivesse que proferir as coisas mais belas do mundo. Não é orgulhoso quem não quer; o orgulho afeta quem lhe está predisposto. O primeiro, porém, esquecerá que o seu papel é como um papel plagiado. Aquele que se torna realmente orgulhoso é porque pensa que possui a inquebrantável, a íntima convicção de méritos superiores e de inestimável valor individual. Essa convicção pode ser errônea ou fundamentar-se em méritos simplesmente exteriores e convencionais. Pouco importam os exageros do orgulho, contanto que ele seja real e sério. Como o orgulho tem raízes na convicção, está, como toda a noção, fora de nossa vontade livre. Seu pior inimigo, isto é, seu maior obstáculo é a vaidade, que mendiga aprovação, para fundar-se depois, sobre esta, a elevada opinião de si mesmo, enquanto o orgulho supõe uma opinião firmemente estabelecida.

Mesmo que o orgulho se exceda a ponto de reprová-lo, estou inclinado que este provém principalmente daqueles que nada têm do que se possam orgulhar. Visto a impudência e a estúpida arrogância da maioria dos homens, todo indivíduo que possui alguns méritos faz muito bem em ostentá-los, a fim de não deixá-los cair no esquecimento completo, porque as pessoas que não tratam de se prevalecer e de ter ideias benévolas, como se todos os homens fossem seus semelhantes, não tardarão

---

72. Eis aqui o *ego* e *superego*, conflito do *interior* com o *exterior*, de Freud. Que notável intuição psicanalítica de Schopenhauer! (N.T.)

em cair na rotina e serem considerados medíocres iguais aos seus congêneres. Quisera recomendar aos que têm méritos de ordem elevada, méritos reais e, por conseguinte, puramente pessoais, que obrassem como se possuíssem condecorações e títulos, recordando-se a todo o instante a impressão produzida sobre seus sentidos. Caso contrário, verão no mundo a realização do *sus Minervam* (o porco que dava lições a Minerva).[73]

Um excelente provérbio árabe disse: "Se troças com o escravo, verás como ele te voltará as costas imediatamente!".

Não devemos desdenhar também a máxima de Horácio: "*Sume superbiam quaesitam meritis*". (Conserva o nobre orgulho que deves aos teus méritos).

A modéstia é uma virtude inventada principalmente para uso dos espertalhões, porque exige que cada um fale de si mesmo como se fosse um estranho. Isto estabelece uma igualdade admirável.

Sem embargo, o orgulho mais baixo e barato é o orgulho nacional. O indivíduo que está atacado por ele revela a completa ausência de outras qualidades *individuais* das quais não pode se orgulhar.[74] Realça os méritos distinguidores de sua nação e não vê os defeitos de seu povo. Todo imbecil miserável que nada tem com que possa se orgulhar refugia-se nesse último recurso em se vangloriar da nação de que é filho por obra da casualidade; nele se estriba sua gratidão estúpida, sempre disposto a defender "com unhas e dentes" todos os defeitos e as tolices próprias de sua nação.

De cinquenta ingleses, por exemplo, se encontrará um só que eleve a voz para aprovar a censura do desprezo ao fanatismo estúpido e degradante de sua nação; este indivíduo será, por certo, uma pessoa inteligente.

Os alemães não têm orgulho nacional e demonstram essa honradez muito reputada.[75] Parecem-nos ridículas as ideias professadas pelos *Deutschen Brüder* e os democratas que afogam o povo no patriotismo a fim de seduzi-lo. Poder-se-ia acreditar que os alemães inventaram a pólvora; eu, porém, não sou dessa opinião. Lichtenberg explana a questão nos termos seguintes: "Por que é que um homem que não é alemão

---

73. Apólogo latino em que alude o ensoberbecimento dos mesquinhos. (N.T.)
74. Este vazio interior é preenchido pelos patrioteiros com os sentimentos de pátria, reativando sempre o espírito combativo dos povos, acirrando-lhes os ânimos e trazendo-os sempre prontos para a intervenção de uma guerra. (N.T.)
75. Pena Schopenhauer não viver o suficiente para ver em que situação chegou a Alemanha hitlerista. Os patriotas pululavam ali como larvas na carne deteriorada. Chegaram, por espírito patriótico, a expulsar de seu território homens de valor como Einstein, Döblin, Hirschfeld, Zondek, matemáticos, físicos, médicos e milhares de pessoas com o rótulo de judeu... (N.T.)

raramente se faz passar por tal? Por que, ao contrário, quando quer se fazer passar por algo simula ser inglês ou francês?".

Afirmo que a individualidade é coisa mais importante que a nacionalidade e merece ser tomada em consideração mil vezes mais do que esta última. Nunca se poderia honrosamente dizer de um caráter nacional, já que "nacional" quer dizer que pertence à multidão. Considero que é a mesquinhez de espírito, a irracionalidade e a perversidade da espécie humana as que se destacam em todos os países sob uma forma distinta, isto é, o que chamamos o caráter nacional. Desgostando de um, elogiamos a outro, até o momento em que este nos inspire o mesmo sentimento. Cada nação trata de achincalhar as outras. E no fundo todas têm razão.

A matéria deste capítulo pode ser classificada, como já dissemos, em *honra, posição* e *glória*.

2. A posição

Por mais importante que a *posição* pareça aos olhos da multidão e dos filisteus e por maior que possa ser sua utilidade como roda na máquina administrativa do Estado, derrubá-la-emos por terra, com poucas palavras, confirmando a nossa tese. Trata-se, como já ressaltei, de um valor convencional, fictício, puramente simulador. Seu raio de ação é obter uma consideração simulada que, pensando bem, não é senão uma pura comédia representada para a multidão. As considerações são letras de câmbio, reconhecidas pela opinião pública. Seu valor fundamenta-se no crédito hipotético das probabilidades. Entretanto, sem falar de todas as condecorações que circulam secretamente pelo Estado, em substituição às recompensas pecuniárias, não deixa de ser uma invenção feliz, pois a multidão pensa que a distribuição de títulos seja feita com discernimento e equidade pelos trabalhos executados. A multidão tem olhos e ouvidos, porém, usa somente o tato.[76] Possui infinitamente pouco juízo, que não ultrapassa o círculo limitado em que está encerrada conjuntamente com a sua memória. Certos méritos estão fora do alcance de sua compreensão; há outros que captam instantaneamente as ideias, aclamam-nas, sendo palpável que se esquecem delas subitamente.

---

76. Schopenhauer, como demonstrou a tese vitoriosa de Lebon, na sua célebre *Psicologia das multidões*, não reconhece nenhum valor à multidão, isto porque, como afirma Lebon, a multidão é governada pela medula, seus pensamentos são puros reflexos desse órgão, portanto, um retorno à inconsciência, ao não discernimento, aos efeitos da sugestibilidade em massa etc. (N.T.)

Nessa contigência, gostaria de gritar para a multidão, entre a cruz e as estrelas: "Este homem que vedes não é vosso semelhante, porque ele possui méritos!". As condecorações, sendo distribuídas injustamente, ilogicamente ou de maneira excessiva, perdem seu valor; os príncipes deveriam ter maior circunspecção em concedê-las, seguindo o exemplo do comerciante que não assina facilmente uma letra de câmbio. A inscrição *pour le mérite* (pelo mérito) é um bárbaro pleonasmo; toda a condecoração deveria ser "*pour le mérite, ça va sans dire*" (não dizer que foi por mérito).

3. A honra

A discussão sobre a *honra* será mais difícil e mais longa do que a da *posição*. Antes, porém, de enfrentarmos o assunto, torna-se lógico e racional definirmos a significação do termo. Se eu dissesse: "A honra é a consciência exterior e a consciência é a honra interior", esta definição poderia agradar a diversas pessoas por ser uma explicação artificiosamente brilhante. Nesse caso, seguindo o curso de meus pensamentos, afirmo que "a honra é, objetivamente, a opinião que os outros têm sobre nós e subjetivamente o temor que nos inspira essa opinião". Esse epodo excerce uma ação saudável sobre o indivíduo de honra, mesmo que ele não esteja fundamentado na moral pura.

A origem do sentimento de honra e de vergonha, inerentes a todo o homem que não esteja corrompido, e os motivos de grandes valores que lhes são atribuídos serão expostos em problemas nas considerações que aqui vão impressas. É explicável que o homem por si só muito pouco pode; é um Robinson abandonado na sociedade; só com o auxílio dos outros é que pode muito.[77]

Essa condição essencial é levada em consideração desde que sua consciência começa a se desenvolver e despertar-se no desejo de ser contado como um membro útil da sociedade, capaz de concorrer "*pro parte virili*" à ação conjunta, comum, e ter por ela o direito de participação nas vantagens da comunidade humana. Esse objetivo é possibilitado pelo desprendimento total da posição especial que ocupa e todos os atributos que se exigem e se esperam do homem. Não obstante, reconheço que o importante não é ser homem de têmpera e de manter as próprias opiniões, mas os seus pensamentos nas opiniões dos outros. Essa é a

---

77. Precisamente por este motivo o sociólogo Lester Ward, baseado em documentos paleontológicos, foi levado a supor que o homem constituiu a sociedade pelos benefícios que poderiam advir com a conjugação de todas as forças sociais. (N.T.)

origem do ardor com que se mendiga a opinião favorável dos outros e do valor elevado que se lhes atribui.

Essas duas tendências manifestam-se com a espontaneidade de um sentimento inato, que se chama, em certas circunstâncias, sentimento de honra e sentimento de pudor (*verecundia*). Esse sentimento é o responsável pela subida do sangue nas faces, quando um indivíduo julga-se ameaçado de perder a opinião dos outros, sentindo um vácuo em torno de si, mesmo que sua falta revelada não fosse senão uma infração relativa, relacionada com uma obrigação tacitamente assumida. É interessante observar como essas pessoas fortificam-se com as opiniões dos outros, levando essas considerações para o terreno do valor da vida, a certeza adquirida e renovada da boa opinião dos homens, que lhes asseguram a proteção e o socorro das forças reunidas do conjunto social. Esse indivíduo compreende, pelo menos, que estas forças constituem o baluarte que o defende e são mais poderosas que suas possibilidades reduzidas.

Das relações nascidas com o constante contato dos indivíduos, surge, como é certo, uma confiança, em que uns indivíduos têm que ceder uma parte de suas opiniões aos outros, originando-se daí muitas espécies de honra. Essas principais relações constituem o meu e o teu, deveres que curvam a uns e outros, enfim, as relações sexuais, que se correspondem com a *honra burguesa*, a *honra do cargo* e a *honra sexual*, cada uma das quais ainda com subdivisões.

A *honra burguesa* é a que possui a esfera mais extensa e dilatada e consiste na presunção de que respeitamos absolutamente os direitos dos indivíduos e que jamais empregamos meios injustos ou ilícitos que nos possam beneficiar, gerando nessa condição pacífica de participação em comércio a harmonia com todos os homens. Para perder o indivíduo basta que ele pratique uma só ação que seja manifestadamente contrária às disposições acima descritas. A consequência de toda pena criminosa nos tira igualmente a condição de alegar que a dita pena tenha sido justificada. A honra repousa sempre, em última análise, sobre a convicção da imutabilidade do caráter moral. Em virtude dessa unilateralidade, a honra exige que uma só ação garanta a qualidade idêntica de moralidade para todas as ações ulteriores, como se todas as circunstâncias se apresentassem umas semelhantes às outras; tal é o que indica a expressão inglesa *character*, que significa renome, reputação, honra. Por isso a perda da honra é irreparável, a menos que seja forçada a isso, por meio de calúnias ou de falsas aparências. Nesse sentido, existem leis especiais contra a calúnia, contra os libelos e contra as injúrias; é uma calúnia sumária, sem indicação de motivos; em grego se pôde reproduzir fielmente esse pensamento: "A injúria é uma calúnia abreviada". Máxima que, sem dúvida, não se encontra expressa em qualquer outra obra. É evidente que o injurioso não tem nada real e verdadeiro que reproduzir contra o injuriado; se as suas acusações fossem reais, ele enunciaria em forma de premissas e abandonaria tranquilamente aos que lhe ouvem o cuidado de tirar conclusões; mas, infelizmente isso não acontece de conformidade com as minhas disposições, porque da conclusão deixa entrever as premissas, contando com a suposição engendrada no espírito dos ouvintes, que o seu procedimento é justificado simplesmente pelo desejo de abreviar.

A honra burguesa toma seu verdadeiro nome da classe burguesa; não obstante, a sua autoridade se estende à todas as classes, indistintamente, sem excetuar as mais elevadas.

Ninguém escapa de sua influência. É uma questão seríssima que os mais precavidos devem examinar cuidadosamente sem tomar os exames ligeiros por base de seus pensamentos. Os que violam a fé e a lei são considerados para sempre homens sem fé e sem lei; façam o que fizerem, serão sempre considerados frutos amargos dessa corrupção.

A *honra* tem, em certo sentido, um caráter *negativo* em oposição à glória, cujo caráter é *positivo*, porque a honra não é a opinião sobre certas qualidades especiais do indivíduo, mas reside precisamente na opinião dos outros. A honra contenta-se, pois, em assegurar que o sujeito não forme exceções, enquanto a glória afirma, ao contrário, o que ele o é realmente. A glória consiste em se adquirir, ao passo que a honra consiste em não se perder. Por conseguinte, ausência é obscuridade, algo *negativo*, isto é, ausência de honra é vergonha, algo *positivo*. Não se deve confundir essa condição negativa com a passividade; ao contrário, afirmo que a honra tem um caráter puramente ativo. A responsabilidade procede unicamente daquele sobre quem recai os fatores da honra, porque está fundamentada em sua própria conduta e não sobre as ações dos outros ou sobre os feitos exteriores, é pois, "uma qualidade interior". Em seguida vamos traçar a linha demarcatória entre a verdadeira honra cavalheiresca e a falsa honra. De fora não há ataques possíveis contra ela, a não ser por intermédio da calúnia. O único meio de defesa é uma refutação acompanhada de publicidade para desmascarar o caluniador.

O respeito tributado à idade parece fundar-se em que os jovens não puseram a sua honra à prova senão por meio de créditos, ao passo que o homem de idade avançada já comprovou no curso da vida a sua conduta objetivada na honra.

Nem os anos – os animais chegam também a uma idade mais avançada que os homens – nem a experiência, como simples conhecimento íntimo em conexão com a marcha do mundo, justificam esse respeito universal que os jovens têm para com os mais velhos. A simples debilidade senil daria mais direito de atenção do que as considerações. É notável, não obstante, que haja no homem certo respeito inato, realmente instintivo, pelos cabelos brancos. Nunca se faz menção a rugas respeitáveis; diz-se sempre: os veneráveis cabelos brancos. A honra só tem um valor indireto. Demonstrei, no começo deste capítulo, a opinião dos demais a respeito do valor que determina eventualmente a linha de conduta. Isto é verdade, enquanto vivemos com os homens ou entre eles. Com a organização do Estado civilizado, só à sociedade devemos a nossa segurança e a nossa propriedade. Como necessitamos de outras empresas e captamos sua confiança em nossa relação, a sua opinião é valorosa diante de nossos olhos. Este valor, porém, é indireto e não admitirei em hipótese alguma que o tratem como valor direto. Cícero opina conforme o meu pensamento: *"De bona autem fama Chrysippus quidem et Diogenes, detracta utilitate, me digitum quidem, ejus causa, porrigendum esse dicebant"*.[78] Helvécio desenvolve extensamente na sua obra capital *Do espírito* esta verdade e chega à conclusão seguinte: *"Nous n'aimons pas l'estime, pour l'estime, mais uniquement pour les avantages qu'elle procure"*.[79] Não podemos fazer valer os meios antes do que o fim, pois, a pomposa máxima, a honra antes que a vida, é, como já dissemos, uma hipérbole. Isto é, precisamente, no que concerne a honra burguesa.

A *honra do cargo* é a opinião geral de que um homem revestido de um cargo possui, efetivamente, todas as qualidades exigidas e cumpre pontualmente em quaisquer circunstâncias as obrigações do seu cargo. Quanto mais importante e extensa é a esfera de ação de um homem dentro do Estado, mais elevado e influente é o posto que ocupa e maiores devem ser também as opiniões que se têm das qualidades intelectuais e morais que lhes tornam dignos desse posto. Por conseguinte, o grau de honra que se lhe tributa e que se manifesta por condecorações, títulos etc., tem que se elevar e a humildade na conduta dos demais para com ele deve se acentuar progressivamente. A posição de um homem é constantemente determinada pela escala, o grau particular da honra que se lhe deve acentuar; este grau pode modificar-se pela maior e melhor facilidade em compreender a importância da posição. Mas, todas as pessoas compreenderão facilmente que a honra só deve ser atribuída a cargos que

---

78. *De finibus*, 111,17. ["Da boa reputação, diziam Crisipo e Diógenes que, perdendo a utilidade, não merecia que se elevasse um dedo por ela. Tal é a minha opinião." (N.T.)]

79. *Discurso III*, cap. 13. ["Não amamos a estima pela estima senão pelas vantagens que proporciona." (N.T.)]

tenham obrigações especiais a cumprir e não ao simples burguês, cuja honra fundamenta-se principalmente nas qualidades negativas.

A honra do cargo exige, ademais, daquele que ocupa o posto, que se faça respeitar pelos seus colegas e, para consegui-lo, deve cumprir pontualmente seus deveres, como já anotamos. Aconselho que não deve deixar impune nenhum ataque contra o posto ou contra a sua pessoa enquanto estiver funcionando. Nunca permitiria, por conseguinte, que se chegasse a dizer que não cumpriu devidamente com os deveres de seu cargo ou que ele não é útil aos serviços do país; deve fazer que o culpado seja castigado pelos tribunais, demonstrando que esses ataques eram injustos.

Como subdivisões desta honra, encontramos a do empregado, a do médico, a do advogado, a do professor público, a de todo graduado, enfim, de todo aquele que, em virtude de uma declaração oficial, proclamou-se capaz de trabalhar intelectualmente pelo cargo que exerce; em uma palavra, a honra desta qualidade é comum a todos os que se podem compreender sob a denominação de *empregados públicos*. Nesta categoria deve incluir-se também a verdadeira *honra militar*, que consiste em todo o homem que se comprometeu a defender a pátria comum, que possua realmente as qualidades requeridas, especialmente o valor, a bravura, a força e que esteja realmente disposto a defendê-la até a morte e de não abandonar a bandeira à qual prestou juramento de fidelidade. Escrevi aqui sobre a *honra do cargo*, da qual dei uma significação ampla, porque, na acepção ordinária, essa expressão designa o respeito devido aos cidadãos do mesmo cargo.

A *honra sexual* parece-me que exige exame detalhado e seus princípios devem ser indagados até as suas origens. Essa analise virá confirmar, ao mesmo tempo, que toda a honra fundamenta-se em considerações de utilidade.

Considerada em sua natureza, a honra sexual divide-se em honra das mulheres e honra dos homens e constituem ambas as partes um *esprit de corps* (espírito de corpo ou espírito de classe). O primeiro é o mais importante, porque, na vida das mulheres, as relações sexuais são as principais. A *honra feminina* é, quando se fala de uma moça, a opinião geral de que não se entregou a nenhum homem e, tratando-se de uma mulher casada, de que não se entregou senão àquele com quem está ligada por matrimônio. A importância dessa opinião funda-se nas considerações seguintes: o sexo feminino reclama e espera tudo do sexo masculino, tudo quanto deseja e tudo quanto lhe é necessário. O sexo masculino não exige do outro, senão diretamente, uma só coisa.

Teve, pois, que adaptar-se de tal maneira ao sexo masculino com esta única condição de subsistir aos filhos que nascerão fatalmente. É a adaptação em que consiste todo o bem-estar do sexo feminino. Para que esta adaptação seja completa é necessário que todas as mulheres se mantenham firmes e demonstrem esse verdadeiro *esprit de corps*. Deverão apresentar-se como um todo, em filas compactas, diante da massa do sexo masculino, como se estivessem diante do inimigo comum que, por ter as forças físicas e intelectuais em pleno vigor, devem ser vencidos e conquistados, a fim de chegarem como eles à posse total dos bens terrestres. Com esse fim, a máxima da honra do sexo feminino considera proibida aos homens a coabitação fora do matrimônio, a fim de que cada indivíduo se veja forçado ao matrimônio, o qual não é senão uma espécie de capitulação aos braços das mulheres. Esse resultado só é observado plenamente pela rigorosa experiência da máxima: todo sexo feminino vela com carinho pelo *esprit de corps*, para que todos os seus membros cumpram fielmente os seus deveres. Nessa contigência, toda moça que, por concubinato, se torna culpada de traição ao seu sexo, é expulsa do grêmio inteiro e marcada com o estigma da infâmia, porque o bem-estar da sociedade perigaria se o seu procedimento se generalizasse. Então, é quando se diz: *perdeu a honra*. Nenhuma mulher deve ter contato com ela, evitando-se a sua aproximação como se fosse uma enferma atacada pela peste. A mesma sorte espera a mulher adúltera, porque violou a capitulação consentida pelo marido e porque esse exemplo dissuade aos homens a celebração contínua dos contratos, dos quais dependem a salvação de todas as mulheres. Como essa ação implica em um engano e em uma grosseira falta de palavra, a mulher adúltera não só perde a honra sexual como até a honra burguesa. Por esse motivo dizem às vezes – uma jovem caída – mas nunca dirão – uma mulher caída. O sedutor pode reabilitar a jovem pelo casamento, o adúltero a sua cúmplice só depois do divórcio. Dessa exposição clara reconhecer-se-á que a base do princípio da honra feminina é um *esprit de corps* saudável, até necessário, bem calculado e fundamentado no interesse. Poderia se atribuir a mais elevada importância na vida da mulher o conceder-lhe um valor relativo, porém, nunca um valor absoluto, superior ao da vida e ao de seu destino. Nunca se admitiria que este valor fosse pago à custa da própria existência. Nunca se poderia aprovar Lucrécia ou Virgínia, com sua exaltação, degenerada em farsas trágicas. A peripécia, no drama de *Emilia Falloti* (de W. Lessing) tem algo tão repulsivo que nos sentimos mal ao sairmos do espetáculo. A despeito da honra sexual, não podemos simpatizar com a *Clärchen do Egmont*. Essa maneira de chegar ao extremo da honra feminina pertence, como tantos outrora, ao esquecimento dos fins pelos meios. Atribui-se à honra sexual, com tais exageros, um valor absoluto, ao passo que seu valor é puramente relativo. Quando lemos a obra de Thomasius,[80] *De Concubinatus*, sentimo-nos inclinados a dizer que esta honra é puramente convencional. Nessa obra, demonstra-se cabalmente que o concubinato até a reforma de Lutero foi, em quase todos os países e tempos, um estado permitido e reconhecido pelas leis e a concubina era respeitada por todos. Não falamos de Milita de Babilônia,[81] a qual iremos deixar sem comentários. Existem convenções sociais que tornam o matrimônio impossível à formalidade exterior, especialmente nos países católicos, onde o divórcio não é corrente. Os soberanos são os que topam sempre com esses obstáculos.[82] Creio que amar uma mulher extramaritalmente é, de sua parte, uma ação mais moral do que um matrimônio morganático; julga que os filhos nascidos dessa união consistem em reclamar os direitos se acaso a sua linha direta se extinguisse, donde resultaria a possibilidade para uma remota guerra civil.

O matrimônio morganático, celebrado a despeito de todos os empecilhos exteriores, é uma concessão feita às mulheres e aos sacerdotes de classes, os quais têm que se precaver na concessão desses direitos. Consideramos, também, que qualquer homem dentro de seu país pode escolher a esposa que gostar; só existe um cidadão cujo direito natural lhe é vedado: esse pobre homem é o rei. Sua mão pertence ao país. Não pode a dispor em caso algum se não levar em consideração as razões do Estado e o interesse da Nação. Não obstante, esse príncipe é um homem igual aos outros. Ele gostaria de seguir as inclinações de seu coração. É injusto e ingrato, como burguesmente vulgar, defender ou proibir que o soberano possa viver com sua querida segundo lhe conceda ou não as influências dos negócios públicos. De sua parte, considera essa querida, com respeito à honra sexual, como uma mulher excepcional, fora das regras comuns. Não se entrega senão a um só homem; ama e é amada por esse homem que nunca poderia a tomar por esposa. Isso demonstra que a honra feminina não tem uma origem natural; os infanticídios e os suicídios das mães lhes tributam numerosos e sangrentos sacrifícios.

A jovem que se entrega ilegitimamente viola a sua fé para com todo o seu sexo: ressalta-se, porém, que esta fé foi aceita por imposição. Ela

---

80. Refere-se a Christian Thomas Thomasius (1655-1728), jurista e filósofo alemão, tido como um dos grandes nomes do jusnaturalismo. (N.E.)
81. V. HERÓDOTO, 1, 199.
82. O caso do príncipe de Gales ilustra este exemplo. Saltou por cima das convenções para desposar a mulher que amava. Até certo ponto o seu gesto é simpático e democrático. (N.T.)

não lhe jurou cumprimento cego. E, como na maioria dos casos, o próprio interesse é o que diretamente se prejudica por causa de sua loucura, que é então infinitamente maior do que a sua depravação.

A honra sexual dos homens é, como a das mulheres, uma pura manifestação do espírito de classe do corpo oposto; todo homem que se submete ao matrimônio, a essa capitulação vantajosa para a parte adversa, contrai a obrigação de velar sucessivamente no que respeita à capitulação, a fim de que o pacto não chegue a perder a sua solidez, entregue ao hábito de afrouxá-lo por negligência. Não é conveniente aos homens, depois de afrouxá-lo, chegarem a não se assegurar da única coisa que estipularam na troca: a posse exclusiva da esposa. A honra da esposa exige que se castigue o adultério da mulher, em última hipótese, com a separação. Se sofre, mesmo que tenha conhecimento prévio do ato, a sociedade masculina lhe cobrirá de vergonha; esse atributo não é tão penetrante como o da mulher que perdeu a honra sexual. Ademais, é uma *levioris notae macula* (uma mancha sem importância), porque as relações sexuais são um assunto secundário para o homem, dada a multiplicada importância das demais relações. Os grandes poetas dramáticos dos tempos modernos tomaram como tema de suas obras a honra masculina. Shakespeare, em *Otelo* e *Conto de uma noite de inverno* e Calderon, em *O médico de sua honra* e *Secreto agravo, secreta vingança*. Essa honra não exige que se castigue só a mulher e deixe o amante gozando as delícias da liberdade; o castigo do homem é *opus supererogations* (questão de mais), pelo qual confirma que sua origem é o *esprit de corps* dos maridos.

A honra, como a considerei em espécie e princípio, reina geralmente em todos os povos e em todas as épocas, não obstante, descobríssemos algumas modificações locais e temporais nos princípios da honra feminina. Existe, porém, um gênero de honra completamente distinta da que se tem propagado por todos os cantos, honra esta que os gregos, romanos, chineses, hindus e maometanos não tiveram a menor ideia. Nasceu na Idade Média e aclimatou-se na Europa Cristã; não penetrou senão em uma fração mínima da povoação, entre as classes superiores da sociedade e seus êmulos. É a honra cavalheiresca ou o *point d'honneur*. Sua base difere totalmente da honra que estivemos até há pouco descrevendo; em alguns pontos a separação é abismal, posto que a primeira dá lugar ao *homem honrado*, a segunda, pelo contrário, ao *homem de honra*.

Vou expor aqui, separadamente, seus princípios em forma de código a fim de que se reflita melhor sobre a honra cavalheiresca.

[1] A honra não consiste na opinião dos outros sobre nosso mérito, mas unicamente nas *manifestações* dessa opinião; pouco importa que a opinião manifestada seja ou não fundamentada. Por conseguinte, o

mundo pode ter a nosso respeito as piores opiniões; pode desprezar-nos, pode pensar de nós o que quiser, isso não prejudica em nada a nossa honra, impedindo, porém, que essas maledicências sejam abertas em altas vozes... As nossas qualidades e ações podem estimular a simpatia e a estima de todo o mundo (porque isso não depende senão de seu livre-arbítrio); bastará, porém, a um só indivíduo – mesmo que seja um imbecil ou um malvado – enunciar o seu desdém para com a nossa pessoa, para que sintamos lastimosamente a perda de nossa honra, e a exigência da reparação imediata. Um defeito que demonstra claramente que não se trata de *opinião*, mas unicamente de sua *manifestação exterior*, é que as *palavras ofensivas* podem ser retiradas em caso de necessidade, requerer o perdão, passar uma esponja na ofensa, como se nada tivesse acontecido. A questão de saber se a opinião que mantinha variou no tempo e porque modificou-se não importa absolutamente ao assunto; anula-se a manifestação e tudo, então, entrará em harmonia. O resultado a que se aspira não é, por conseguinte, merecer o respeito, mas arrebatá-lo.

[2] A honra do homem não depende do que *ele faz*, mas do que *lhe fazem*, do que lhe sucede. Estudamos anteriormente a honra que reina em todas as partes; seus princípios nos demonstraram que dependem exclusivamente do que o homem faz ou do que diz. A honra cavalheiresca, ao contrário, é o resultado do que o outro diz ou do que faz. Reside na mão e a honra está constantemente em perigo de se perder, a não ser que o ofendido a recobre com a violência. Falaremos ainda das formalidades que terá de cumprir para poder reabilitar-se. Esse procedimento só pode ser conseguido com perigo da vida, da liberdade, da fortuna e do repouso da alma. Mesmo que a conduta de um homem fosse a mais respeitável e a mais nobre, sua alma pura, seu cérebro eminente não impediriam que a sua honra se perdesse pelas injúrias oriundas de indivíduos inescrupulosos. Esses indivíduos geralmente alegam que jamais saltaram o código da honra; em um exame mais circunstancial, vemos que é um bruto, estúpido, esperto, vil, folgazão sórdido, jogador, homem carregado de dívidas, enfim, um ser que não merece os olhares de seus semelhantes. Geralmente, as criaturas dessa espécie são vítimas do insulto desses escatológicos, porque, como notou Sêneca[83] que *at quisque conquanto* mais desprezível é o homem, tanto mais se serve do ludíbrio e menos freio tem na língua. É precisamente do homem sábio que o vil se aproxima, com preferência, porque os contrários se odeiam e, à vista das qualidades habituais do primeiro, o maledicente sente na sua alma miserável uma raiva surda. Por isso, disse Goethe:

---

83. *De Constantia*, 11.

Was Klagst du über Feinde?
Sollten Solche je werden Freunde,
Denen das Wessen, wie du bist,
Im Stillen ein eweiger Vorwurf ist?[84]

Observai como as pessoas desta classe devem gratidão ao princípio da honra que lhes põe no nível dos que lhes são superiores em todos os conceitos. Esses indivíduos podem facilmente lançar uma injúria, atribuir ao contrário más qualidades e se este não borra imediatamente o insulto com sangue, passará a tal injúria a ter um juízo certo e fundado, com decreto de força e de lei, pois a afirmação poderá correr para sempre como verdadeira e inabalável. Em outros termos, o indivíduo continua aos olhos de todos os "homens de honra" aquilo que o insultante (mesmo que seja o último filho de Adão) confirmou, porque deixou "intacta a afronta" (esse é o *terminus tecnicus*). Desde esse momento, os "homens de honra" passarão a desprezá-lo profundamente; fugirão dele como se estivesse contaminado pela peste; negar-se-ão, por exemplo, publicamente, a irem para uma reunião onde ele foi recebido. Creio que poderemos remontar às origens da Idade Média esse sentimento aviltante. C. W. de Wachter,[85] faz-nos saber que, até o século XV, nos processos criminais, não era o denunciante quem tinha o direito de provar a culpabilidade, mas o denunciado que tinha que provar a sua inocência. Esta prova era feita pelo juramento de purgação, para o qual se necessitava de testemunhas (*consacramentais*) que jurassem estarem convencidas de que eram incapazes de cometer um perjúrio.

Se não era possível obter testemunhas, ou se o acusado lhes recusava em usar do direito, então intervinha o Juízo de Deus, que consistia em resolver a pendência no duelo. Porque o denunciado convertia-se então em um "insultado" e devia purgar o insulto. Aqui está a origem da noção do "insulto" e de todo o procedimento, tal como ainda é praticado entre os "homens de honra", salvo o juramento.

Isso nos explica, também, a profunda indignação intolerável que sentem os "homens de honra" quando percebem de que são acusados de mentiras; explodem raivosamente e lançam mão das vinganças mais

---

84. *West-östlicher Divan*. ["Por que te queixas de teus inimigos? Poderiam ser amigos estes homens para os quais uma natureza como a tua é, em segredo, uma acusação eterna?" (N.T.)]

85. WACHTER, C. W. de. V. *Beiträge zur deutschen Geschichte, besondeers des deutschen Strafrechts, 1845*. [*Contribuição à historia alemã, principalmente à jurisprudência criminal dos alemães*. (N.T.)]

sangrentas, de meios horrendos, para castigar a mentira vulgar. Na Inglaterra, especialmente, a coisa se elevou à altura de superstição profundamente arraigada na alma dos indivíduos (todos os que ameaçam de morte ao acusador e forjador de mentira deveriam, realmente, não terem nunca mentido durante a sua vida). Nos processos criminais da Idade Média havia um procedimento rápido em que consistia ao acusado replicar contra o acusador: "Tu mentistes", depois do qual se apelava imediatamente para o Juízo de Deus. Daí deriva no código de honra cavalheiresca a obrigação de acudir imediatamente às armas enquanto perdurar a mentira. Tudo isso ele o faz no que concerne às injúrias: existe, porém, algo de pior que a injúria, algo de horrível que faz tremer os "homens de honra" e que não podemos negligenciar neste código de honra cavalheiresca: basta pensar nesta coisa para os cabelos ficarem eriçados, porque é o *summum malum*, o maior de todos os males sobre a terra, mais terrível que a morte e a condenação. É possível suceder o *horribile dictu*, é suscetível que um indivíduo aplique no outro uma bofetada ou um soco. Isso é uma catástrofe terrível, produz uma morte completa da honra, que, se é possível curar com sangrias limitadas, esta ofensa exige que se mate irremediavelmente o ofensor.

[3] A honra não se preocupa de que o homem pode ser por si e em si, nem da questão de saber se a sua condição moral poderia modificar-se algum dia; quando a honra perde por alguns momentos o seu efeito, pode ser reabilitada, integralmente, porém, com a condição de uma reabilitação imediata. O único caminho possível é então o duelo. Mas, se o autor do perjúrio não pertence a nenhuma das classes sociais que professam o código de honra cavalheiresca, ou se violou algumas vezes este código, tem que empreender uma operação imediata que consiste em fazer desaparecer a espada no peito do injuriador, restabelecendo, desta maneira, a sua honra. Às vezes, se quer evitar essa operação dolorosa, compreendendo as atribulações que advêm com o resultado do ato. Se o ofensor não se submeter às leis da honra cavalheiresca, recorre-se a um paliativo mais decoroso que consiste em lançar mão da *vantagem*. Esta consiste em responder mais grosseiramente ao inimigo que nos foi brutal. Mas se as injúrias não são suficientes, recorre-se aos socos; e ainda que haja um *clima*, uma graduação no tratamento da honra, curam-se as bofetadas com pauladas e estas com chicotadas no rosto; contra essas últimas ações, há pessoas que recomendam, eficientemente, cuspir no rosto. No caso, porém, desses remédios não produzirem efeitos, torna-se preciso lançar mão das operações sangrentas. Esse método de tratamento paliativo baseia-se, no fundo, na dissertação a seguir.

[4] Ser insultado é uma vergonha; da mesma forma, insultar é uma honra. Não importa que a verdade, o direito e a razão estejam do lado de meu adversário; injurio-lhe, ao ponto de mandá-lo aos diabos, com todos os méritos que possui; o direito e a honra estão do meu lado e perderam-se provisoriamente até que seja possível restabelecê-los; acredita que é possível restabelecê-los pelo direito e pela razão? Não; pela pistola ou pela espada. Logo, do ponto de vista da honra, a grosseria é uma qualidade que supre e domina todas as outras. O mais violento sempre tem razão: *quid multa?* Qualquer necessidade, inconveniente, infâmia que se pode cometer, a grosseria lhes abre o caráter miserável e os legitima diante dos olhos de todos. Em uma discussão, em uma simples conversão, um homem pode mostrar um conhecimento mais exato da matéria, um amor mais severo à verdade, um juízo são, razoável, em síntese, que sabe arrancar dos pensamentos à luz dos méritos intelectuais, borrando o antagonista nas sombras, é suficiente para provocar a ira dos inferiores que, com um soco, sabem disfarçar a indigência do espírito e fazer retroceder pela violência às culminâncias das honrarias. Porque uma grosseria derruba todos os argumentos e eclipsa todos os engenhos. Se o nosso adversário não replica no mesmo tom com maior rusticidade, em cujo objetivo chegamos ao nobre assalto pela *vantagem*, terminamos por ser os vitoriosos e a honra está toda do nosso lado. Verdade, juízo, instrução, inteligência, espírito, tudo isto deve estancar e fugir espavorecidos diante da divina grosseria. Os "homens de honra", desde que esbarram em uma opinião distinta da sua, que mostra razão mais ponderável, fazem menção de montar imediatamente a cavalo e combater de ferrete em punho; quando, em uma controvérsia, carecem de argumentos contra as nossas opiniões, procuram sempre escapar-se com uma violência, pois, ela custa pouco e é fácil de se manejar. Obtido o triunfo, fogem sorridentes. Depois de tudo isso que acabamos de expor, não temos razão em alegar que o princípio da honra enobrece o tom social?

[5] O tribunal supremo de justiça, a quem em todas as diferenças no tocante à honra pode apelar a toda instância anterior, é a força física, isto é, a animalidade. Porque toda a violência não é senão uma apelação à animalidade, sentenciando a anulação incontrastável da inutilidade das forças intelectuais, do direito moral contra a força física. Na espécie *homem* que Franklin definiu como um *Toolmaking animal* (animal que fabrica utensílios), essa luta se efetua pelo duelo mediante as armas especialmente confeccionadas para esse fim e produz uma decisão inapelável. Essa máxima fundamental é designada pela expressão *direito da força*, que envolve uma ironia, como o alemão na palavra *Aberwitz*

(absurdo), que indica uma espécie de *Witz* (espírito), que está longe de ser um tal *Witz*. Não obstante às objeções, a honra cavalheiresca deveria se chamar direito da força.

[6] Ao tratarmos da *honra burguesa*, levaremos em conta, escrupulosamente, o *teu* e o *meu*, as obrigações contraídas e a palavra empenhada, pois é sabido que o código natural professa em todos os pontos os nobres princípios do liberalismo. Só existe uma *palavra* pela qual não se deve faltar: é a *palavra de honra*, isto é, aquela que se jurou e se proferiu. É pela palavra de honra que resulta a presunção de que se pode faltar a qualquer outra palavra empenhada. Mesmo que o homem tenha violado a palavra de honra, a honra pode necessariamente salvar-se por meio desta única panaceia: o duelo. Então, somos forçados a bater-nos com quem sustentamos a nossa palavra de honra. Não existe senão mais do que uma *dívida* que se tem a pagar: é a dívida em jogo, que, por esse motivo, chama-se "uma dívida de honra". Quanto às demais dívidas, mesmo que judeus e cristãos vivessem em promiscuidade, isto não prejudicaria em nada a honra cavalheiresca.[86]

Todo o espírito de boa fé reconhecerá, em um primeiro exame, que este código estranho, bárbaro e ridículo da honra não teve as suas origens na essência da natureza humana ou na maneira sensata de examinar circunstancialmente as relações e as intercorrências entre os homens. Essa asserção, pelo que confirma o domínio limitado da autoridade da honra que se estendeu na Europa, data da Idade Média, a aí mesmo não se apoderou senão da nobreza, da classe militar, seus êmulos e corifeus. Porque nem os gregos, nem os romanos, nem os povos eminentemente civilizados da Ásia, nem os povos antigos e modernos souberam ou sabem a primeira letra da honra e de seus princípios. Todos esses povos eram honrados, mas nunca conheceram os princípios da honra burguesa. Entre eles, os homens não valiam senão pela sua conduta íntegra e não batiam a má língua para se arriscar em murmurar insolências contra quem quer que fosse. Entre esses povos, aquilo que o indivíduo dizia ou o que fazia podia com a sua ação aniquilar a sua *própria honra*, nunca, porém, a honra dos outros. Um soco, entre esses povos, não era senão um soco que um cavalheiro poderia desferir contra o outro, como um asno atira um coice contra o seu similar. Um soco poderia, em certas ocasiões, despertar a cólera ou inclinar o cidadão à vingança imediata, nunca porém com objetivos comuns com

---

86. Um manuscrito de Schopenhauer, intitulado *Adversaria*, contém o primeiro projeto dessa dissertação sobre a honra. (Trecho de uma nota do tradutor da edição francesa, J.-A. Cantacuzène.)

a honra. Essas nações nunca tiveram livros que enumerassem os socos ou injúrias, assim como as satisfações que se deram, ou que se deixaram de dar. Pelo que toca a bravura e o desprezo da vida, não cedem os postos à Europa cristã. Os gregos e os romanos eram seguramente os tipos de heróis consumados, mas ignoravam o *point d'honneur*. O duelo, para eles, não era assunto das classes nobres, mas dos vis gladiadores, de escravos abandonados e de criminosos condenados, a quem excitavam para se bater a fim de divertir o povo. Com a introdução do cristianismo, iniciou-se o duelo por intermédio do Juízo de Deus. Se os primeiros faziam um sacrifício cruel oferecido à curiosidade pública, era o duelo também um sacrifício hediondo em prejuízo geral, pois que os criminosos, escravos ou encarcerados não eram os sacrificados, mas sim homens livres e nobres.

A história conservou inúmeros feitos de heroísmo que demonstram que os antigos desconheciam esse sentimento de honra. Certa vez, um chefe teutônico provocou Mário em duelo. O herói romano lhe respondeu fleumaticamente que "se estivesse cansado da vida, não tinha outra coisa a fazer senão o degolar-se", propôs-lhe, em seguida, que lutasse com um emérito gladiador.[87] Lemos em Plutarco que Euribíades, comandante da frota, em uma discussão com Temístocles, levantou o bastão para desferi-lo contra o grande guerreiro; este nem sequer levou a mão à espada, mas se limitou a dizer: "Bate-me, porém, escuta-me".[88] Que indignação deve sentir o leitor que seja um "homem de honra" não encontrar em Plutarco a menção de que o corpo de oficiais atenienses se declarou imediatamente não servir mais às ordens de Temístocles!? Assim diz com razão um escritor francês moderno: *"Si quelqu'un s'avisait de dire, que Démosthène fut un homme d'honneur, on sourirait de pitié... Ciceron n'était pas un homme d'honneur non plus".*[89] A passagem de Platão[90] sobre os aixia, isto é, os maus-tratos, prova suficientemente que nessa matéria os antigos não suspeitavam sequer desse sentimento de honra cavalheiresca. Sócrates, em consequência de suas numerosas disputas, esteve muitas vezes exposto aos socos de seus adversários, os quais recebia com tranquilidade. Um dia, recebeu um soco: a ofensa era gravíssima, mas ele não se importou; um jovem estra-

---

87. *Freinsheim, Suppl.* Tito Lívio, tomo LXVIII, c. 12.
88. *Temístocles*, 11.
89. DURANT, C. *Soirées littéraires*, 1828, v. II. ["Se alguém se aventurasse a dizer que Demóstenes foi um homem de honra, sorriria de piedade... Cícero não foi tampouco um homem de honra." (N.T.)]
90. *De Legibus*. IX e XI.

nhou a atitude e interpelou-o sobre o acontecimento; ele respondeu-lhe calmamente: "Se um burro tivesse te escoiceado, irias pedir-lhe satisfação?".[91] Outra vez, um jovem estimulou-o: "Esta pessoa não te insulta, não te injuria?". O que ele retrucou: "Não, porque o que ele diz não se aplica para com a minha pessoa".[92] Estobeu[93] conservou-nos uma longa passagem de Musônio, que nos permite afiançar de que maneira os antigos enfrentavam as injúrias; não conheciam outros meios senão socorrendo-se dos tribunais, dos quais os sábios até desdenhavam. Pode-se ver nas *Górgias*, de Platão, que este era o único meio exigido para reparação de uma bofetada; ali encontramos reproduzida a opinião de Sócrates. Evidencia esta atitude sobre o que nos conta Aulo Gélio[94] de um certo Lúcio Verácio que se entretinha, por mera brincadeira e sem motivos, a desferir bofetadas nos cidadãos romanos que passassem pelas ruas; para evitar muitas formalidades, fazia-se acompanhar por um escravo carregado com um saco de moedas de cobres, encarregando-o de pagar imediatamente ao transeunte assombrado a indenização legal de 25 centavos. Crates, o célebre filósofo cínico, recebera do músico Nicodromo tão violenta bofetada que o seu rosto se tornou inchado e machucado; então, gravou em uma prancheta e pô-la na testa com a seguinte legenda: *Nicodromus fecit*,[95] o que cobriu o músico de vergonha por ter cometido tão revoltante brutalidade[96] contra um homem a quem Atenas reverenciava como um Deus do Lar.[97] A propósito, temos também uma carta de Diógenes de Sínope dirigida a Melésipo, na qual, depois de contar que foi agredido horrivelmente por atenienses bêbados, ajunta que não tinha importância alguma o que acontecera. Sêneca, em seu livro *De constantia sapientis*, no capítulo X até ao fim, trata detalhadamente do ultraje (*contumelia*) que o sábio despreza. No capítulo XVI, diz: "*At sapiens colaphis percussus, quid faciet? Quod Cato, com illi os percussum esset: non excanduit, non vindicavit injuriam: nec remisit quidem, sed negavit*".[98]

---

91. *Diógenes Laércio*, II, 21.
92. *Ibid.*, 36.
93. *Florilégio*, ed. Gaisford, v. I, p. 327-330.
94. *Noites Áticas*, XX, 1.
95. Nicodromo fez isto. (N.T.)
96. *Diógenes Laércio*, VI, 89.
97. *Apul. Flor.*, p. 126, ed. Hip.
98. "Mas o sábio que recebeu uma bofetada, que fará? O que Catão fez quando lhe golpearam o rosto. Não incendiou-se em cólera, não vingou a injúria, nem perdoou, mas negou que lhe ouvessem feito alguma coisa." (N.T.)

Serão capazes de exclamar: Mas eram sábios! E vós sois néscios? Estamos de acordo? Vimos, pois, que esse princípio de honra cavalheiresca era desconhecido pelos antigos, precisamente porque examinavam as coisas sob um aspecto natural, sem prevenções e sem deixar-se enganar por sinistras tolices dessa espécie. Um soco no rosto, não viam nada mais do que ele é em realidade: um prejuízo físico, enquanto, para os modernos, é uma catástrofe e um tema para tragédias, como em *O Cid*, de Corneille, e em um drama alemão recente, intitulado *A força das circunstâncias*, mas que deveria se chamar: *A força dos prejuízos*. Um dia, por exemplo, se eu der uma bofetada na Assembleia Nacional de Paris, a Europa inteira se agitará. As reminiscências clássicas, assim como os exemplos da antiguidade referidos mais acima, devem ter posto em cheque a consciência dos "homens de honra". Recomendamos a leitura de *Jacques, o fatalista*, obra-prima de Diderot, a história de *monsieur Desglandes*, tipo excepcional da honra cavalheiresca que poderia divertir os espíritos mais modernos.[99]

De tudo que precede, resultam provas suficientes de que o princípio de honra cavalheiresca não é um princípio primitivo, baseado na natureza própria do homem. É artificial e sua origem torna-se fácil de ser estabelecida. É filho da época em que os punhos estavam mais exercitados do que os cérebros, em que os sacerdotes mantinham a razão encarcerada; vem da Idade Média, tão exaltada com sua cavalaria. Naquela época, Deus não só tinha a missão de velar por nós, como até de nos julgar. As causas judiciais delicadas eram decididas pelos ordálios ou juízos de Deus, que consistiam em combates singulares não só entre cavalheiros, como entre burgueses, como demonstra uma linda passagem de *Henrique VI*, de Shakespeare.[100] O combate singular ou juízo de

---

99. Schopenhauer resume esta história da seguinte forma: "Dois homens de honra, um dos quais se chamava Desglands, cortejavam a mesma mulher; estavam sentados na mesa um junto do outro, em frente à dama, cuja atenção Desglands tratava de atrair com os mais animados discursos. Entretanto, os olhos da pessoa amada continuavam a procurar constantemente o rival de Desglands e ouvia distraidamente o que este dizia. O ciúme provocou em Desglands, que tinha na mão um ovo, uma contração espasmódica; o ovo estalou e o conteúdo do mesmo saltou no rosto do rival. Este fez um gesto com a mão, porém, Desglands segurou-a e disse-lhe: tenho-a por recebido. Um silêncio profundo caiu entre os três. No dia seguinte, Desglands apresentou-se com a pestana direita coberta com uma grande faixa de tafetá negro. Verificou-se o duelo e o rival de Desglands foi ferido gravemente, mas não mortalmente. Desglands diminuiu então de alguns pontos o tafetá negro. Depois da cura do rival, houve um segundo duelo; Desglands feriu-o de novo e encurtou seu emplasto. E assim aconteceu sucessivamente cinco ou seis vezes, depois de cada duelo, até que Desglands diminuiu por completo a faixa de tafetá, após a morte de seu rival". (Nota do editor do original alemão, Julius Frauenftädt.)

100. Parte 2, ato II, cena III.

Deus era uma instância superior, a qual podia se apelar para todas as sentenças judiciais. Desta maneira, em lugar da razão imperava a força, a destreza física e a natureza animal, que se erigia em tribunal, e que decidia se o homem tinha ou não razão, tal como acontece hoje em dia com a honra cavalheiresca. Se alguém conserva dúvidas acerca da origem do duelo e de suas formalidades, para dissipá-las bastaria ler a excelente obra de J. G. Mellinger: *The history of duelling*, 1849.[101] Há, ainda, em nossos dias, muitas pessoas que apoiam esses preceitos (é sabido que essas pessoas não são precisamente nem instruídas nem razoáveis) e para quem o duelo representa, efetivamente, a sentença divina, na diferença provocada pelo combate. Essa é, evidentemente, uma opinião nascida da longa transmissão hereditária e tradicional.

Fazendo abstração de sua origem, o princípio da honra cavalheiresca tem por objetivo imediato fazer que os outros tributem, pela ameaça da força física, o apreço das testemunhas exteriores, que no fundo acreditam muito difícil de se conquistar. É comparável a um homem que aquece com a mão a bola do termômetro e quer demonstrar, pela ascensão da coluna de mercúrio, que sua habitação está bem aquecida. Examinando-o de perto, observamos este princípio: a honra burguesa tem por objetivo as relações pacíficas dos homens entre si e consiste na opinião de que merecemos plena *confiança*, porque respeitamos escrupulosamente os direitos dos indivíduos; a honra cavalheiresca consiste na opinião de *temer*, pois estamos decididos a defender intransigentemente os próprios direitos. A máxima aconselha a inspiração do terror, e não da confiança, e não seria tão mal avaliada, em vista do pouco caso que fazemos da justiça dos homens, se vivêssemos em um estado natural, em que cada um deveria por si só defender sua pessoa e seus direitos. Em nossa época, porém, essa máxima não tem aplicação alguma, pois que a civilização outorga ao Estado o cargo de proteção das pessoas e das propriedades. Parece-nos como estes castelos em ruínas da época do Direito Manual, inúteis e abandonados em meio dos campos floridos, de estradas animadas e do baforar das vias férreas. A honra cavalheiresca, segundo os que professam a máxima precedente, não traz prejuízo algum às pessoas, as quais o Estado não castiga senão ligeiramente ou não opõe castigos pesados em virtude do princípio: *De minimus lex non curat* (a lei não cuida de coisas ínfimas), pois esses delitos causam danos insignificantes e, às vezes, não passam de simples pantomimas. Para conservar seu domínio em uma esfera elevada, o Estado atribui ao indivíduo um valor cujo exagero é desproporcional à natureza, à situa-

---

101. *História do duelo.* (N.T.)

ção e ao destino do homem; esse valor chega à culminância de forjar o indivíduo como um objeto sagrado, pondo à parte as penas infligidas pelo Estado contra as ofensas insignificantes, encarregando as pessoas de castigar, por si mesmo, o injurioso, sempre com castigos corporais e até com a morte do ofensor. Há, indubitavelmente, no fundo, o orgulho mais desmesurado e o ensoberbecimento mais repulsivo em esquecer a natureza real do homem e pretender revesti-la de uma inviolabilidade e de uma lisura absolutas. Afirmo que todo o homem que está decidido a manter tais princípios pela violência e que professa a máxima: "Quem me insultar *deve morrer*" merece, por isso, ser expulso de qualquer país.[102] É verdade que lançam mão de todos os pretextos para defender este orgulho incomensurável. Mas, dois homens intrépidos jamais cederão; na mais ligeira colisão chegarão às injúrias, logo aos socos e, por último, ao assassínio. É, pois, preferível, em respeito às conveniências, saltar os degraus intermediários e recorrer imediatamente às armas. Os detalhes desse procedimento reduziram-se a um sistema pedantesco e rígido, que tem leis e regras e que constitui a força mais lúgubre do mundo; pode-se observar esse sistema no Panteão glorioso da loucura. O ponto de partida é, às vezes, falso; nas coisas de inferior importância (ficando sempre os assuntos mais graves a cargo dos tribunais) os homens violentos farão o máximo possível para que um e outro seja o humilhado. Tratando-se de opiniões não se ocupará delas. Encontraremos a prova disso entre o povo e nas numerosas classes sociais que não admitem o princípio da honra cavalheiresca; neste caso as dificuldades seguem o seu curso natural e o homicídio é menos frequente na pro-

---

102. A honra cavalheiresca é filha do orgulho e da loucura. (A verdade oposta a esses princípios está claramente expressa na comédia *O príncipe constante*, com estas palavras: *Esta é a herança de Adão*). É chocante que esse orgulho extremado só se observe no seio dessa religião que impõe a seus corifeus a extrema humildade; nem em épocas anteriores, nem em outras partes do mundo conhecem esse princípio da honra cavalheiresca. Não obstante, não podemos atribuir isso como sendo causado pela religião, mas ao regime feudal sob cujo império todo o nobre se considerava um soberano em miniatura; não reconhecia entre os homens nenhum juiz que estivesse sobre ele; sabia atribuir à sua personalidade uma inviolabilidade e uma santidade absolutas; por isso, todo o atentado contra a sua pessoa, como um soco ou uma injúria, parecia-lhe um crime que merecia a morte. O princípio da honra e do duelo eram, no princípio, uma questão que só pertencia aos nobres; mais tarde estendeu-se aos militares, os quais se reuniam, às vezes, mas de maneira constante, com as classes mais elevadas, com o fim de não sofrer o desprezo. Os ordálios, mesmo que tivessem dado motivos ao nascimento do duelo, não são a origem do princípio da honra; não são mais que as suas consequências e sua aplicação, porque todo o homem que não lhe reconhece competência para julgar apela para o juízo de Deus. Os ordálios não pertencem mesmo ao cristianismo; existem no bramanismo, em épocas remotas, se bem que ainda hoje sobraram vestígios. (N.A.)

porção da fração mínima de 1 por 1.000 apenas os que se submetem à ela. Supõe-se, frequentemente, que o duelo é uma coluna que sustenta o bom-tom e os formosos modos da sociedade; que é um escudo que abriga contra os ataques da brutalidade. Não obstante, em Atenas, em Corinto, em Roma, havia a melhor das sociedades, possuíam modos elegantes e bom-tom, sem que para isso fosse necessário implantar o terrorismo da honra cavalheiresca. É verdade que as mulheres não reinavam na sociedade antiga, como acontece entre nós. Isso imprimia um caráter frívolo e pueril às conversações, desterrando a solidez e seriedade dos conceitos; a presença da mulher em nossa sociedade contribui para que se realce os méritos pessoais, o domínio prepotente sobre as outras qualidades, resultando daí que o mérito fica subordinado a uma simples virtude subsequente, demonstrando que nesse terreno os animais nos levam a palma da superioridade. Não se diz, às vezes, "valoroso como um leão?". Digo, porém, ao contrário da asserção anteriormente enunciada, que o princípio da honra cavalheiresca é o refúgio seguro da perversidade e da pouca honradez nos negócios graves e o asilo da insolência, da imprudência e da rusticidade que submetem a razão, mesmo que seja a risco da própria vida. É doloroso presenciarmos como o duelo é praticado com a seriedade mais sanguinária, precisamente, em vigor, nas nações que, em suas relações políticas e financeiras, se revelaram com uma falta flagrante de honradez virtual. Aos que têm provas é possível perguntar-lhes em que consiste a natureza das relações privadas com os indivíduos destas nações no que concerne à urbanidade e sua cultura social, que tanto realçam como celebridades de modelos... negativos.

Todos os motivos alegados são, pois, mal fundamentados. Posso afirmar, com razão, que um cão acariciado devolve o carinho pela fidelidade ao dono; assim, também, está na natureza do homem devolver hostilidades quando este é hostilizado, exasperar-se, irritar-se quando é tratado com desdém e ódio. Cícero disse: *"Habet quendam aculeum contumelia, quem parti prudentes ac viri boni difficillime possunt"*.[103] Em nenhuma parte do mundo (se exceptuarmos algumas seitas piedosas) sofre-se com calma as injúrias e muito menos os socos. A natureza não nos ensinou nada que exceda a uma represália equivalente à ofensa; não ensinou a castigar com a morte os que nos acusam de mentira e de covardia. A antiga máxima germânica: "Uma bofetada deve ser respondida com uma punhalada" é uma superstição cavalheirescamente indigna. Só à cólera pertence desenvolver a vingança e as ofensas, mas nunca a honra, por-

---

103. "A injúria tem um certo ferrão que dificilmente é suportado por varões prudentes e bons." (N.T.)

que a honra cavalheiresca não solicita à dignidade que se vingue de uma afronta. É certo que uma acusação não ofende senão em ato, porque a acusação ambígua suscita mais revolta que a alusão fundamentada. O homem que tem a consciência segura de que não merece a acusação deve desdenhá-la e não transigir na sua superioridade. O princípio da honra exige, porém, que revele uma suscetibilidade que não sente e que se vingue lavando a honra com o sangue da vítima. Isso é, precisamente, uma opinião destemerosa de seu próprio valor e a não admissão de contraditas em suas palavras. O verdadeiro apreço de si mesmo dará a calma almejada e o desdém superior o colocará acima das injúrias; quando o homem não possui essas qualidades, deve apelar para a prudência e a boa educação, que salvam as aparências e dissimulam a cólera. Se chegássemos a abdicar a superstição do princípio da honra cavalheiresca; se ninguém admitisse que um insulto fosse capaz de arrancar um pedaço da honra; se estivéssemos convencidos de que um agravo, uma brutalidade ou uma agressão não poderiam se justificar instantaneamente pela pressa das satisfações ou se bater em duelos, então todo o mundo compreenderia que, quando se trata de inventivas e de injúrias, o vencido sai sempre como vencedor. Disse Vincenzo Monti que há injúrias como os processos da igreja: ambos terminam sempre voltando ao ponto de partida. Não é suficiente lançar blasfêmias violentas para fazer que o direito penda para o seu lado; se isso acontecesse, então o juiz e a razão teriam uma significação muito distinta. Hoje, por exemplo, os homens antes de falar espreitam as opiniões para ver se os seus pensamentos não se chocam com determinadas tendências. Os mesquinhos e os limitados sempre se revoltam e se alarmam com a aparição do homem inteligente e tratam de jogar os dados para impedir com a violência a ascensão do homem de gênio. Esses empecilhos se desfazem, porém, diante da inteligência. Oxalá que um dia a superioridade intelectual ocupasse realmente na sociedade a primazia, mesmo que fosse disfarçadamente. Frustar a superioridade física pelo valor do indivíduo tiraria o direito das alegações que tantos homens eminentes fazem para fugir da sociedade em que vivem. Essa mudança daria origem ao *verdadeiro bom-tom* e fundaria a verdadeira *sociedade*, igual às formas que existiram em Atenas, Corinto e Roma. Quem quiser convencer-se disso que leia *O banquete*, de Xenofonte. O último argumento em defesa do Código cavalheiresco será concebido assim: "Nada mais falta! Um homem poderia dar um soco em um outro homem". Poderia responder sem ênfase que, no caso apresentado, desses 999 por 1.000 da sociedade que não seguem esse Código, isso aconteceu muitas vezes, sem que ninguém tivesse morrido por isso, enquanto que, para os outros, cada golpe é mortal.

Quero examinar a questão detalhadamente. Procurei, incansavelmente, trabalhar para descobrir na natureza animal e intelectual do homem alguma razão válida ou simplesmente plausível, fundamentada, não só em palavras, mas em noções claras que pudessem justificar a convicção arraigada que confirmasse que um soco é uma coisa terrível. Todas as minhas investigações foram inúteis. Um soco não é nem será senão um mal insignificante, que qualquer outro homem pode ocasionar a seu semelhante, sem demonstrar, com isso, que é mais forte ou mais astuto. A análise nunca me demonstrou outra coisa senão isso. Muitas vezes vi alguns homens, que não admitiam receber socos ou respondiam com a mesma violência, serem atingidos por coices formidáveis em potência e saíam arrastando a perna, dizendo que não era nada. Então supus que a honra dependesse da mão do homem. Não obstante, é comum vermos como em um combate o nosso cavalheiro recebe estocadas na mão e assegura sorridente que são bagatelas que não merecem a pena de que se toque nelas. Mais tarde soube que os golpes dados nas costas não são tão terríveis como as pauladas recebidas na mesma posição, pois é certo que recentemente os discípulos das Escolas Militares sofriam esses castigos. Em uma recepção de cavalheiros, essa classe de golpes de espada constituem uma grande honra. Aqui, porém, esgotaram-se todos os motivos psicológicos e morais e não me resta senão considerar essa superstição como uma coisa profundamente arraigada no espírito humano. Isso é o que demonstra efetivamente o fato de que na China a bastonada é um castigo civil frequentemente empregado mesmo para os altos funcionários, o que demonstra evidentemente que a natureza humana nos países remotos, mesmo entre as pessoas mais civilizadas, não fala como entre nós.[104]

Um exame imparcial da natureza humana nos ensina que dar um soco é tão natural ao homem como morder é peculiar aos animais carnívoros e dar chifradas aos touros. O homem é, propriamente falando, um animal que sabe dar socos. Por isso, ficamos rebelados quando sabemos que um homem mordeu; pelo contrário, dar ou receber murros é, no homem, uma coisa tão frequente quanto natural. Compreende-se facilmente que as pessoas de uma educação superior tratem de se subtrair desses efeitos, dominando reciprocamente suas inclinações naturais. Há uma crueldade infamante – imiscuir na nação inteira ou em uma determinada classe de indivíduos que receber um soco é uma desgraça

---

104. Vinte ou trinta pancadas no traseiro são, por assim dizer, o pão cotidiano dos chineses. Vem a ser como uma correção paternal dos mandarins, que nada tem de infamante e que os chineses recebem agradecendo. (*Cartas edificantes e curiosidades*, ed. 1819, v. XI, p. 454.). (N.A.)

terrível, que precisa ser contrabalançada pelo assassínio e homicídio. Há demasiados males nesta terra para que seja permitido aumentá-los assustadoramente, ou criá-los imaginariamente à guisa de uma realidade palpável. Isso é o que fazem os néscios e os perversos. Não podendo fazer outra coisa que desaprovar os governos e os corpos legislativos que lhes auxiliam, trabalham com ardor para abolir civil e militarmente os castigos corporais. Creem, com isso, trabalhar em favor da humanidade, quando, pelo contrário, trabalham para consolidar o extravio desnaturado e funesto pelo qual já foram sacrificadas tantas vítimas. Para todas as faltas, ainda as mais graves, infligir socos é a primeira coisa que se antolha no espírito do homem. É, pois, filho da naturalidade. Quem não se submete à razão submete-se aos socos. Castigar com pancadas moderadas aos que não se podem ferir em sua sorte é um ato tão justo como natural. Não podendo solicitar boas razões, do contrário, contenta-se em invocar a dignidade do *homem*, a maneira de se apoiar na clareza, senão cai sempre no fatal prejuízo de que falamos antes. Um feito recente, dos mais cômicos, vem confirmar esse estado de coisas: muitos Estados acabam de fazer voltar o exercício das pauladas e dos golpes de chicote; estes últimos produzem indubitavelmente uma dor física e não são considerados como infamantes e desonestos.

Ao estimular o prejuízo que nos causa, alentam o princípio da honra cavalheiresca, enquanto se esforçam ou pretendem esforçar-se para abolir o duelo por meio de leis.[105] Vemos então esse fragmento de direito do mais forte ser transportado através dos tempos da Idade Média ao século XIX, exibir-se escandalosamente em plena luz; é tempo, portanto, de expulsá-lo imediatamente. Hoje em dia é proibido excitar galos ou cães para a luta (na Inglaterra esses combates são castigados); não

---

105. Eis aqui, a meu juízo, o verdadeiro motivo pelo qual os governos não se esforçam senão na aparência em proscrever os duelos, coisa muito fácil, especialmente nas universidades, onde resulta a alegação de não poder consegui-lo: o Estado não está em condições de pagar os serviços de seus oficiais e seus empregados públicos no valor íntegro em dinheiro; assim, pois, faz constituir a outra metade de seus emolumentos em honra, representado por títulos, uniformes e condecorações. Para conservar esse preço ideal a uma taxa elevada é preciso, por todos os meios, manter, avivar e até exaltar o sentimento de honra; como a esse efeito a honra burguesa não basta, pela sensível razão de que é propriedade comum de todo o mundo, apela-se ao auxílio da honra cavalheiresca, que se estimula como já demonstramos. Na Inglaterra, onde os soldos dos militares e dos civis são mais fortes do que no Continente, não se necessita desse recurso; faz vinte anos, mais ou menos, que o duelo está ali praticamente extinto e às vezes, quando ele é provocado, é considerado uma grave loucura. É certo que a grande *Anti-duelling Society*, que conta entre seus membros uma multidão de lordes, almirantes e generais, contribuiu muito para esse resultado e o Moloch tem de se haver sem suas vítimas. (N.A.)

obstante, os homens atingem a culminância da emoção ao presenciarem esses espetáculos bárbaros. O ridículo prejuízo, o princípio da honra cavalheiresca, são estúpidos representantes de seus campeonatos que, pelo menor incidente, impõem aos homens em questão a obrigação restrita de se bater como dois vis gladiadores. Proponho aos juristas alemães que façam retornar a palavra *Duell*, não derivada do latim *duellum*, mas do espanhol *duelo*, pena, queixa, lamentações, pela palavra *Rittershetze* (combate de cavalheiros, como se dissesse: peleja de galos ou buldogues).

Tenho motivos ponderáveis para rir, quando vejo o porte ufano e pedante como se verificam essas loucuras. Não é menos indigno que esse princípio, com seu código absurdo, constitua um Estado dentro de outro Estado, que, não reconhecendo outro direito senão o do mais forte, tiraniza as classes sociais que estão sob seu domínio, estabelecendo um tribunal permanente denominado de Santa Wehme[106]. Todas as pessoas podem ser obrigadas a comparecer perante esse tribunal; os motivos de citação são fáceis de se encontrar, uma vez que os ofícios funcionam regularmente com a atividade diabólica dos esbirros, que pronunciam a pena de morte contra ambas as partes litigantes. Geralmente, as classes mais desprezíveis são as que se submetem ao código da honra cavalheiresca e podem ameaçar de matar os homens nobres porque são essas pessoas as procuradas pela gula do ódio do populacho.

A polícia e a justiça ganharam bastante autoridade para que um esperto possa nos deter no meio da estrada a gritar-nos: "A bolsa ou a vida!". Seria bom, também, que as autoridades nos guiassem para que os ladrões em meio de nossa existência pacífica não nos molestassem com: "A honra ou a vida!". É preciso descarregar as classes superiores das coisas que as asfixiam. Temos que ser livrados dessa angústia de saber que a qualquer momento podemos ser chamados a pagar com a vida a brutalidade e a grosseria pervertida de um indivíduo. É repugnante e vergonhoso ver como dois jovens, sem siso nem experiência, são obrigados a expiar com seu sangue a menor querela. Aqui há um feito que demonstra a que altura se elevou a tirania do Estado dentro do Estado e onde chegou o poder dessa influência: tenho visto muitas pessoas que se matam de desespero por não poder restabelecer a sua honra cavalhei-

---

106. A "Santa Wehme" foi uma organização secreta de radicais simpatizantes da Confederação Germânica, que mandavam matar os traidores do movimento, antes que pudessem revelar os segredos relativos aos seu ideais. Acabou junto com a Confederação. Ressurgiu com outros ideais, mas com a mesma violência durante o advento do nazismo. (N.E.)

resca ofendida, porque o ofensor era de posição mais elevada que a sua, ou demasiado ínfimo, ou por qualquer outra causa de desproporção que tornasse impossível o duelo; essa morte não é uma tragicomédia?

Tudo o que é falso e absurdo revela-se imediatamente, porque chegado ao desenvolvimento completo aparece logo a contradição; a contradição explana-se atualmente sob a forma da mais rigorosa antinomia; o duelo está proibido aos oficiais e embora seja castigado com a destituição do cargo, tem que se bater com o adversário que lhe provocar. Uma vez que cheguei a expressar-me nesse ponto, quero continuar com a minha franqueza. Examinando, com cuidado e sem pretensões essa grande diferença apregoada em altas vozes, entre matar o adversário em um combate ao ar livre e com armas iguais ou por engano, vê-se que essas opiniões estão fundadas simplesmente no Estado dentro do Estado, que não reconhece outro direito senão o do mais forte e que forma a base de seu castigo, depois de tê-lo elevado à altura do Juízo de Deus. O que se chama, efetivamente, um combate leal, não vem demonstrar outra coisa senão que existe um mais forte e outro mais astucioso. A justificação que se procura em torno do duelo apregoa que o direito do mais forte é realmente um *direito*. Em caso do adversário defender-se mal, existe a *publicidade*, nunca porém o *direito de matá-lo*; esse direito ou a *justificação moral* só poderão deduzir-se dos motivos que temos para lhe tirar a vida. Admiro que esses motivos sejam suficientes; não obstante, nada mais tenho que me preocupar, pois trata-se de ver quem maneja melhor a pistola ou a espada; então, os gestos são indiferentes, mesmo que se mate com esta ou com aquela arma, pela frente ou por trás. Moralmente falando, o direito do mais forte tem mais prerrogativas do que o direito do mais astuto, e este último é o que se emprega para resolver uma querela. Aqui, o direito do punho tem tanto valor quanto o direito do cérebro; botemos, de passagem, que no duelo se praticam exatamente ambos os direitos, porque todo o corte de esgrima é uma astúcia. Se tenho moralmente autoridade para tirar a vida de um homem, é uma necessidade não abandonar a casualidade, visto que o antagonista maneja melhor as armas do que eu, e poderia matar-me logo que me observasse desprevenido. Rousseau é de opinião que se deve vingar uma ofensa, não pelo duelo, mas pelo assassínio. Emite essa opinião na nota 21, misteriosamente concebida no livro VI do *Emílio*.[107] Ele, porém, está embuído da tara

---

107. Eis aqui a famosa nota a quem Schopenhauer faz alusão: uma bofetada e uma "mentira" recebida e sustentada têm efeitos civis que ninguém, por mais prudente que seja, pode prevenir e cuja ofensa tribunal algum não pode vingar. A insuficiência

cavalheiresca que considera a acusação de mentira como justificadora do assassínio. É evidente que esse prejuízo, que suscita o combate a desenrolar ao ar livre com armas iguais, considera o direito da força como se fosse realmente um direito e o duelo como o Juízo de Deus. O italiano, que inflamado de cólera, transpassa de punhaladas o homem que lhe ofendeu, age de uma maneira lógica e natural; é astuto, porém, mais perverso do que aquele que se bate em duelo. Talvez haja os que queiram me objetar; devem, porém, levar em consideração a justificação de matar o adversário em duelo, pois que o coloquei em caso de legítima defesa. Pôr-se intencionalmente em caso de legítima defesa não significa no fundo senão outra coisa que procurar um pretexto plausível para o assassínio. Poder-se-ia encontrar uma justificação na máxima: *Volenti non fit injuria* (não se prejudica a quem consente),[108] uma vez que a vida é arriscada de comum acordo; pode-se aplicar que *volens* não é exato, porque a tirania do princípio da honra cavalheiresca e o seu código absurdo são os aguazis que conduzem os campeões ao tribunal dessa sanguinária Santa Wehme.

Estendi-me amplamente sobre a honra cavalheiresca, e segui a estrada sempre com boas intenções, porque a filosofia é o único Hércules que pode combater os monstros morais e intelectuais que há na terra. Duas coisas distinguem o estado moderno da sociedade dos antigos e isso com detrimento da primeira (que dão a ela uma tinta séria, sombria, sinistra e na qual a antiguidade se parece como uma manhã cândida e serena da vida); essas duas coisas são: a honra cavalheiresca e o mal venéreo, *par nobile fratrum* (nobre parentesco de irmãos).[109] Ambas envenenaram todas as relações da vida. A influência do mal venéreo é muito mais extenso do que pensamos à primeira vista, porque essa

---

      das leis concede, pelo mesmo, ao ofendido, a sua independência; chega a ser então o único juiz, o magistrado entre o ofensor e ele. Só ele é o ministro e intérprete da lei natural. Só ele deve justiça e pode procurá-la, e não há governo por mais insensato que seja que lhe casse esse direito. Não digo, com isso, que se atire no duelo, isso seria uma extravagância; digo que se deve justiça e que só a ele cabe o direito de fazê-la. Longe de tantos éditos inúteis contra os duelos, se eu fosse soberano, responderia que jamais haveria duelos nem "mentira" em meus Estados e isso por um simples meio no qual os tribunais não teriam que imiscuir-se. Seja como for, Emílio sabe da justiça que em tais casos se deve fazer a si mesmo e o exemplo que ele deve à segurança das gentes de honra. Nem o homem que sabe se controlar perfeitamente pode impedir que lhe insultem, porém, se pode impedir que se jactem durante longo tempo de tê-lo insultado". (Nota do tradutor da edição francesa, J.-A. Cantacuzène.)

108. ARISTÓTELES. *Ética a Nicômaco*, l, tomo V., c. 15. (N.E.)
109. HORÁCIO. *Sátiras*, II, 3, 243. (N.E.)

influência não só é física como também moral. Desde que a carcaça do amor leva essas flechas envenenadas, introduziu-se na relação mútua dos sexos um elemento heterogêneo, hostil, diabólico; elemento que faz que esse amor esteja sempre impregnado de uma sombria e tímida desconfiança. Os efeitos indiretos dessa alteração, no fundamento da sociedade humana, faz sentir-se igualmente em diversos graus e nas demais relações sociais. A sua análise detalhada me levaria, porém, muito longe. Análoga, mas de natureza distinta, é a influência do princípio da honra cavalheiresca, essa força séria, que transtorna a sociedade moderna em rigidez lúgubre e inquietante, em que toda a palavra fugitiva se analisa e se objetiva. Mas isso não é tudo. Esse princípio é um Minotauro universal pelo qual tem que se sacrificar um grande número de filhos de boas famílias, eleitos, não só em um Estado, como acontecia para com o monstro antigo, mas em todos os países. Acreditamos que já é tempo de atacá-lo definitivamente e liquidá-lo de uma vez para sempre. Oxalá que o século XX extermine esse monstro dos tempos modernos! Não ficaremos desesperados em ver os médicos conseguirem exterminar um dos monstros pela profilaxia. À filosofia, porém, toca aniquilar a honra cavalheiresca pela reforma das ideias. Os governos não podem extinguir o mal pela promulgação de leis; só o raciocínio filosófico poderá atacá-lo pela raiz.

Muitos governos quiseram abolir o duelo, mas o êxito foi escasso à proporção dos esforços que se mostraram impotentes; venho, pois, propor-lhes uma lei cuja eficiência garante que não haverá efusão de sangue, nem patíbulos, nem cadeias perpétuas. É, pelo contrário, um pequeno remédio insignificante, homeopático, dos mais fáceis, ei-lo aqui: "Todo o homem que incitar ou aceitar um duelo, receberá a *la chinoise* (à chinesa) ao ar livre, perante o corpo de guardas, doze chicotadas da mão do chefe; as testemunhas e os assistentes receberão seis cada um. Para as consequências eventuais do duelo, uma vez que se tenha sucedido, prosseguirá o processo criminal correspondente". Alguns cavalheiros me objetarão que muitos "homens de honra", após terem sofrido esse castigo, serão capazes de suicidar-se. A esses poderei responder que é melhor que os néscios morram do que matem os outros homens. Sei perfeitamente que, no fundo, os governos não perseguem seriamente a abolição dos duelos. Os salários dos empregados civis, especialmente dos oficiais (a não ser de graus elevados), são muito inferiores ao que produzem. Então, saldam a diferença na honra. Esta consiste na representação por títulos e condecorações, e, em uma acepção mais ampla, pela honra do cargo em geral. Para essa honra, o duelo é um excelente cavalo de batalha, cuja disciplina começa nas universidades. Com o sangue pagam as vítimas o déficit de seu salário.

Para não omitir nada, mencionarei aqui a honra nacional. É a honra de todo o povo considerado como membro da comunidade dos povos. Não reconhecendo essa comunidade outro foro que o da força e tendo cada membro que defender os seus direitos, a honra de uma nação não só consiste na opinião fundamentada de que merece confiança (crédito), mas também de que é bastante forte para que se lhe tema. Assim, uma nação não deve deixar impune nenhum atentado contra os seus direitos. A honra nacional combina devidamente com a honra burguesa e com a honra cavalheiresca.

4. A glória

No que concerne à representação, só nos falta examinar a glória. Honra e glória são irmãs gêmeas; à maneira dos Dióscuros, dos quais Pólux era imortal e outro, Castor, mortal. A honra é a irmã mortal da glória imortal. É evidente que se deve entender pela glória mais elevada, aquilatada, a verdadeira glória, porque existem seguramente muitas espécies efêmeras de glórias. A honra só se aplica às qualidades que o mundo exige de todos os que se encontram nas mesmas condições; a glória, às qualidades que não se pode exigir de ninguém; a honra só se refere aos méritos que cada um pode possuir em si mesmo. Enquanto a honra não sobrepuja os limites em que somos pessoalmente conhecidos, a glória, ao inverso, precede em seu voo ao conhecimento do indivíduo e leva-o para as regiões mais longíquas. Todos podem aspirar à honra; à glória, porém, por meio de exceções, porque só é adquirida por intermédio das produções excepcionais. Essas produções podem ser atos ou obras: são esses os dois caminhos para alcançar a glória. Uma alma grande nos abre o caminho dos atos; um grande talento nos torna capazes de seguir o das obras. Cada um dos dois tem suas vantagens e seus inconvenientes próprios. A diferença essencial é que as ações passam e as obras permanecem. A ação mais nobre só tem uma influência temporária; a obra do gênio subsiste e atua benfeitoramente, elevando a alma através de todas as épocas. Das ações não fica senão a recordação que cada vez mais se torna débil, desfigurada e indiferente. O que mais entristece é que está destinada a se borrar completa e gradualmente, caso a história não as recolha e as transmita, petrificada, para a posteridade. As obras são imortais por si mesmas, sobretudo as obras escritas, que podem sobreviver através de todos os tempos.

O nome de Alexandre, o Grande, é o único que ainda hoje resta em pé; Platão, Aristóteles, Homero e Horácio estão presentes por si mesmos; vivem e obram diretamente. Os Vedas, com seus *Upanishads*, estão diante de nós; porém, de todas as ações levadas a cabo em sua época, não chegara até nossos tempos a menor notícia.[110] Outra desvantagem das ações é que dependem da ocasião em que as possibilidades possam produzi-las; onde resulta que sua glória não se ajusta unicamente ao valor intrínseco, mas às circunstâncias que lhe dão importância e esplendor. Depende do testemunho de um reduzido número de espectadores oculares, como quando acontece na guerra, em que as ações são puramente pessoais. Pode acontecer que não tenha testemunhas ou que estas sejam injustas ou estejam prevenidas. Por outra parte, sendo as ações uma coisa prática, tem a vantagem de estar ao alcance da faculdade de juízo de todos os homens; pode-se-lhes fazer justiça imediata, pois os dados se comprovam com exatidão, a menos que os motivos não possam ser conhecidos claramente ou apreciados com justiça, mais tarde, porque, para compreender bem uma ação, torna-se preciso conhecer o seu motivo.

Referindo-se às obras, acontece justamente o contrário; sua produção não depende da ocasião, mas unicamente do seu autor, e continuam ser em si mesmas e por si mesmas, enquanto a sua duração continua. Não obstante, a dificuldade consiste na faculdade de julgá-las e esta dificuldade é tanto maior quando mais elevada é a qualidade das obras; às vezes, faltam juízes competentes; outras vezes, faltam juízes imparciais e honrados. Felizmente não é uma só instância que decide a sua glória; existe sempre a quem apelar. Como já dissemos, só a memória das ações chega à posteridade tal como os contemporâneos transmitiram; as obras, porém, chegam elas mesmas e tais como são,

---

110. Assim, pois, é fazer um mal estúpido intitular as obras, como está em moda hoje em dia, crendo fazer-lhes uma honra, atos. As obras são por sua essência de uma natureza superior. Um ato nunca é mais que uma ação baseada em um motivo; por conseguinte, algo asilado, transitório e pertencente a esse elemento geral e primitivo do mundo, a vontade. Uma obra grande e bela é uma coisa durável, porque sua importância é universal e porque procede da inteligência, dessa inteligência inocente, pura, que se eleva como um perfume sobre esse mundo mesquinho da vontade. Então, a vantagem da glória das ações é a de se produzir repentinamente com grande estrépido, tão grande às vezes que a Europa inteira se agita, ao passo que a glória das obras não chega senão lenta e insensivelmente, tênue primeiro, logo, cada vez mais forte e, às vezes, não alcança sua força senão ao cabo de um século, porém, então, subsiste milhares de anos, porque as obras subsistem sempre. A outra glória, passada a primeira explosão, debilita-se gradualmente, cada vez menos se torna conhecida e acaba por existir somente na história, no estado de fantasma. (N.A.)

salvo os fragmentos perdidos; aqui existe menos possibilidade de desnaturalizar os dados; a sua aparição no ambiente pode exercer alguma influência prejudicial, não obstante, esta desapareça mais tarde. Para melhor dizer, o tempo é o que produz gradativamente o número reduzido de juízes verdadeiramente competentes, chamados a julgar, como seres excepcionais que são, outros seres ainda mais excepcionais: vão depositando na urna seus votos significativos que estabelecem, depois de alguns séculos, um juízo plenamente fundado e que, no transcorrer dos tempos, não pode ser desmentido. Como já demonstramos, a glória das obras é segura, infalível. Necessita-se um concurso de circunstâncias exteriores e uma casualidade para que o autor chegue em vida a conhecer a glória. O caso será tanto mais raro quanto mais elevado e difícil seja o gênero das obras. Sêneca disse (*Ep.*, 79), em uma linguagem incomparável, que a glória segue infalivelmente o mérito, como a sombra segue o corpo, mesmo que a sombra caminhe adiante ou atrás; depois de ter desenvolvido esse pensamento, ajunta: "*Etiamsi omnibus tecum viventibus silentium livor indixerit, venient qui sine offensa, sine gratia judicent*".[111] Essa passagem nos demonstra ao mesmo tempo que a arte de afogar perversamente os méritos com o silêncio e com a fingida ignorância, com o objetivo de ocultar ao público o que é bom em proveito do que é mau, já era praticada pelo canalha da época em que vivia Sêneca, como é o canalha de hoje e que, tanto a uns como a outros, *a inveja lhes amordaça a boca*. A glória é tanto mais tardia quanto mais durável há de ser, porque tudo o que é esquisito amadurece com lentidão. A glória destinada a ser eterna é como o azinheiro que cresce lentamente de sua semente; a glória fácil e efêmera se parece com as plantas anuais e prematuras. A falsa glória é como as ervas daninhas que crescem a olhos vistos e que nós nos apressamos a extingui-las. Isso provém de que quanto mais pertence um homem à humanidade e à posteridade, mais alheio se torna à sua época. O que ele é não está destinado especialmente ao presente, porque forma parte da humanidade coletiva do futuro. Como essas obras não estão tingidas pela cor local de sua época, acontece que os contemporâneos as deixam passar inadvertidamente. O que os contemporâneos apreciam são essas obras que tratam de coisas fugidias do dia, ou as que servem à gula do espírito do momento. Estas pertencem-lhes integralmente; vivem e morrem com elas. A história da arte e da literatura nos ensina geralmente que as mais

---

111. "Os nossos contemporâneos falarão de nós por inveja, mas virão outros que sem favor ou paixão nos farão justiça." (N.T.) [SÊNECA. *Epistulae*, 79. (N.E.)]

elevadas produções do espírito humano foram acolhidas com frieza e ficaram desdenhadas até que alguns espíritos elevados, atraídos por elas, reconheceram seu valor e lhes assinalaram uma consideração que perdura pelos séculos. Em última análise, tudo isso fundamenta-se em que cada homem não pode realmente compreender e apreciar senão o que é homogêneo. O homogêneo para o homem limitado é o limitado; para o trivial, o trivial; para o espírito difuso, o difuso; e para o insensato, o absurdo; o que cada qual prefere são suas próprias obras, quando elas são integradas na sua própria natureza.

O velho Epicarmo, o poeta fabuloso, já cantava:

Θαυματον ουδεν εστι, με ταυθ' ουτω λεγειν
Και ανδανειν αντοισιν αντονς, χαι δοχειν
Καλως πεφυχεναι χαι γαρ ο χυων χυνι,
Καλλιοτον ειμεν φαινεται, χαι βσυς βοι
Ονος δε ονω χαλλιστον, υς δε υι.

Tenho que traduzi-los a fim de que se não perca o gosto:

Não é assombroso que eu fale em meu sentido
e os que se comprazem em si mesmos
creem que estão repletos de méritos louváveis;
do mesmo modo, nada parece ao cachorro mais formoso
do que o cachorro, ao boi mais do que o boi,
ao asno mais do que o asno e ao porco mais do que o porco.

O braço mais vigoroso, quando lança um corpo ligeiro, não pode comunicar-lhe movimento suficiente para voar longe e ferir com força; o corpo inerte cai muito perto, porque o objeto, carecendo de massa material própria, não pode admitir a força exterior; tal será, também, a sorte dos pensamentos elevados e belos, das obras-mestras dos gênios, que, para se admiti-las, não convém que tropecem com cérebros insignificantes, débeis ou equivocados. Isso é o que os sábios de todos os tempos deploraram sem cessar, em voz uníssona. Jesus de Sirah disse, por exemplo: "*Quem fala a um louco fala a um adormecido. Quando terminou, este lhe pergunta: Que é que há?*".
E Hamlet:

A knavish speech sleeps in a fool's ear.[112]

---

112. "Um discurso eloquente dorme no ouvido do néscio."

Goethe:

Das glücklichste Wort es wird verhöhnt
Wenn der Hörer ein Schiefohr ist.[113]

E continua:

Du wirkest nicht, Alies bleibt so stumpf,
Sei guter Dinge!
Der Stein in Sumpf
Macht keine Ringe.[114]

 E Lichtenberg: "Quando uma cabeça e um livro se chocam e produzem um som oco, provém ele sempre do livro?". E o mesmo: "Obras assim são como espelhos: quando um macaco se olha nelas, não pode ver refletidas as faces de um apóstolo".
 Reproduziremos, também, a formosa e comovedora queixa do velho Gellert, pois vale a pena:

Dass oft die allerbesten Gaben
Die wenigsten Bewundrer haben,
Und dass der grösste Teil der Welt
Das Schlechte für das Gute hält;
Dies Übel sieht man alle Tage;
Jedoch, wie wehrt man dieser Pest?
Ich zweifle, dass sich diese Plage
Aus unsrer Welt verdängen lässt.
Ein einzig Mittel ist auf Erden;
Allein es ist unendlich schwer.
Die Narren müssten weise werden,
Und seht! sie werden's nimmermehr.
Nie kennen sie den Wert der Dinge.
Ihr Auge schliesst, nicht ihr Verstand;
Sie loben ewig das Geringe,
Weil sie das Gute nie gekannt.[115]

---

113. "A palavra mais acertada passa desapercebida quando o ouvinte é surdo." (N.T.)
114. "Nada podes fazer; tudo permanece apático;/ não te importes!/ A pedra lançada no charco/ não traça círculos." (N.T.)
115. "Quantas vezes as melhores qualidades/ encontram menos admiradores/ e quantas vezes a maioria dos homens/ tomam o mal pelo bem!/ Isso é um mal que se observa todos os dias./ Como, porém, evitar essa peste?/ Duvido que esta calamidade/ possa

E essa incapacidade intelectual dos homens, como disse Goethe, que seja menos reconhecida e apreciada, junta-se a sua perversidade moral manifestada pela inveja. Porque, pela glória que se adquire, há sempre um homem a mais que se eleva por cima dos da sua espécie. Estes, por sua vez, rebaixam-se outro tanto, de maneira que todo o mérito extraordinário alcança a sua glória à custa dos que não possuem méritos:

> *Wenn wir Andern Ehre geben,*
> *Müssen wir uns selbst entadeln.*[116]

Isto explica o porquê de que, quando sai à luz uma obra superior de qualquer gênero, todas as numerosas mediocridades se ligam e se conjuram para impedir que se difunda e para afogá-la, se assim fosse possível. Seu santo e sua senha é: *A bas le mérite* (abaixo o mérito). Mesmo os que têm méritos são os que estão em posse da glória e sabem dilatar vastamente o nome, não veem com gosto surgir uma glória nova cujo esplendor empanará o brilho de seu lustre excepcional. Goethe disse:

> *Hätt' ich gezaudert zu werden,*
> *Bis man mir's Leben gegönnt,*
> *Ich wäre noch nicht auf Erden,*
> *Wie ihr begreifen Könnt.*
> *Wenn ihr sebt wie sie sich geberden,*
> *Die um etwas zu scheinen,*
> *Mich gerne möchten verneinen.*[117]

A *glória*, frequentemente juiz equitativo se a inveja não lhe ataca, concede a todo o homem essa probabilidade; a glória deve ser conquistada em luta obstinada, a despeito da inveja; recebê-la de um tribunal decididamente desfavorável é palma da mais honrosa vitória. Podemos e queremos compartilhar a honra com todos, porém, a glória adquirida pelos outros diminui a nossa e nos torna mais penosa a sua conquista.

---

ser desterrada desse mundo./ Não há mais que um meio na terra,/ porém, é infinitamente difícil:/ que os néscios se tornem discretos./ Como? Julgam pela vista e não pela razão./ Elogiam constantemente os pequenos,/ porque nunca conheceram o que é bom." (N.T.)

116. Goethe, *West-östlischer Divan*. ["Quando fazemos honras aos demais,/ devemos desprezar-nos a nós mesmos." (N.T.)]

117. "Se eu tivesse esperado que se me concedesse a vida,/ não estaria ainda neste mundo,/ como poderei compreender,/ vendo como se compõem aqueles que,/ para parecer algo, me renegariam com muito gosto." (N.T.)

A dificuldade de chegar à glória por meio das obras está em razão inversa ao número de indivíduos que compõem o público destas obras, e isso por motivos fáceis de se compreender. O trabalho é maior para com as obras cujo fim é instruir do que para aquelas que só se propõem a entreter. Para as obras de filosofia, a dificuldade é maior porque o ensinamento que prometem é duvidoso por uma parte e sem proveitos materiais por outra; dirigem-se, para começar, a um público composto exclusivamente de competentes. Resulta, do que acabamos de dissertar sobre as dificuldades para atingir a glória, que o mundo veria nascer poucas obras imortais ou nenhuma delas se aqueles que as produzissem não o fizessem por amor às obras, pela satisfação, sem que necessitassem, para isso, do estímulo da glória. Todos os que produzem o bem, o verdadeiro e evitam o mal encaram a opinião das massas e de seus órgãos; terá apenas que desprezá-las.

Osório observou exatamente (*De gloria*) que a glória foge dos que a procuram e persegue os que a desprezam, porque aqueles se acomodam ao gosto dos contemporâneos e se afrontam com impáfia.

É difícil conquistar a glória, mas é fácil conservá-la. Nisso está também em oposição com a honra. Esta ajusta-se a qualquer pessoa, e não se necessita senão a sua conservação. Essa é a tarefa, porque uma só ação indigna a faz perder irrevogavelmente. A glória, pelo contrário, não pode realmente perder-se nunca pela ação ou pela obra que produziu, pois esta fica para sempre estampada e subsiste eternamente; o autor fica com a glória, mesmo porque a nova glória não irá abater a antiga. Se a glória se extingue, se o autor não subsiste, é porque era falsa, isto é, porque não a merecia; vinha de um cálculo momentâneo e exagerado do mérito; era uma glória igual a da lavra de Hegel, a qual, descrita por Lichtenberg, havia sido "proclamada com trombetas por um círculo de amigos e repercutiu no eco dos cérebros ocos; mas, como sorriria a posteridade, quando, um dia, chamando à porta desse palavrório envaidecido, desses encantadores ninhos de uma moda desaparecida, dessas vivendas de convenções mortas, encontrar-lhe-ia toda, toda absolutamente vazia e sem um pensamento para responder com confiança: 'Entrai!'".

A glória fundamenta-se no que um homem é em comparação com os demais. É, pois, na sua essência, algo relativo e só pode ter um valor relativo. Desapareceria por completo se os demais chegassem a ser o que o homem célebre já é. Uma coisa não pode ter um valor absoluto se o seu preço é conservado em qualquer circunstância; no caso atual aquilo que tem um valor absoluto é o que um homem é diretamente e por si mesmo; isso é, por conseguinte, o que constitui necessariamente o valor e a felicidade de um grande coração e de um grande talento. O necessário não é a glória, e sim, o seu merecimento. As condições que a tornam digna é a própria substância; a glória não é senão o acidente; este último influi sobre o homem célebre como um sintoma exterior que vem confirmar aos seus olhos a elevada opinião que tem de si mesmo; poderia se dizer que, semelhante à luz que só se torna visível quando é refletida por um corpo, toda a superioridade não adquire a plena consciência de si mesma senão pela glória. O mesmo sintoma não é infalível, posto que existe a glória sem méritos e méritos sem glória. Lessing disse sobre este propósito frases encantadoras: "Há homens célebres; há outros que merecem ser". Seria, em verdade, uma existência bem miserável aquela cujo valor ou apreço dependesse do que se parecesse aos olhos dos demais; tal seria a vida do herói e do gênio se o valor de sua existência consistisse na glória, isto é, na aprovação dos outros. Todo o ser vive e existe por si próprio, portanto, principalmente por si e para si. O que um homem é, de qualquer modo que seja, continua a ser o primeiro e sempre o mesmo; se o considerássemos assim, o seu valor seria mínimo, no ponto de vista geral. Pelo contrário, a imagem de nosso ser, tal como se reflete nos cérebros dos outros homens, é algo secundário, derivado, eventual que só indiretamente se parece com o original. Ademais, o cérebro das massas é um local demasiadamente miserável para que se possa encontrar ali o assento de nossa verdadeira felicidade.

Nesse caso não se poderá encontrar senão uma felicidade fictícia. Que sociedade tola vemos reunida no templo da glória universal! Militares, ministros, charlatães, estafadores, bailarinos, cantores e milionários; se os méritos dessas pessoas são mais apreciados, alcançam mais *apreço sincero* que os méritos intelectuais, especialmente os de ordem superior, que não logram da maioria senão um *apreço a crédito*. Do ponto de vista eudemonológico, a glória não é senão o pedaço mais raro e saboroso servido ao nosso orgulho e à nossa vaidade. Encontramos superabundância de orgulho e de vaidade na maioria dos homens, mesmo que esses dissimulassem; talvez que se encontrem essas condições no mais alto grau entre os que possuem por qualquer título direitos à glória; às vezes, devem aguardar, por muito tempo, em sua alma, a consciência de seu elevado valor, antes de ter a ocasião de pô-la à prova e de fazê-la reconhecer; até então tem sempre o sentimento de sofrer uma certa injustiça.[118] Como dissemos no começo deste capítulo, o valor atri-

---

118. Como nosso maior prazer consiste em que se nos admire, mas como os outros dificilmente consentem em admirar-nos, ainda quando a admiração esteja plenamente justificada, resulta que o mais feliz é aquele que de qualquer maneira chegou a admirar sinceramente a si mesmo. Só que não deve deixar extraviar-se pelos demais. (N.A.)

buído à opinião é completamente desprovido de senso racional, a ponto de Hobbes dizer em termos tão enérgicos como justos: "*Omnis animi voluptas, omnisque alacritas in eo sita est, quod quis habeat quibuscum conferens se, possit magnifice sentire de se ipso*".[119] Assim se explica o grande valor que atribuímos à glória e aos sacrifícios que fazemos com a secreta esperança de conquistá-la algum dia:

> *Fame is the spur, that the clear spirit doth raise*
> *(That last infirmity of noble minds)*
> *To scorn delights and live laborious days.*[120]

E em outra parte:

> *How hard it is to climb*
> *The hights where Fame's proud temple shines afar.*[121]

Por esse motivo, a mais vaidosa de todas as nações tem sempre na boca a palavra "glória" e considera esta como o móvel das grandes ações e das grandes obras. A glória não é, indiscutivelmente, senão o eco, a imagem, a sombra, o sintoma do caso; em última análise, o que se admira deve ter mais valor que a admiração, pois aquilo que nos torna verdadeiramente felizes não reside na glória, mas no que nos atrai, no mérito, na ordem moral, na ordem intelectual. Porque o melhor que um homem pode ser deve sê-lo necessariamente a si mesmo; o que se reflete sobre seu ser e no cérebro dos outros, o que vale em sua opinião, é acessório e de interesse secundário para ele. Por conseguinte, o homem que merece a glória, ainda quando não a consiga, possui amplamente o principal e tem que se consolar com o que lhe falta. O que torna um homem digno de inveja não é por ser considerado grande pelo público, tão incapaz de julgar e, às vezes, cego, mas por ser unicamente grande. A suprema felicidade não é, tampouco, ver passar o seu nome à posteridade, mas produzir pensamentos que mereçam ser recolhidos e meditados em todos os séculos.

Isso é que se não lhe pode tirar, diferente da fama, o resto é uma posse inteiramente dependente dele mesmo.

---

119. *De cive*, 1, 5. ["Todo o gozo da alma, toda a satisfação consiste em ter alguém com quem se comparar, e, assim, formar uma elevada opinião de si mesmo." (N.T.)]
120. "A fama (a última fraqueza das almas nobres) é a espora que impele os espíritos eminentes/ a desprezarem os prazeres e a viver dias árduos." (N.T.)
121. "Que difícil é subir às alturas/ onde resplandece ao longe o suntuoso templo da Fama!" (N.T.)

Quando, pelo contrário, a admiração é o objeto principal, demonstra que o sujeito não é digno dela. Tal sucede com a falsa glória, isto é, com a glória não merecida. Aquele que a possui deve se contentar com esse simples alimento, uma vez que não tem qualidades de que essa glória seja o simples reflexo. Cansar-se-á frequentemente dela; chega um momento em que, a despeito da ilusão sobre si mesmo que a vaidade lhe proporciona, sentirá vertigem nessas alturas a que não está afeito a habitar, ou quando não, terá uma vaga suspeita que o seu nome não é senão um cobre dourado. Experimenta o temor de ser desmascarado e humilhado como merece especialmente quando já pode ler na frente dos sábios o juízo da posteridade. Parece-se com um homem que possui uma herança em virtude de um falso testamento. A ressonância da verdadeira glória, daquela que viverá através dos séculos futuros, não chegará jamais aos ouvidos daquele que é objeto dela. Não obstante, tem-se na conta de afortunado. A possibilidade de desenvolver as altas faculdades, às quais deve a sua glória, isto é, a possibilidade de trabalhar conforme a sua natureza, de poder ocupar-se somente dos assuntos que lhe agradam ou que lhe divertem, isso é o que lhe torna feliz. Só com essas condições é que se produzem as obras que conquistarão a glória. Por conseguinte, sua alma grande, a riqueza de sua inteligência, cuja marca em suas obras atrairá a admiração dos tempos futuros, é a base dessa felicidade, como é também de seus pensamentos, cuja meditação constituirá o estudo e as delícias dos espíritos mais nobres, através dos séculos. Ter merecido a glória é ter merecido a compensação de seu valor, como também a própria recompensa. Muitos trabalhos destinados à glória eterna obtiveram dos contemporâneos toda a simpatia, mas isso é devido a circunstâncias fortuitas, que não têm grande importância. Porque os homens carecem de juízos próprios e sobretudo não possuem as faculdades requeridas para apreciar as produções de ordem elevada e difícil. Seguindo dessa maneira, informarei que a autoridade dos outros e a glória suprema concedem de pura confiança a 99 por 100 dos admiradores. Por esse motivo, a aprovação dos contemporâneos, por mais numerosos que sejam os seus votos, tem pouca importância para o pensador. Não distingue senão o eco de algumas vozes, pouco numerosas, que, às vezes, não é senão o efeito do momento. Um virtuoso sentir-se-ia ufanado pelos aplausos de aprovação de seu público se soubesse que, exceto uns e outros indivíduos, o auditório está composto em sua totalidade de surdos que, para dissimular mutuamente a sua enfermidade, aplaudem ruidosamente, enquanto ele vê se agitar as mãos da única pessoa que lhe ouve.

Que pensaria se soubesse, também, que esses espectadores teriam sido comprados para proporcionar o êxito mais estrondoso ao mais miserável dos alfinetes! Isso nos explica porque a glória contemporânea sofre raras vezes a transformação em glória imortal. D'Alembert expressa a mesma ideia em sua magnífica descrição do templo da glória literária: "O interior do templo não está habitado senão por mortos que não estavam ali durante a vida e por alguns vivos que são postos à porta, em sua maioria, quando já faleceram".

De passagem afirmo que elevar-se um monumento em vida a um homem é declarar que, por mais que se queira dizê-lo, não se pode confiar em sua posteridade. Quando, apesar de tudo, um homem chega, durante a vida, a uma glória que as idades futuras terão que confirmar, é sempre em uma idade avançada; há sempre uma regra excepcional para com os artistas e os poetas; porém, não existe quase sempre essa regra quando se trata de filósofos. As semelhanças de homens célebres por suas obras, semelhanças feitas geralmente em uma época em que sua celebridade já estava consolidada, confirmam a regra anterior. Nós não representamos os filósofos como estão acostumados fazê-lo, muito velhos e com os cabelos brancos. Não obstante, do ponto de vista eudemonológico, essa asserção está perfeitamente justificada.

Ter glória e juventude ao mesmo tempo é uma coisa demasiada para um mortal. Nossa existência é tão pobre que os seus bens devem ser repartidos com muita parcimônia. A juventude tem bastante riqueza própria; pode se contentar com ela. Na velhice, quando os gozos e prazeres morreram, como as árvores no inverno, é quando o fruto da glória vem a florescer oportunamente com um verdor outonal. Não há melhor consolo para o ancião do que ver toda a força de seus anos juvenis incorporar-se às obras que não envelhecem como a sua juventude.

Examinemos, agora, nitidamente, o caminho que conduz à glória pela ciência, sendo este o ramo que está mais ao nosso alcance. Poderemos, a esse propósito, formular a seguinte regra: a superioridade intelectual de que dá testemunho a glória científica manifesta-se sempre por uma combinação nova de certos dados. Esses últimos podem ser de espécies diversas; porém, a glória atribuída à sua combinação será tanto maior e mais extensa quanto mais conhecidos e mais acessíveis a todos sejam esses dados. Se esses dados são, por exemplo, cifras, curvas, uma questão especial de física, de zoologia, de botânica ou de anatomia, passagens desfiguradas de autores antigos, inscrições meio borradas ou cujo alfabeto nos falta, ou pontos escuros da história, em todos esses casos a glória que se adquirirá em combiná-las judiciosamente não se estenderá mais longe do que o conhecimento dos próprios dados e, por conseguinte, não transpassará o círculo de um reduzido número de homens que vivem de ordinário no retiro e invejam a glória de sua profissão especial. Se, pelo contrário, os dados são os que o mundo conhece, ou são faculdades essenciais e universais do espírito ou do coração humano, forças naturais cuja ação passa constantemente ante os nossos olhos, ou que seja familiar a todos, da natureza em geral, então a glória de tê-las tirada à luz por uma combinação nova, importante e evidente, propagar-se-á com o tempo no seio da humanidade civilizada. Porque, se os dados são acessíveis a todos, sua combinação também o será para o povo em geral. Não obstante, a glória estará sempre relacionada à dificuldade que se tem de dominá-la. Quanto mais numerosos são os homens a quem esses dados são conhecidos, mais difícil será a combinação de uma maneira exata, talvez porque uma infinidade de espíritos o tenham tentado e esgotado as possíveis combinações. As pesquisas inacessíveis à maioria do grande público e cujo conhecimento só se adquire por meio de longos e laboriosos trabalhos admitirão, às vezes, combinações novas. Quando se lhes aborda com um raciocínio reto e um juízo são, pode-se ter facilmente a sorte de chegar a uma combinação nova e exata. A glória, porém, conseguida dessa maneira terá aproximadamente por limite o círculo dos conhecimentos desses dados. Porque a solução dessa natureza exige verdadeiramente muito trabalho e estudo; por outro lado, os dados para os problemas da primeira espécie, ou a glória que se adquire, é precisamente a mais elevada e a mais vasta e é conhecida por todo o mundo sem esforço. Necessita-se, porém, de pouco trabalho para conhecê-las, mas muito talento e gênio para combiná-las. Não há trabalho que, pelo valor próprio ou pelo que se lhe atribui, possa sustentar a comparação com o talento ou com o gênio.

Aqueles que sabem que estão dotados de uma razão sólida e de um juízo reto, sem ter o sentimento de possuir uma inteligência superior, não devem retroceder ante os longos estudos e investigações laboriosas; com isso poderão elevar-se sobre os homens, ao alcance dos quais estão os dados universalmente conhecidos, e penetrar em regiões apartadas, acessíveis só às atividades dos sábios. Porque o número dos competentes é infinitamente menor, e um espírito, algo superior, encontrará ocasião para combinação nova e exata; o mérito de sua descoberta poderá se apoiar, ao mesmo tempo, na dificuldade de chegar ao conhecimento dos dados. A multidão, porém, não perceberá senão de longe o ruído dos aplausos que esses trabalhos merecem do autor por parte de seus colegas de ciências, únicos inteligentes na matéria. Prosseguindo até ao final do caminho indicado, pode-se determinar o ponto em que os dados, por sua extrema dificuldade de aquisição, bastam por si só, fora de toda a combinação, para consolidar uma glória. Tais são as viagens por países remotos e pouco visitados; torna-se célebre pelo que viu e não pelo que pensou. Este sistema tem, ademais, a grande vantagem de ser o mais fácil de comunicar aos demais as coisas que viu do que as que pensou, do mesmo modo que o público compreende mais facilmente as primeiras que as segundas; dessa maneira encontram sempre mais leitores. Asmus disse com razão:

> *Wenn jemand eine Reise tut,*
> *So Kann er was erzählen.*[122]

Quando se conhece pessoalmente a homens célebres desta classe, recordamos a observação de Horácio:

> *Coelum, non animum, mutant, qui trans maré currunt.*[123]

No que concerne ao homem dotado de altas faculdades intelectuais, o único que pode abordar a solução desses grandes e difíceis problemas que tratam das coisas gerais e universais, esse fará bem, por uma parte, em abrir os horizontes o mais que puder; porém, por outra parte, deverá estendê-los igualmente em todas as direções, sem se extraviar profundamente em regiões mais especiais, conhecidas por poucos indivíduos; em outros termos, sem penetrar muito nos detalhes especiais de uma só ciência e muito menos fazer micrologia, em qualquer ramo que seja. Porque não necessita dedicar-se às coisas dificilmente acessíveis para fugir da multidão dos competidores; o que está ao alcance de todos lhe proporcionará precisamente matéria para as combinações novas, importantes e verdadeiras. Por isso mesmo o seu mérito poderá ser apreciado por todos os que conhecem os dados e esta é a maior parte do gênero humano. Essa é a razão da imensa diferença entre a glória reservada aos poetas e aos filósofos e acessíveis aos físicos, químicos, anatômicos, mineralogistas, zoólogos, filólogos, historiadores etc.

---

122. "Depois de longa viagem/ temos muitas coisas que contar." (N.T.)

123. *Epistulae*, 1, 11, v. 27. ["Os que cruzam os mares mudam de climas, mas não de caráter." (N.T.)]

Capítulo 5
PARÊNESES E MÁXIMAS

Não tenho a pretensão de ser completo, porque teria que repetir as numerosas e excelentes regras da vida dadas pelos numerosos pensadores de todos os tempos, desde Theognis e o pseudossalomão até Rochefoucauld; não poderia, tampouco, evitar os lugares-comuns dos mais manuseados. Renunciei quase por completo a toda a ordem sistemática. O leitor terá que se consolar, porque em tais matérias um tratado completo e sistemático teria sido infalivelmente fastidioso. Não apontei senão aquilo que veio primeiro à imaginação e o que era possível recordar, porque ninguém ainda disse, pelo menos tão completamente e sob esta forma; não faço outra coisa senão respigar por esse vasto campo onde os outros já fizeram a sua coleta.

Não obstante, para dar um pouco de ordem a esta grande variedade de opiniões e de conselhos relativos ao meu assunto, classificá-los-ei em máximas gerais e em máximas referentes a nossa conduta para conosco, e depois para com os outros e, por fim, em relação à marcha das coisas e do destino do mundo.

1. Máximas gerais

[1] Considero, como a regra suprema de toda a sabedoria na vida, a proposição enunciada por Aristóteles em sua *Ética a Nicômaco* (VII, 12):

"*O sábio não persegue o prazer, mas a ausência da dor*". A verdade dessa sentença funda-se em que todo o prazer é de natureza negativa e a dor é, pelo contrário, de natureza positiva.[124] Pode-se encontrar um exame detalhado do assunto em minha obra capital (v. 1, § 58).[125] Quero explicá-lo por meio da observação quotidiana. Quando o nosso corpo está saudável e intacto, exceto uma parte insignificante ferida ou dolorida, a consciência cessa de perceber a saúde do conjunto; a atenção se fixa plenamente na dor da parte lesada, e o prazer, determinado pelo sentimento total da existência, fica suspenso. Da mesma maneira, quando os nossos negócios andam bem, a não ser um só que vai mal, mesmo que este seja de pequena monta, nos assedia constantemente o cérebro e sobre ele gira sempre nosso pensamento e rara vez sobre as coisas mais importantes que andam ao nosso gosto. Em ambos os casos, a *vontade* está lesada, a primeira vez tal como se *objetiva* no organismo e a segunda vez nos esforços do homem; em ambos os casos vemos que a sua satisfação sempre se produz negativamente e que, em consequência, não se sente diretamente, ademais, chega a consciência por via reflexa. O que há de positivo, pelo contrário, é a obstrução da vontade, a qual se manifesta diretamente. Todo o prazer consiste em suprimir esta obstrução, em se despojar dela e, por conseguinte, não pode ser senão de curta duração.

Aqui, pois, consiste o fundamento da excelente regra de Aristóteles reproduzida anteriormente; aconselha fixar a nossa atenção não sobre os gozos e diversões da vida, mas nos meios de evitar possivelmente os males inumeráveis em que está semeada. Se esse caminho não fosse o verdadeiro, o aforismo de Voltaire: "*Le bonheur n'est qu'un rêve, et la douleur est rèelle*"[126] seria tão falso como exata é a realidade. Assim, pois, quando se quer fazer o balanço da vida, do ponto de vista eudemonológico, não temos que levar em conta os prazeres que saboreamos, mas os males que conseguimos evitar. Ademais, a eudemonologia, isto é, um tratado da vida feliz, deve começar por nos ensinar que seu próprio

---

124. Schopenhauer, como toda a corrente dos pessimistas, Byron, Lemontorff, Leopardi e outros, considera a dor como de natureza positiva. Eles identificam a dor da luta com a vida, pois dizem que viver é lutar. Mas a vida está além do princípio da dor e do prazer. Como não existe sexo puro, mas uma mistura entre ambos, assim é o prazer e a dor. Nos casos patológicos, como o masoquismo, o doente pode sentir dentro da dor um prazer imenso. (N.T.)

125. Refere-se à sua *Magnum Opus* (do latim, Grande Obra), cuja primeira edição foi publicada em 1819, e traduzida como "*O mundo como vontade e como representação*"; nela, Schopenhauer enfatiza suas ideias a respeito de como somos movidos por nossas vontades e como nossa "representação" de mundo não passa de um reflexo do que realmente somos. (N.E.)

126. "A felicidade não é mais do que um sonho e a dor é uma realidade." (N.T.)

nome é um eufemismo e que por "viver feliz" deve-se entender somente "menos desgraçado", em uma palavra, tolerável. Em realidade, a vida foi feita para que se desfrute, para que se sofra com ela, para que as pessoas se desobriguem dela o mais breve possível; isso é o que indicam as expressões em latim: *degere vitam, vitam defungi* (vive a vida, a vida se acaba); em italiano: *si scampa cosi* (se ao menos escapássemos); em alemão: *man muss suchen durchzukommen* (levar a vida do melhor modo possível), *er wird schon durch die Welt kommen* (passar a vida) e outras semelhantes. É um consolo na velhice ter atrás de si o trabalho da vida.

O homem mais feliz é, pois, aquele que passa a vida sem grandes dores, tanto morais como físicas, e não o que tem de sua parte as alegrias mais vivas e os gozos mais intensos. Querer medir por esses atributos a felicidade de uma existência é recorrer a uma medida falsa. Se há um estado livre de dor, vem agregar-se à ausência do tédio, então se logra a felicidade na terra, e no que lhe é essencial, porque o resto não é senão uma ficção. Segue-se daí que nunca devemos comprar os prazeres à custa das dores, nem pelo custo de uma só ameaça, posto que isso seria pagar algo *negativo* e *fictício* com algo *positivo* e *real*. Há benefício em sacrificar prazeres para evitar as dores. Em um e em outro caso, é indiferente que as dores sigam ou precedam aos prazeres. Não há verdadeiramente maior loucura em querer transformar este teatro de misérias em lugar de prazeres e perseguir gozos e alegrias em vez de tratar de evitar a maior soma possível de dores. Quantas pessoas não incorrem nessa loucura! O erro torna-se demasiadamente menor para aquele que considera este mundo como uma espécie de inferno sombrio e não se preocupa mais do que proporcionar um albergue ao abrigo das chamas. Os néscios correm atrás dos prazeres da vida e encontram sempre uma decepção; o sábio evita os males. Se, apesar dos esforços não o conseguir, a culpa é do destino e não da loucura. Mas, por pouco que o consiga, não ficará desiludido, porque os males que evitou são dos mais reais. No caso de que os esforços para evitá-los tenham sido excessivos e que tivesse sacrificado inutilmente os prazeres, não perdeu nada, em realidade, porque estes últimos são quiméricos. Doer-se por tê-los perdido seria mesquinho e ridículo.

Por ter desconhecido esta verdade em favor do otimismo, abriu-se o manancial de muitas calamidades. Nos momentos em que estamos livres de dores, desejos inquietos brilham à nossa vista, as ilusões de uma felicidade que não tem existência real, que nos induz a persegui-las; não obstante, com essa manobra, atraímos a dor, que é indiscutivelmente real. Lamentamos, então, esse estado dilatado de dores que conquistamos e que agora se encontra atrás de nós, como um paraíso perdido, devido aos nossos caprichos, esforçando-nos para retornar ao passado. Parece que um espírito maligno está ocupado, pelos espelhos enganadores de nossos desejos, em nos livrar desse estado isento de sofrimentos que é a felicidade suprema e real. O jovem imagina que o mundo que ainda não conhece bem está ali para ser desfrutado e que ele é a moradia da felicidade positiva que só foge dos que não têm habilidade para se apoderar dela. Está fortificado em sua crença pelas novelas, poesias, hipocrisias que o mundo sustenta em todos os lugares e pelas aparências exteriores. Voltarei brevemente sobre esse assunto. A sua vida não é senão a caça à felicidade positiva, levada a cabo, com muita prudência; essa felicidade positiva é reputada por esse título como composta de prazeres positivos. Os perigos a que nos expomos, devemos enfrentá-los rosto a rosto; essa caça impulsa-nos à perseguição de presas que não existem de maneira alguma e termina por conduzir-nos à desgraça real e positiva. Dores, sofrimentos, enfermidades, perdas, cuidados, pobreza, desonra e outras calamidades, essas são as formas em que se apresenta o resultado. O desengano chega demasiadamente tarde. Se, pelo contrário, obedece-se a regra aqui exposta, se se estabelece o plano da vida com objetivo de evitar os sofrimentos, isto é, a desterrar a miséria, a enfermidade e qualquer outra moléstia, então o resultado é real; poder-se-ia conseguir algo, tanto quanto menos se tenha transformado o plano para a perseguição dessa quimera à felicidade positiva. Isso concorda com o que disse Goethe em *Wahlverwandtschaften* (*As afinidades eletivas*), que faz Mitller dizer que sempre está ocupado com a felicidade dos outros: "Aquele que quer se despojar de um mal sabe o que quer; aquele que procura mais do que tem é mais cego do que aquele que está atacado de catarata". O que nos faz recordar esse formoso adágio francês: *"Les mieux est l'ennemi du bien"* (O melhor é o inimigo do bem). Daí pode-se deduzir igualmente a ideia fundamental do cinismo, tal como expus em minha grande obra (tomo II, cap. 16). O que impulsiona aos cínicos a refugar todos os gozos senão o pensamento de dores de que estão acompanhados? Evitá-los parecia mais importante que proporcionar-se aos primeiros. Profundamente penetrados e convencidos da natureza negativa de todo o prazer e da natureza positiva de todo o sofrimento, faziam todo o possível para evitar os males; para refutar íntegra e intencionalmente os gozos, os quais consideravam redes estendidas para entregar-nos à dor.

Indubitavelmente, todos nascemos na Arcádia, como disse Schiller, isto é, começamos a vida cheios de aspirações à felicidade, ao prazer e abrigamos a insensata esperança de consegui-los. Por regra geral, chega o destino que nos agarra bruscamente e nos ensina que nada é *nosso*, mas tudo é *seu*, posto que tem um direito indiscutível, não só sobre tudo o que possuímos e adquirimos, mulher, filhos, mas até sobre nossos braços e nossas pernas, nossos ouvidos e olhos, sobre o nariz que levamos no meio do rosto. Em todo o caso, não passa muito tempo sem que a experiência chegue a nos fazer compreender que a felicidade e prazer são como uma Fada Morgana que, visível de longe, desaparece quando alguém se aproxima dela. Sofrimento e dor têm realidade e se apresentam imediatamente por si mesmos, sem prestar-se às ilusões nem às esperanças. Na lição dos seus frutos, cessamos de correr atrás da felicidade e do prazer e nos dedicamos a obstruir possivelmente todos os caminhos da dor e do sofrimento. Reconhecemos, também, que o melhor que o mundo nos pode oferecer é uma existência sem dores, tranquila, suportável e uma vida limitada às nossas exigências, a fim de poder desfrutar com ela a plena segurança que nos oferece. Porque, para não chegar a ser muito desgraçado, o meio mais seguro é não aspirar a ser muito feliz. Isto foi o que reconheceu Merck, amigo de juventude de Goethe, quando escreveu: "Esta condenada pretensão à liberdade, especialmente como sonhamos, põe tudo a perder. Aquele que pode se livrar dela e aspirar ao que tem diante de si, este poderá vencer."[127] É, pois, prudente rebaixar a uma escala modesta as nossas pretensões aos prazeres, às riquezas, às posições, às honrarias etc., porque essas são as que nos trazem maiores infortúnios, isto é, a luta pela felicidade, o esplendor e os gozos. Tal conduta é sábia e prudente, porque é muito fácil ser extraordinariamente desgraçado e porque não é difícil, mas completamente impossível, ser muito feliz. O canto da prudência disse, com razão:

Auream quisquis mediocritatem
Diligit, tutus caret obsoleti
Sordibus tecti, caret evidenda
Sobrius aula.

Saevius ventis agitatur ingens
Pinus: et celsae graviore casu
Decidunt turres; feriuntque summos
Fulgura montes.[128]

---

127. *Briefe an und von Merck*, p. 100 [Correspondência de Merck].
128. HORÁCIO. *Odes*, I, II. 10. 5-12. ["Todo aquele que ama a áurea mediocridade/ está livre de cuidados/ sob um teto miserável e não inveja,/ sóbrio, os palácios./ O alto píncaro é, muitas vezes, agitado pelo vento;/ derruba-se com mais estrépido as torres altas;/ é nos cimos dos montes onde/ os raios quase sempre ferem." (N.T.)]

Todos aqueles que se entranharam nos ensinamentos de minha filosofia sabem que toda a nossa existência é uma coisa que melhor seria que não fosse e que a suprema sabedoria consiste em negá-la e em refutá-la; quem pensa assim não tomará grandes esperanças sobre as situações, não perseguirá com empenho nada neste mundo e não levará grandes queixas a propósito de nenhuma decepção; reconhecerá, porém, a verdade no que disse Platão: "Nenhuma coisa humana é digna de grande premura".[129]

Esta é outra grande verdade do poeta persa Anwari Soheili:

Perdeste o império do mundo?
Ora! Não te aflijas, não é nada.
Conquistaste o império do mundo?
Ora! Não te alegres, não é nada.
Dores e alegrias, tudo passa.
Tudo passa neste mundo; o tudo é nada.

O que aumenta particularmente a dificuldade de habituar-se a objetivos tão elevados é a hipocrisia do mundo, de que já falei mais acima, e nada seria tão útil como desmascará-la ante toda a juventude. As magnificências são, em sua maioria, puras aparências, como as decorações de teatro, pois lhes falta a essência da coisa. Navios empavonados e floridos, balanços, iluminações, timbales e trombetas, gritos de alegrias etc., tudo isso é a indicação, o ensinamento, o hieróglifo do *júbilo*; porém, às vezes não existe a alegria, só ela está dispensada de vir à festa. Onde realmente se apresenta, chega, ordinariamente, sem se fazer anunciar nem convidar, vem por si mesma e *sem cúmplices*, introduzindo-se em silêncio, às vezes, pelos motivos mais insignificantes e fúteis, nas ocasiões mais vulgares, em circunstâncias que não são nem brilhantes nem gloriosas. É como o ouro na Austrália que se encontra disperso aqui e ali, segundo o capricho do azar, sem regra nem leis, às vezes, em pó fino, quando não em densas camadas. Em todas estas manifestações de que falamos, o único objetivo é fazer crer aos demais que a festa é a intenção evidente de produzir ilusão aos assistentes.

E, assim como com a alegria, sucede o mesmo com a tristeza. Com que porte melancólico avança esse longo e lento comboio! A fila de carros é indeterminável. Olhai um pouco para o interior; todos estão vazios e o defunto, em realidade, não é conduzido ao cemitério senão por cocheiros da cidade. Imagem fiel da amizade e da consideração neste

---

129. PLATÃO. *A República*, X, 604.

mundo! Isso é o que eu chamo a falsificação, a indignidade e a hipocrisia da conduta humana. Temos, também, um exemplo nas recepções solenes, com seus inumeráveis convidados em trajes de etiqueta; estes são como a representação da sociedade elevada e nobre, porém, em seu lugar veio a dor, a violência e o tédio. Porque onde há muitos convidados há um conjunto de coisas inúteis e desprezíveis, mesmo que todos levem cruzes no peito. A verdadeira boa sociedade está em todas as partes; porém, é necessariamente muito restringida. Em geral, essas festas ou solenidades levam sempre em si algo que soa como vazio, isto é, que soa como falso, precisamente pela miséria de nossa existência e que todo o contraste faz que se ressalte melhor a verdade. Visto, porém, de fora, tudo isso produz efeito e esse é o fim que se procura. Chamfort disse de uma maneira encantadora: "*La societé, les cercles, les salons, ce qu'on apelle le monde, est une pièce misérable, un mauvais opéra, sans intérêt, qui se soutient un peu par les machines, les costumes et les décorations*".[130]
As academias e as cátedras de filosofia são, igualmente, o ensinamento, o simulacro exterior da sabedoria; porém, esta se abstém de dar festas e se encontra em todas as partes. As badaladas de sinos, os trajes sacerdotais, o porte piedoso são o ensinamento e o disfarce da devoção. Deste modo, quase todas as coisas do mundo podem ser comparadas a nozes vazias: o miolo é raro por si mesmo, ainda mais raro é encontrá-lo na casca. Procuram-na por todas as partes e não se observa, ordinariamente, senão por mera casualidade.

[2] Quando se quer apreciar a condição de um homem, do ponto de vista de sua felicidade, não se deve inteirar-se do que lhe diverte, mas do que lhe entristece; porque quanto mais insignificante seja em si o que lhe aflige, mais feliz será o homem; necessita encontrar-se em certo estado de bem-estar para ser sensível às bagatelas, porque nas desgraças não as sente.

[3] Terá que guardar-se de construir a felicidade da vida em uma *base ampla*, elevando numerosas pretensões à felicidade; estabelecida sobre tal fundamento, desmorona-se facilmente, porque dá então origem infalível aos desastres. Ocorre a esse respeito o contrário com os demais edifícios, que são tanto mais sólidos quanto mais cômoda é a sua base. Colocar suas pretensões ao mais baixo possível, em proporção aos recursos de toda a espécie – esse é o caminho mais seguro para evitar as grandes desgraças.

---

130. "A sociedade, os círculos, os salões, o que se chama o grande mundo, é uma peça miserável, uma opera má, sem interesse, que se sustém somente por máquinas, trajes e decorações." (N.T.)

É geralmente uma loucura das mais divulgadas, tomar, de qualquer maneira que seja, grandes medidas na vida. Porque, primeiro, para fazê-lo, conta-se com uma vida longa, íntegra, a qual bem poucas pessoas chegam ao fim. Mesmo que se vivesse uma existência tão longa, não se deixaria de compreender que é demasiadamente curta para executar os planos concebidos. Sua execução reclama sempre mais tempo do que se supõe; está sempre exposta, como todas as coisas humanas, aos fracassos e aos obstáculos de natureza diversa, que rara vez chega a seu termo. Finalmente, mesmo quando tivéssemos obtido, observa-se que se desdenhou em ter na conta modificações que o tempo produziu em nós mesmos; não refletem que, para criar e para gozar, nossas faculdades permanecem invariáveis durante toda a vida. Trabalhamos para adquirir coisas que, uma vez obtidas, não estão à nossa altura; sucede, também, que nós nos empregamos em trabalhos preparatórios de uma obra que durará diversos anos, que no meio nos aniquilará insensivelmente as forças necessárias para a sua conclusão. Do mesmo modo, algumas riquezas adquiridas à custa de grandes fadigas e de numerosos perigos não podem, às vezes, servir-nos imediatamente, e achamos sempre que trabalhamos para os outros; resulta que muitas vezes não estamos em estado de ocupar um posto conquistado, depois de tê-lo perseguido e ambicionado durante longos anos. As coisas chegam demasiadamente tarde para nós; ao contrário, somos nós que chegamos demasiadamente tarde para as coisas, especialmente quando se trata de obras ou de produções, ao gosto da época que se modificou; surgiu uma nova geração que não toma nenhum interesse para com estas matérias ou muitos outros que nos precederam por caminhos mais curtos. Tudo o que expusemos no parágrafo terceiro, Horácio disse nos seguintes versos:

Quid aeternis minorem
consiliis animum fatigas?[131]

Esse desespero tão comum é determinado pela inevitável ilusão ótica dos olhos do espírito, que nos faz ver a vida como infinita ou como muito curta, consoante o panorama que se descortina, na entrada ou no fim de nossa carreira. Essa ilusão tem, não obstante, o seu lado bom; sem ela, não produziríamos nada de grande.

Geralmente nos ocorre na vida o que sucede ao viajante: à medida que avança, os objetos tomam formas distintas das que vê ao longe e se

---

131. "Para que fatigar com projetos eternos/ nosso débil espírito?" (L. II, ode 11, versos 11 e 12). (N.T.)

modificam à medida que se aproxima deles. Tal sucede, principalmente, com os nossos desejos. Às vezes, encontramos outra coisa melhor do que procurávamos; às vezes, também, aquilo que procurávamos encontramos por um caminho completamente distinto daquele que inutilmente seguimos até há pouco. Outras vezes, ali onde pensávamos encontrar um prazer, uma felicidade, uma alegria, apresentou-se-nos um ensinamento, uma explicação, um conhecimento, isto é, um bem duradouro e real em lugar de um bem passageiro e enganador. Esse é o pensamento que circula, como base fundamental, através de todo o livro de Wilhelm Meister, novela intelectual de qualidade superior a todas as demais, mesmo às de Walter Scott, que não são senão obras morais, isto é, que só considera a natureza humana pelo lado da vontade. Na *Flauta encantada*, hieróglifo grotesco, mas expressivo e significativo, encontramos igualmente esse pensamento fundamental, simbolizado em traços largos e fortes, como os das decorações de teatros; a simbolização seria perfeita se, no desenlace, Tamino, atacado pelo desejo de possuir a Tamina, em lugar desta, não exigisse e não obtivesse senão a iniciação no templo da Sabedoria; não obstante, Papageno, o inimigo necessário de Tamino, conseguira a sua Papagena. Os homens superiores e nobres percebem imediatamente esse ensinamento do destino e prestam-se a ele com submissão e gratidão. Compreendem que neste mundo se pode encontrar a instrução, mas nunca se pode dizer, também, que acontece conosco como a felicidade; habituam-se a trocar de esperanças por conhecimentos, e, por fim, contentam-se em dizer com Petrarca: "*Altro diletto, che'mparar, non provo.*"[132]

Podem chegar até a não seguir seus desejos e suas aspirações senão na aparência, por assim dizer, como em um simulacro, enquanto, em realidade e na seriedade de seu foro íntimo não esperam senão a instrução, o que lhes reveste com uma tinta contemplativa, genial e elevada. Nesse sentido pode-se dizer, também, que acontece a mesma coisa que os alquimistas, que enquanto procuravam ouro inventaram a pólvora, a porcelana, medicamentos e descobriram as leis naturais.

2. Concernente a nossa conduta para com nós mesmos

[4] A mão da obra que auxilia a elevar um edifício não conhece o plano de conjunto, não o tem sempre sob as suas vistas; tal é, também, a posição do homem que está ocupado em divagar pela vida, os dias e as

---

132. "Não sinto outra felicidade senão aprender." *Trionfo d'Amore*, I, 21. (N.T.)

horas de existência, a respeito do conjunto de sua vida e do caráter total desta. Quanto mais digno, considerável, significativo e individual é este caráter, mais necessário e benéfico é para o indivíduo lançar, de quando em quando, uma olhada para o plano modesto da vida. É verdade que, para isso, lhe seja preciso ter dado um passo no "conhece-te a ti mesmo"; deve saber, pois, o que realmente quer antes de tudo; deve conhecer o que é essencial à sua felicidade, do que vem em segundo ou em terceiro lugar; é preciso que leve em conta o conjunto de sua vocação, de seu ofício e de suas relações com o mundo. Se tudo isso é importante e elevado, então o aspecto do plano reduzido de sua vida lhe fortificará, lhe sustentará, o elevará mais que qualquer outra coisa; esse exame lhe alentará o trabalho e lhe apartará dos caminhos tortuosos que poderiam extraviá-lo.

O viajante, só quando chega à eminência do cume, abrange com uma só olhada os horizontes e reconhece o caminho percorrido, com seus rodeios e sinuosidades; mesmo assim, só ao termo do período de nossa existência e, às vezes, a vida inteira reconhecemos a verdadeira conexão de nossas ações, as obras e as nossas produções, seu enlace precioso, seu encadeamento e seu valor. Enquanto estamos absorvidos em nossa atividade, trabalhamos só com precisão as propriedades inquebrantáveis de nosso caráter, sob a influência dos motivos e na medida de nossas faculdades, isto é, por uma necessidade absoluta; não fazemos, em dado momento, senão o que nos parece justo e conveniente. Só o futuro nos permite apreciar o resultado, e o exame retrospectivo, dirigido ao conjunto, é o único que nos revela o *como* e o *porquê*. Assim, pois, no momento em que realizamos as maiores ações, em que criamos obras imortais, não temos a consciência de sua verdadeira natureza; só nos parece o mais apropriado para nosso objeto atual e não correspondente às nossas intenções; só mais tarde se ressaltam em plena luz do conjunto e de seu encandeamento o nosso caráter e as nossas faculdades; pelos detalhes, vemos, então, como seguimos o verdadeiro caminho, entre tantas estradas torcidas, inspirados e guiados pelo nosso gênio. Tudo o que acabamos de dizer é certo tanto na teoria como na prática e se aplica também aos feitos inversos, isto é, ao mau e ao falso.

[5] Um ponto importante para a sabedoria de vida é a proporção na qual consagramos uma parte de nossa atenção ao presente e outra ao futuro, a fim de que um não deixe ao outro perder-se. Há muitas pessoas que vivem demasiadamente no presente: são as frívolas; há outras que vivem demasiadamente no futuro: são as tímidas e as inquietas. Rara é a vez que se ajustam ao meio-termo. Esses homens que, impulsionados por seus desejos e esperanças, vivem unicamente no futuro, com

os olhos sempre fixos para diante, que correm com impaciência para as coisas futuras, porque acreditam que estas vão lhe trazer a verdadeira felicidade, que deixam, entretanto, o presente fugir, que desdenham sem desfrutá-lo, se parecem com estes asnos que na Itália lhes fazem apressar os passos por meio de um bastão de feno colocado diante de sua cabeça; veem sempre o punhado de feno na frente e sempre têm a esperança de poder comê-lo. Esses homens se fatigam durante toda a vida sem viver perpetuamente mais que *ad interim*, até a morte. Assim, pois, em lugar de nós nos ocuparmos exclusivamente com planos e inquietações do futuro, ou de nos entregar à nostalgia do passado, nunca deveríamos esquecer-nos de que o presente é real, que só ele é certo e que, pelo contrário, o futuro se apresenta, quase sempre, distinto do que pensávamos e que o passado foi diferente também, o qual faz, em resumo, que o passado e o futuro sejam ambos de muito menor importância do que lhe parece. Porque a distância que torna os objetos menores se avulta para o pensamento. Só o presente é verdadeiro e efetivo, é o tempo realmente ocupado e ele se funda exclusivamente em nossa existência. Deve merecer sempre uma boa acolhida, deveríamos desfrutá-lo com plena consciência de seu valor, de toda a hora suportável e livre de contrariedades ou de dores atuais, isto é, não o perturbar com desilusões do passado ou apreensões do futuro. Terá algo mais insensato do que refutar um bom presente ou deixá-lo perder-se por inquietação do futuro ou por desgosto do passado!? Daremos o seu tempo, é claro, à inquietação e até ao arrependimento; depois, pelo que atinge aos feitos consumados, deveremos dizer:

Ainda que tenha nos mortificado,
deixemos que o passado seja passado;
e ainda que nos seja muito difícil,
é preciso suprimir a inquietude em nossos corações[133]

E, quanto ao futuro:

Tudo isso descansa no colo dos deuses.[134]

Não obstante, o que atinge ao presente, temos que pensar como Sêneca: "*Singulas dies, singulas vitas puta*" (Cada dia é uma vida isolada), tornando esse tempo único, real, no mais agradável possível.

---

133. HOMERO. *Ilíada*, XVIII, 112 s. (N.E.)
134. *Ibid.*, XVII, 514. (N.E.)

Os únicos males futuros que devem, com muita razão, alarmar-nos são aqueles cuja chegada e cujo momento são seguros. Há, porém, muito poucos que se encontram nesse caso, porque os males, simplesmente possíveis, verossímeis, ou certos, são duvidosos quanto a sua época de chegada. Se uma pessoa se preocupa com essas duas espécies de desgraça, jamais teria um momento de sossego. Por conseguinte, a fim de não perder a tranquilidade de nossa vida pelos males cuja existência ou cuja época são indecisas, devemos habituar-nos a considerar uns como outros como se nunca tivessem sucedidos, como se eles nunca tivessem que acontecer com a segurança imediata.

Quanto mais repousados o medo nos deixa, mais agitados ficamos pelos desejos, pelas esperanças e pelas pretensões. A canção tão conhecida de Goethe: *Ich hab'mein Sach' auf nichts gestellt* (Fundei a minha causa sobre nada) significa, no fundo, que só quando se despojou de todas as pretensões e se reduziu à existência tal como é, nua e crua, pode o homem adquirir essa calma do espírito que é a base da felicidade humana, porque essa calma é indispensável para gozar o presente e a vida toda. A esse efeito deveríamos igualmente recordar que o dia de *hoje* não vem senão uma só vez e não volta nunca mais; não obstante, o *amanhã* já é outro dia que chega mais do que uma vez. Esquecemos que cada dia é uma ponte integrante e, por conseguinte, irreparável da vida e consideramos como conteúdo desta, da mesma maneira que os indivíduos estão contidos na noção do conjunto. Apreciaremos e saborearemos, também, melhor o presente se, nos dias de bem-estar e de saúde, reconhecêssemos até que ponto, durante a enfermidade ou a aflição, a recordação nos representa como infinitamente inesgotáveis as horas livres das dores ou das privações; é como um paraíso perdido, como um amigo desconhecido. Pelo contrário, vivemos nossos formosos dias sem desfrutá-los e só quando os males chegam gostaríamos de nos recordar dos outros. Deixamos que passe ao nosso lado, sem desfrutar e sem lhes conceder um sorriso, mil horas agradáveis e serenas e, mais tarde, nas épocas sombrias, dirigimo-nos a elas as nossas aspirações vãs. Em lugar de obrar assim, deveríamos festejar sempre toda a atualidade suportável, inclusive as mais insignificantes que com tanta indiferença deixamos escapar, ou que até refutamos impacientemente; deveríamos lembrar-nos sempre de que este presente se precipita naquele mesmo instante na apoteose do passado ou no sucessivo, radiante como a luz da permanência, que é conservada pela memória, para se apresentar aos nossos olhos como o objeto de nossas mais ardentes aspirações, especialmente, quando, nas horas de infortúnio, a recordação lhe levanta o véu.

[6] *Toda limitação torna feliz*. Quanto mais reduzido é nosso círculo de visão, de ação e de contato, mais felizes somos;[135] quanto mais vasto é, mais atormentados e inquietos nós nos sentimos. Porque ao mesmo tempo se engrandecem e se multiplicam as dores, os desejos e os alarmes. Por esse motivo, os cegos não são tão desgraçados como poderíamos crer *a priori*; pode-se julgar pela calma doce, quase jovial, de suas faces. Essa regra nos explica também porque a segunda metade de nossa vida é mais triste do que a primeira. No transcurso de nossa vida o horizonte de nossos olhares vão se dilatando. Na infância estamos limitados à vizinhança mais próxima e às relações mais íntimas; na adolescência se estende consideravelmente; na idade viril engloba todo o curso de nossa vida e se amplia muitas vezes até as relações mais remotas, aos Estados e aos povos; na velhice olhamos para as gerações futuras. Pelo contrário, toda a limitação nas coisas do espírito é proveitosa à nossa felicidade. Porque quanto menos excitação de nossa vontade há, menos sofrimentos haverá; sabemos que o sofrimento é positivo e a felicidade simplesmente negativa. A limitação do círculo de ação tira da vontade as ocasiões exteriores de excitação; a limitação do espírito tira as ocasiões interiores. Esta última só tem o inconveniente de abrir o caminho para o tédio, que se converte na origem indireta dos inumeráveis sofrimentos, porque se recorre a todos os meios para desterrá-los; procuram-se distrações, reuniões, luxo e outras coisas, provindo daí os prejuízos, a ruína e a desgraça de todas as classes. *Difficilis in otio quies* (difícil é a quietude no ócio). Para mostrar quanto benéfica é a limitação exterior para a nossa felicidade humana, quando existe a necessidade incluída, não temos senão que recordar que o único gênero do poema que intenta pintar seres felizes, no idílio, representa-nos sempre, essencialmente, colocados em uma situação e em um círculo dos mais limitados. Esse mesmo sentimento produz, também, o prazer que sentimos no que chamam de quadros de costumes. Em consequência, encontraremos felicidade na maior sensibilidade possível de nossas relações e até na uniformidade do gênero de vida, enquanto essa uniformidade não engendre o tédio; com essa

---

135. O terrível pessimista esqueceu-se de Spinoza: "Chamo de Servidão a impotência do homem para governar e reprimir as suas paixões; porque, sujeito às paixões, com efeito, o homem não é autônomo, mas dependente da fortuna." (*Ética*, Parte IV, pref.). "Assim é útil, antes de tudo, na vida aperfeiçoar o Entendimento ou a Razão tanto quanto podemos; e nisso consiste a felicidade suprema ou beatitude do homem". (*Ibid.*, Parte IV, cap. IV). "A essência da Alma consiste no conhecimento; à medida pois que a Alma conhece maior número de coisas pelo segundo e terceiro gênero de conhecimentos, uma maior parte dela mesma permanece." (*Ibid.*, Parte V, prop. XXXVIII.) (N.T.)

condição chegaremos ligeiramente à vida e a sua carga se torna mais suportável; graças a ela a existência fluirá como um riacho sem pedras nem turbilhões.

[7] O que importa, em último resultado, para a nossa felicidade ou nossa desgraça, é o que enche e ocupa a consciência! Todo o trabalho puramente intelectual proporcionará, totalmente, mais recursos ao espírito capaz de dedicar-se a ele, do que à vida real com suas alternativas constantes de êxito e de fracassos, com suas sacudidas e suas tormentas. É verdade que isso exige disposições de espírito preponderado. Temos de observar, por uma parte, que a atividade exterior da vida nos distrai, nos aparta do estudo e tira do espírito a tranquilidade e o recolhimento exigidos, e que, por outra parte, a ocupação contínua do espírito nos torna mais ou menos incapazes de misturar-nos na inquietação e no tumulto da vida real; é, pois, prudente suspender essa ocupação quando certas circunstâncias necessitam de uma atividade prática e enérgica.

[8] Para viver com *prudência* perfeita e tirar da própria experiência todos os ensinamentos que contém, é necessário voltar muitas vezes para trás por meio do pensamento e recapitular tudo quanto se viu, fez, aprendeu e sentiu no decorrer da vida; temos que comparar, também, o juízo de outrora com a opinião atual, os projetos e as aspirações com seu resultado e com a satisfação que o resultado nos produziu presentemente. A experiência nos serve assim como professor particular, que nos vem dar lições particulares. Pode-se considerá-la, também, como o texto, sendo o comentário a reflexão e os conhecimentos. Muitas reflexões e muitos conhecimentos com pouca experiência são como essas edições cujas páginas apresentam duas linhas de texto e quarenta de comentários. Muita experiência acompanhada de pouca reflexão e de instrução recordam essas edições bipontinas[136] que não contêm notas e deixam muitas passagens incompreensíveis no texto.

Esses preceitos referem-se à máxima de Pitágoras, que aconselhava passar em revista, antes de dormir à noite, o que se havia feito durante o dia.[137] O homem que vive no tumulto dos negócios ou dos prazeres sem examinar o seu passado e que se contenta em atirá-lo ao esquecimento da sua vida perde toda a clareza da razão; seu espírito se converte em um caos e nos seus pensamentos penetra certa confusão, que dá testemunho a sua conversação abrupta, fragmentária, isto é, sem regras. Esse estado

---

136. O leitor estranhará este neologismo; trata-se, porém, do antigo editor Bipont, de cujas edições de livros clássicos Schopenhauer fazia as citações. (N.T.)

137. Tal é o que recomendava o nobre do americano Franklin. (N.T.)

será tanto mais pronunciado quanto maior seja a agitação e a soma de impressões e a menor atividade do espírito.

Observaremos, aqui, que depois de um lapso de tempo, quando as relações e as circunstâncias que obravam sobre nós desapareceram, e não podemos fazer voltar e reviver a disposição e a sensação produzidas em nós, o que podemos recordar são as nossas *manifestações* nessa ocasião. Estas são o resultado, a expressão e a medida daquelas. Por conseguinte, a memória ou o papel deveriam conservar com cuidado as marcas de épocas importantes de nossa vida. Para isso, é muito fácil escrever um diário.

[9] Bastar-se a si mesmo, ser tudo e em tudo por si próprio e poder dizer: "*Omnia mea mecum porto*" (Tudo o que é meu eu o levo), isso é, seguramente, para a nossa felicidade, a condição mais favorável; assim, pois, não devemos nos cansar de repetir a máxima de Aristóteles: "*A felicidade é dos que se bastam a si mesmos*".[138] No fundo, é o que expressa de modo encantador a sentença de Chamfort que encabeça este tratado. Porque, por uma parte, não se tem que contar senão consigo próprio; de outro lado, as fadigas e os inconvenientes, o perigo e as moléstias que a sociedade traz consigo são inúmeras e inevitáveis.

Não há caminho que nos alheie mais da felicidade do que a alta vida, a vida de festas e de banquetes, aquilo que os ingleses chamam de *high life*, porque, ao tratar de transformar nossa miserável existência em uma sucessão de alegrias, de prazeres, de gozos, não podemos sentir menos fastio, sem contar com as medidas recíprocas que se comunicam neste mundo e que são seu acompanhamento obrigatório.[139]

Em primeiro lugar, toda a sociedade exige, necessariamente, um acomodamento recíproco, um temperamento, pois quanto mais numerosa é, mais insípida se torna. Não se pode ser *verdadeiramente o mesmo* enquanto se está só;[140] por conseguinte, quem não ama a solidão não

---

138. *Éica a Eudemo*, 7, 2.
139. Assim como nosso corpo está envolto em suas roupas, assim também o nosso espírito está revestido de mentiras. Nossas palavras, nossas ações, todo o nosso ser é um embuste e só através dessa envoltura pode-se advinhar, às vezes, o nosso pensamento verdadeiro, como através do traje as formas do corpo. (N.A.) [Vê-se claramente aqui uma afirmativa pré-freudiana. O genial vienense, concebendo o mesmo mecanismo, chegou pela análise do inconsciente a afirmar esta asserção de Schopenhauer. (N.T.)]
140. Tal é a afirmativa de G. Lebon na sua célebre *Psicologia das multidões*, em que afirma que o homem só pode livrar-se da sugestão, da credulidade das multidões, pois estas são governadas pelo inconsciente, e os indivíduos que as compõem são comandados pela espinha dorsal, o que equivale a dizer que são governados por atos reflexos. (N.T.)

ama a liberdade, porque não se é livre senão estando só. Toda a sociedade tem por companheira inseparável a dissimulação que reclama sacrifícios que custam tanto mais caro quanto mais marcada é a própria individualidade. Por conseguinte, cada qual fugirá, suportará ou amará a solidão na proporção exata do valor de seu próprio eu. Porque nele, o mesquinho sente toda a sua mesquinhez e o espírito elevado toda a sua grandeza; em resumo, cada qual aprecia em si o seu verdadeiro valor. Um homem é tanto mais essencial e necessariamente solitário quanto mais ocupe uma posição elevada na hierarquia da natureza. Então é um verdadeiro gozo para esse homem que a solidão física esteja relacionada com o seu isolamento intelectual.[141] Se isso não é possível, a frequente vizinhança de seres heterogêneos molesta-o, tornando-se-lhe funesta, porque lhe rouba o seu *eu* e não tem nada que lhe oferecer em recompensa. Enquanto a natureza pôs a maior dessemelhança moral e intelectual entre os homens, a sociedade, não levando em conta esse fator, torna-os todos ao mesmo pé de igualdade, isto é, as desigualdades naturais substituem as distinções e os graus artificiais da situação e da posição, que muitas vezes são diametralmente opostos a essa hierarquia que a natureza estabeleceu.[142] Aqueles que pela natureza foram colocados por baixo sentem-se a gosto com essa organização social; porém, o escasso número dos que estão em cima não os leva muito a sério; escondem-se geralmente da sociedade, o que resulta os vulgares dominarem-na pela força dos números. O que torna repugnante a sociedade aos espíritos superiores é a igualdade dos direitos e as aspirações que derivam dela, perante a desigualdade das faculdades e das produções (sociais) dos demais. A chamada boa sociedade aprecia os méritos de todas as classes, exceto os méritos intelectuais; estes são considerados como contrabando. Impõem o dever de manifestar uma paciência ilimitada para toda a tolice, toda a loucura, todo o absurdo, toda a estupidez; os méritos pessoais, pelo contrário, se veem forçados a mendigar seu perdão ou se ocultar, porque a superioridade intelectual, sem qualquer concurso da vontade, fere só por sua existência. Essa suposta boa sociedade não só tem o inconveniente de nos pôr em contato com pessoas a quem

---

141. Da solidão física nasceram as grandes obras intelectuais. Pellico e Wilde produziram na solidão das prisões as suas obras máximas. (N.T.)

142. A natureza não estabeleceu hierarquia alguma, a natureza constituiu indivíduos. Prova-o o movimento na física moderna, principalmente a Teoria da Relatividade, que estabelece que os fenômenos físicos estão relacionados aos indivíduos segundo a coordenada em que vivem, concordando esse movimento com a biotipologia e a psicanálise, os quais veem indivíduos, e não hierarquias. (N.T.)

não podemos nem provar nem amar, mas que não nos permite que sejamos nós mesmos, que sejamos tais como convém à nossa natureza; somos obrigados a agir dessa forma, a fim de nos acomodar. Discursos engenhosos ou boas saídas não são de uso senão em uma sociedade engenhosa; na sociedade vulgar, são detestados por completo, porque, para ser agradável nesta, temos que ser absolutamente insípidos e limitados. Em tais reuniões, deve-se sempre abandonar, com penosa resignação de si mesmo, as três quartas partes de sua personalidade, para assimilar a das demais. É certo que em troca se adquire estas outras, porém, quanto mais amor-próprio se tem, mais se verá que aqui a ganância não oculta a perda e que isso redunda em nosso detrimento, porque as pessoas são geralmente insolventes, isto é, não têm no seu trato nada que possa indenizar-nos do tédio, das fadigas e dos desgostos que proporcionam, nem do sacrifício de si próprio que impõem; onde resulta que quase toda a sociedade é de tal qualidade que aquele que a troca pela solidão faz sempre uma boa substituição. Isso vem a agregar-se que a sociedade, com o objetivo de suprir a superioridade verdadeira, isto é, a intelectual, que não sofre e é rara, adotou, sem motivos, uma falsa superioridade, convencional, baseada em leis arbitrárias, que se propagam por tradição entre as classes elevadas, mas que com o decorrer do tempo varia conforme o santo e a senha: é o que se chama o *bon ton*, *"fashionableness"* (o bom-tom, a distinção). Quando acontece que essa espécie de superioridade entra em pugna com a verdadeira, a debilidade da primeira não tarda em se manifestar. Ademais, *"quand le bon ton arrivée, le bon sens se retire"* (quando o bom-tom chega, o bom-senso se retira). Não se pode estar uníssono, perfeito, senão consigo mesmo; não se pode estar com o amigo, não se pode estar com a mulher amada, porque as diferenças da individualidade e do caráter produzem sempre a dissonância, por mais débil que seja. A paz verdadeira e profunda do coração e a perfeita tranquilidade do espírito, bens supremos na Terra, depois da saúde, não se encontram senão na solidão, e para serem permanentes, só na retirada absoluta. Se nesse caso o eu é elevado e rico, desfruta-se de uma situação mais feliz do que se pode encontrar neste mundo mesquinho. Por mais íntimo que a amizade, o amor e o casamento unam as criaturas, um indivíduo não quer plenamente e de boa-fé senão que a si próprio, ou a seu filho. Por conseguinte, quanto menos necessidade se tem, por causa das condições objetivas ou subjetivas, de se pôr em contato com os homens, melhor o indivíduo se encontrará. A solidão e o deserto permitem abranger com uma só olhada todos os seus males e sofrê-los de uma só vez: a sociedade, pelo contrário, é insidiosa, oculta males imensos e irreparáveis atrás da aparência do grande mundo, de conversações de tolices, de sociedade e de coisas semelhantes.[143] Um estudo importante para os homens seria aprender imediatamente a gostar da solidão, manancial de felicidade e de tranquilidade intelectual.

De tudo o que acabamos de expor, resulta que, aquele que leva a melhor parte é o que só conta consigo mesmo e que pode, em tudo, ser só para si mesmo. Cícero disse: "*Nemo potest non beatissimus esse, qui est totus aptus ex sese, quique in se uno ponit omnia*".[144] Ademais, quanto mais tem em si o homem menos lhe podem servir para alguma coisa os demais. Esta segurança de poder satisfazer-se por completo é o que impede ao homem de interior rico e vigoroso levar para a vida comum os grandes sacrifícios que exige, procurando-a a custo de uma notável abnegação de si mesmo. O sentimento oposto é aquele que torna os homens vulgares sociáveis e acomodados, pois lhes é mais fácil resistir aos demais do que a si mesmo. Notemos aqui, mais uma vez, que aquele que tem valor próprio não é apreciado pelo mundo e aquilo que aprecia não tem valor. Encontramos a prova e o resultado disso na vida retirada de qualquer homem de mérito e distinção. Segue-se que será para o homem eminente uma demonstração positiva de prudência restringir, se é preciso, as necessidades, para poder conservar ou ampliar a sua liberdade e contentar-se com o menos possível para a sua pessoa, quando o contato com os outros homens é inevitável.

O que por outra parte torna os homens sociáveis é que são incapazes de resistir à solidão e de resistir a si mesmos quando estão sozinhos. Seu vazio interior e sua fadiga lhes impulsionam a procurar a sociedade, a recorrer aos países estrangeiros e a empreender viagens. Seu espírito, necessitando de combustível especial para imprimir movimento próprio, trata de acioná-lo pelo vinho e muitos deles acabam assim por serem bêbados profissionais. Necessitam da excitação contínua que vem do exterior, especialmente daquela produzida por seres de sua espécie, porque é a mais enérgica de todas. Faltando essa irritação exterior, seu espírito se dobra sob seu peso e cai em um letargo nebuloso.[145]

---

143. Viver nessa sociedade é, para o filósofo, um grande sacrifício. Ele vê tudo, sabe tudo, e não pode tolerar a hipocrisia dessas almas que carregam a tristeza diluída em um sorriso acompanhado de alegria. (N.T.)

144. "Aquele que não depende senão de si mesmo e procura em si todos os seus bens tem que ser necessariamente o mais feliz dos homens." *Paradoxa*, II. (N.T.)

145. Todo o mundo sabe que os males se aliviam quando são sofridos em comum: entre esses males os homens parecem enumerar o tédio, e por isso se agrupam a fim de se

Poderíamos dizer que cada um deles não é senão uma pequena fração da ideia da humanidade, necessitando ser adicionado com muitos de seus semelhantes para constituir, em certo modo, uma consciência humana inteira; pelo contrário, aquele homem que é, completamente, um homem por excelência, não representa uma fração, e sim uma unidade inteira; por conseguinte, se basta a si mesmo. Nesse sentido podemos comparar a sociedade vulgar com essas orquestras russas compostas exclusivamente de trombetas e nas quais cada instrumento só tem uma nota; pela coincidência exata, produz-se a harmonia musical. O espírito da maioria das pessoas é monótono, como essa trombeta que não emite senão um único som; parecem realmente não ter senão um só e idêntico assunto de pensamento e ser incapazes de outros. Isso explica porque são tão fastidiosos e sociáveis, porque gostam tanto de andarem em manadas: *The gregariousness of mankind* (instinto dos rebanhos). É a monotonia de seu próprio ser que os torna insuportável a si mesmos: *Omnis stultitia laborat fastidio sui* (Toda tolice acaba por se alarmar a si mesma). Somente reunidos, e pela sua reunião, são alguma coisa, como aqueles tocadores de trombetas. O homem inteligente, pelo contrário, é comparável a um virtuoso que executa o concerto por si só ou por meio de um piano. Semelhante a este último, que é por si só uma pequena orquestra, é um mundo em miniatura, o que os demais não são senão em conjunto, ele oferece a unidade de uma só consciência. Como o piano, ele não é uma parte da sinfonia, mas foi feito só para ela e para a solidão; quando deve tomar parte no concerto com os demais, unicamente pode fazê-lo como a voz principal tendo também por acompanhamento, como o piano, para dar o tom na música vocal, sempre como este instrumento. O homem que gosta de vez em quando de assomar o rosto

---

aborrecer em comum. Assim como o amor, a vida não é no fundo senão o medo da morte; assim também o instinto social não é senão um sentimento direto, isto é, não se funda no amor da sociedade, mas no temor da solidão, porque não é precisamente a afortunada presença dos outros que ele procura; foge da aridez e da desolação do isolamento, assim como da monotonia da própria consciência; para evitar a solidão toda companhia é boa, até a má, e se submete de bom grado à fadiga e à violência que toda sociedade traz necessariamente consigo. Quando o desgosto de tudo isso tomou-lhe o predomínio, quando se acomodou à solidão e se endureceu contra a primeira impressão, então, suportará tranquilamente a solidão; não suspirará mais pelo mundo, precisamente porque não é uma necessidade direta, e porque se acostumou sucessivamente às propriedades benfeitoras da solidão. (N.A.) [O pessimista alemão precisaria compenetrar-se de que a vida e a morte, segundo Dastre, são a mesma coisa. A matéria e a energia que constituíram o seu corpo voltarão a viver novamente no seio da natureza. (N.T.)]

perante o mundo poderá tirar da comparação anterior a regra do que lhe falta em realidade às pessoas com as quais está em relação, devendo suprimi-las até certo ponto, pela quantidade. O comércio com um homem inteligente poderia satisfazê-lo; porém, se não encontra senão mercadoria de qualidade ordinária, será bom tê-la a granel, para que a variedade e a ação combinadas produzam algum efeito, por analogia, como a orquestra de trombetas russas, já mencionadas. E que o céu lhe conceda a paciência que lhe seja preciso!

É a esse vazio interior e a essa nulidade das pessoas que se atribui o feito de que, quando alguns homens de condição superior se agrupam com os objetivos de um fim nobre e ideal, o resultado será quase sempre o seguinte: encontraram-se alguns membros dessa plebe da humanidade que, semelhante a vermes anelados, pululam e invadem todas as coisas em todos os lugares, sempre dispostos a se apoderar de tudo, indistintamente, para aliviar seu tédio e outras vezes a sua indigência; encontram-se alguns que se insinuam na assembleia ou se introduzem à força de importunidade, ou destroem toda a obra, ou modificam-na, acabando o resultado a ser aproximadamente o contrário do fim primitivo.

Podemos considerar também a sociabilidade entre os homens como um meio de esquentarem reciprocamente o espírito, análogo à maneira como se esquentam mutuamente o corpo quando, pelos grandes frios, se reúnem e se agrupam uns contra outros. Quem possui em si mesmo muito calor intelectual não necessita de tais aquecedores. Encontra-se no segundo volume desta obra, no capítulo final,[146] um apólogo imaginado por mim a este propósito.[147] A consequência de tudo isso é que a

---

146. Schopenhauer faz referência ao segundo volume da obra *Parerga e Paralipomena*, da qual faz parte a presente obra. (Nota do editor desta 2ª edição.)

147. Eis aqui o apólogo de Schopenhauer: "Em um rígido dia de inverno, um rebanho de porcos-espinhos havia se apertado uns com os outros para se livrarem do frio, emprestando-se mutuamente calor. Porém, apenas entraram em contato, pois ao sentirem a cócega da ponta de seus espinhos, se separaram. Quando a necessidade de se esquentar obrigou-lhes a juntarem-se de novo, voltou, porém, a acontecer o mesmo, de modo que a luta contra ambos os sofrimentos lhes fez ir de uma para outra posição até que se colocaram a uma distância média que lhes tornou a situação suportável. Do mesmo modo é o desejo da sociedade, nascido do vazio e da monotonia de seu próprio interior, que empurra os homens uns contra os outros; porém, as suas numerosas qualidades repelentes e insuportáveis defeitos lhes dispersam novamente. A distância média que acabam por encontrar e graças à qual a vida em comum chega a ser possível é a cortesia e as boas formas sociais. Na Inglaterra, advertem a quem não sabe guardar esta distância: *Keeps your distance!* É claro que em realidade a necessidade mútua do calorífico fica satisfeito por demais medidas; porém, as picadas dos

sociabilidade de cada qual está em razão inversa a seu valor intelectual. Dizer de alguém: "É muito sociável" quase se quer dizer: "É um homem dotado de elevadas faculdades".

A sociedade oferece ao homem intelectualmente colocado em posição superior uma dupla vantagem: a primeira é estar consigo mesmo e a segunda é não estar com os demais. Apreciar-se-á esta última se refletirmos sobre tudo que o comércio do mundo traz consigo de violência, de pena e até de perigos. *Tout notre mal vient de ne pouvoir être seul* (Todos os nossos males provêm de não estarmos sós), disse La Bruyère. A sociabilidade pertence às inclinações perigosas e perniciosas, porque nos põe em contato com seres que, em grande maioria, são moralmente maus e intelectualmente limitados ou desconcentrados. O homem insociável é o que não tem necessidade de todas as pessoas.

Ter força suficiente em si para prescindir da sociedade já é uma grande felicidade, pois quase todos os nossos males derivam do mundo, e a tranquilidade do espírito, que, depois da saúde, forma o elemento essencial de nossa felicidade, não pode existir sem longos momentos de solidão. Os filósofos cínicos renunciaram aos bens de toda a espécie para gozar a felicidade que produz a calma intelectual; renunciar à sociedade com o fim de conseguir o mesmo resultado é escolher o meio mais prudente. Bernardin de Saint-Pierre disse, com razão, e de maneira encantadora: "*La diète des aliments nous rend la santé du corps, et celle des hommes la tranquilité de l'âme*".[148] Aquele que se tornou amigo da solidão e aprendeu a querê-la adquiriu uma mina de ouro. Isto, porém, não é concedido a todas as pessoas. Porque assim como a miséria é a que primeiro aproxima os homens, assim também mais tarde, descartada a necessidade, congrega-se-lhes o tédio. Sem esses dois motivos, cada um permaneceria provavelmente exilado, mesmo quando estivesse só, porque, na solidão, o ambiente que nos rodeia corresponde a essa importância exclusiva e a essa qualidade de criatura única que cada qual possui aos seus próprios olhos, porém que a corrente tumultuosa do mundo reduziu ao nada, em vista de que em cada passo se lhe prega uma mentira dolorosa.

---

espinhos passam desapercebidas. Não obstante, quem possui suficiente calor próprio prefere permanecer apartado da sociedade para não passar por maus momentos." De tudo isso Schopenhauer tem razão, a não ser a sua metafísica constituição da sociedade. Os homens procuram de todas as formas se ajuntar, mas os seus espinhos não os deixam... (Nota do tradutor da edição francesa, J.-A. Cantacuzène.)

148. "A abstenção de alimentos nos devolve a saúde do corpo; a das relações sociais (homens), a tranquilidade da alma." (N.T.)

Neste sentido, a solidão é o estado natural de cada homem; leva o novo Adão, em sua primitiva condição de felicidade, ao estado apropriado de sua natureza.

Adão, porém, não tinha pai nem mãe! Por isso a solidão não é natural ao homem, posto que a sua chegada no mundo não se encontrasse só, mas em meio de pais, irmãos e irmãs, isto é, no seio da vida comum. Por conseguinte, o amor da solidão não pode existir como inclinação primitiva, deve nascer como um resultado da experiência e da reflexão e se produzir sempre em relação com o desenvolvimento da força intelectual própria e em proporção aos progressos da idade; em resumo, o instinto social de cada indivíduo está em relação inversa com sua idade. O menino pequeno lança gritos de medo e lamenta se o deixam sozinho, mesmo que não seja senão por alguns momentos.[149] Para os jovens, ter que ficar a sós é uma severa penitência. Os adolescentes se reúnem entre si; unicamente aqueles que são dotados de uma natureza mais nobre e de um espírito mais elevado procuram, às vezes, a solidão. Não obstante, passar todo o dia só é difícil. Para o homem maduro é coisa fácil; pode ficar por muito tempo isolado e tanto mais quanto mais avançada é a sua idade. Enquanto o ancião é o único sobrevivente das gerações desaparecidas, morto, por uma parte, aos gozos da vida, por outra, elevado acima deles, a solidão é seu verdadeiro elemento. Em cada indivíduo, porém, considerado separadamente, os progressos da inclinação ao retiro e ao exilamento estarão sempre em razão direta ao seu valor intelectual. Porque, como dissemos, não é uma inclinação puramente natural, provocada diretamente pela necessidade; é somente o efeito da experiência adquirida e meditada; consegue-se, especialmente, depois de tê-lo convencido da miserável condição moral e intelectual da maioria dos homens; o pior que existe nessa condição é que as imperfeições morais do indivíduo conspiram com suas imperfeições intelectuais e se auxiliam mutuamente; produz-se, então, os fenômenos mais repulsivos, que tornam repugnante e até insuportável o comércio com a grande maioria dos homens. Mesmo que existam muitas coisas más neste mundo, a sociedade é muito pior; Voltaire, francês muito sociável, viu-se na contingência de dizer: "*La terre est couverte de gens qui ne méritent pas qu'on leur parle*" (A Terra está cheia de pessoas que não merecem que se fale delas). O terno Petrarca, que

---

149. O célebre fisiologista Pavlov, nas suas experiências, demonstrou que o temor é o estado natural do homem. Não admira, pois, que o temor na criança seja proporcional ao seu grau filogenético. (N.T.)

tão vivamente e que com tanta paixão amou a solidão, sublinhou o mesmo motivo:

Cercato ho sempre solitaria vita
(Le rive il sanno, e le campagne, e i boschi),
Per fuggir quest'ingegni storti e loschi,
Che la strada del ciel' hanno smarrita. [150]

Dá os mesmos motivos em seu formoso livro *De vita solitaria*, que parece ter servido como modelo a Zimmermann, para a sua célebre dissertação intitulada: *Da solidão*. Chamfort, com sua maneira sarcástica, expressa essa origem secundária e indireta da insociabilidade: "*On dit quelquefois d'un homme que vit seul: il n'aime pas la societé. C'est souvent comme si l'on disait d'un homme qu'il n'aime pas la promenade, sous le prétexte qu'il ne se promène pas volontier le soir dans le fôret de Bondy*."[151] No mesmo sentido disse Saadi, o Persa, no *Gulistan*: "Desde este momento, despedindo-nos do mundo, seguiremos o caminho da solidão, porque a segurança está na solidão." Angelo Silecio,[152] alma doce e cristã, disse o mesmo na sua linguagem original e mística:

Herodes ist ein Feind; der Joseph der Verstand,
Dem macht Gott die Gefahr im Traum (in Geist) bekannt;
Die Welt ist Bethelem, Ägypten Einsamkeit,
Fleuch, meine Seele! Fleuch, sonst stirbest du vor Leid.[153]

Nesse sentido se expressa também Giordano Bruno: "*Tanti uomini, che in terra hanno voluto gustare vita celeste, dissero con una voce: 'ecce elongavi fugiens et mansi in solitudine'.*"[154] Assim se expressa também,

---

150. "Sempre busquei uma vida solitária/ (os ribeiros o sabem e as campinas e os bosques)/ para escapar desses espíritos disformes e míopes/ que perderam o caminho do céu." *Sonetos*, 221. (N.T.)

151. "Diz-se algumas vezes de um homem que vive só: não lhe gosta a sociedade. É como se dissesse de um homem que não gosta de passear, sob o pretexto de que não se passeia com gosto, pela tarde, nos bosques de Bondy." (N.T.)

152. Poeta alemão (1624-1677), autor de estranhas e obscuras poesias líricas e epigramas, de escritos polêmicos contra o protestantismo, a cuja religião converteu-se, chegando a ser marechal na corte de João Scheffler, príncipe, bispo de Breslau. (N.T.)

153. Herodes é um inimigo; José é a razão,/ a quem Deus revela em sonhos (em espírito) o perigo./ O mundo é Belém, o Egito a solidão,/ foge alma minha, foge ou morrerás de dor. (N.T.)

154. "Todos os homens que na terra quiseram desfrutar a vida celestial disseram a uma voz: 'Eis que fugiria para longe, e pernoitaria no deserto.'." (*Salmos*, 55:7) (N.T.)

de si mesmo, Saadi, o Persa, no *Gulistan*: "Fatigado de meus amigos em Damasco, retirei-me para o deserto, junto de Jerusalém, para desfrutar da sociedade com os animais". Em uma palavra, todos aqueles que Prometeu amassou da melhor argila pensaram sempre no mesmo sentido. Que gozos poderiam encontrar essas pessoas privilegiadas no comércio com as criaturas, com as quais não podem ter relações para estabelecer uma vida comum, mas pelo intermédio da parte mais vil de sua natureza, por tudo quanto há de incolor, trivial e vulgar? Esses seres ordinários não podem elevar-se à mesma altura que os primeiros e não tendo outro recurso, como não terão outra missão, senão rebaixar-se a seu nível. Sob esse ponto de vista, é um sentimento aristocrático aquele que fomenta a inclinação ao isolamento e à solidão. Todos os indigentes são sociáveis e lastimosos; não obstante, distingue-se logo quando um homem é de nobre qualidade e quando não encontra nenhum gosto junto aos outros, preferindo cada vez mais a solidão; adquire, insensivelmente, com a idade, a convicção de que, salvo algumas exceções, não há meio-termo no mundo entre a solidão e a vulgaridade. Esta máxima, por mais dura que pareça, foi expressada pelo mesmo Angelo Silecio, apesar de toda a sua caridade e ternura cristã:

Die Einsamkeit is noth: doch sei nur nicht gemein,
So kannst du überall in einer Wüste sein.[155]

Principalmente pelo que concerne aos espíritos, é muito natural que esses verdadeiros educadores do gênero humano sintam pouca inclinação a se comunicar frequentemente com os demais, como pode sentir o pedagogo misturando-se nos jogos ruidosos da quadrilha de meninos que lhe rodeiam. Porque, nascidos para guiar aos demais homens à verdade no oceano dos erros, para tirá-los do abismo de sua brutalidade e vulgaridade, para elevá-los à luz da civilização e do aperfeiçoamento, devem viver entre eles, isto, porém, sem lhes pertencer realmente.[156] Sentem-se, desde a sua juventude, criaturas sensivelmente distintas; porém, a convicção clara não lhes chega insensivelmente à medida que a idade avança; têm, então, o cuidado de ajuntar a distância física com a distância intelectual que lhes separa do resto dos homens e velam para que nada, a não ser que se haja libertado mais ou menos da vulgaridade geral, se lhes aproxime demasiadamente.

---

155. "A solidão é penosa, porém, uma vez que não sejas vulgar/ poderás encontrar em todo lugar um deserto." (N.T.)

156. O que levou a Vargas Vila dizer: "Defender as multidões sem misturar-se com elas". (N.T.)

Resulta de tudo isso que o amor da solidão não se apresenta diretamente no estado de instinto primitivo, mas que se desenvolve indireta e particularmente nos espíritos distinguidos e avança progressivamente, tendo em conta a dominação do instinto natural da sociabilidade e até a eventual oposição de um Mefistófeles:

> *Hör' auf mit deinem Gram zu spielen,*
> *Der wie ein Geier, dir am Leben frisst:*
> *Die schelechteste Gesellschaft lässt dich fühlen*
> *Dass du ein Mensch mit Menschen bist.*[157]

A solidão é o patrimônio de todos os espíritos superiores;[158] às vezes poderá ocorrer que se entristeçam, porém eles a escolheram como o menor dos males. Não obstante, com os progressos da idade, *o sapere aude* (atreve-te ao saber) se torna cada vez mais fácil e natural a esse respeito; aos sessenta anos, a inclinação para a solidão chega a ser quase instintiva, completamente natural. Os fatores que movem energicamente o homem para a sociedade são: o amor das mulheres e o instinto sexual, mas esses nada podem fazer no momento, porque a idade já não o permite; tudo então conspira para favorecê-lo; a desaparição do sexo faz nascer no ancião certa capacidade em satisfazer-se consigo mesmo, que, pouco a pouco, absorve totalmente o instinto social. Cura-se das decepções e das loucuras; a vida passional cessou por completo; não espera mais nada; não concebe mais planos e projetos; a geração a quem ele pertence não vive mais; rodeado por uma raça estranha, encontra-se objetivo e essencialmente exilado. Ademais, o voo do tempo é acelerado e, todavia, quisera empregá-lo intelectualmente. Porque nesse momento, contanto que o cérebro tenha conservado as suas forças,[159] os estudos de todas as classes tornam-se mais fáceis e mais interessantes do que

---

157. "Cessa de jogar com a tua pena que,/ semelhante a um abutre te devora a existência;/ a pior companhia te faz compreender/ que és um homem entre os homens." (GOETHE, *Fausto*, Parte I., 1.281-5.) (N.T.)

158. O homem é um ser sociável, dizia Aristóteles, para se viver só tem que ser um monstro ou um deus, as duas coisas ou um filósofo, corroborava Nietzsche. A solidão, porém, é, às vezes, filha da patologia. (N.T.)

159. "A velhice nos afasta dos trabalhos? De quais? Dos que requerem juventude e forças? Mas não há trabalhos que são próprios da velhice e que só o espírito dirige, malgrado a fraqueza do corpo? Fábio Máximo não fazia nada, assim como Paulo Emilio, vosso pai, Cipião, e meu avô Marco, meu excelente filho? E todos os outros velhos, os Fabricius, os Curius, os Conruncanius, não faziam nada quando sustentavam a república por sua sabedoria e por sua autoridade?" (CÍCERO. *Diálogo sobre a Velhice*, cap. VI.) (N.T.)

nunca pela grande soma de conhecimentos e de experiências adquiridas pela meditação, progressivamente aprofundadas por pensamentos, assim como a grande aptidão para o exercício de todas as faculdades intelectuais. Vê, claramente, certas coisas que antigamente estavam envoltas pela neblina; consegue resultados e sente logo a sua superioridade. Por causa da dilatada experiência com os homens já não espera mais nada deles, uma vez que não ganha nada com o ser conhecido mais de perto; pelo contrário, todos sabem que, salvo algumas exceções, não se encontra na natureza humana senão exemplares muito defeituosos e aos quais não vale a pena a gente tocar. Um sujeito não está exposto às ilusões comuns; vê-se logo o valor do homem e rara vez sentirá o desejo de entrar em relação mais íntima com ele. Por último, quando se reconhece na solidão amiga da juventude o costume, o isolamento e o trato consigo mesmo, fica implantado e torna-se, então, uma segunda natureza. Assim, pois, o amor da solidão, qualidade que tinha que conquistar a poder de lutas contra o instinto de sociabilidade, torna-se o sucessivo natural e sensível; fica-se a gosto na solidão, como o peixe dentro da água. Todo o homem superior que possui uma individualidade distinta das outras e que ocupa um lugar único sentir-se-á aliviado em sua velhice por essa posição completamente isolada, mesmo que pudesse sentir-se enevoado por ela durante a sua juventude.

Indubitavelmente, cada qual possuirá sua parte correspondente a esse privilégio real da idade, na medida de suas forças intelectuais; o espírito eminente é aquele que adquirará antes do tempo e conseguirá conquistá-la em grau menor, cada um depois de outro. Só as naturezas mais pobres e vulgares serão na velhice tão vulgares como antes; então estarão em pugna com a sociedade na qual não se possibilitam no encaixe, sendo, porém, tolerados.[160]

Pode-se ver, também, um aspecto teológico na relação inversa de que acabamos de falar, entre o número de anos e o grau de sociabilidade. Quanto mais jovem é o homem, mais tem que aprender em todas as direções; a Natureza somente lhe reservou o ensinamento mútuo que

---

160. "Não aduzem, pois, nenhuma boa razão os que sustentam que a velhice é imprópria aos trabalhos. Parecem aos que dizem que em um navio um piloto não faz nada, porque fica, tranquilamente, amarrado à barra, enquanto uns sobem aos mastros, outros manobram na coberta, outros trabalham na coberta e no porão. O velho não faz o que faz o jovem. Não é pela força, pela viveza e pela agilidade do corpo que se tratam os grandes negócios, mas pela sabedoria, pela autoridade e pelos bons conselhos, coisas todas estas de que os velhos, longe de estarem privados, são, ao contrário, mais abundantemente providos." (*Ibid.*, 17). Schopenhauer, em síntese, repete mais ou menos a velha e milenar sabedoria da vida, da qual gregos e romanos eram peritos. (N.T.)

cada qual recebe no comércio de seus semelhantes e que torna, o que se pode chamar, a sociedade humana uma grande casa de educação, *bell-lancasteriana*[161] em vista de que os livros e as escolas são instituições artificiais, muito distantes do plano da Natureza. É, pois, muito útil para o homem frequentar a instituição natural de educação, tanto mais assiduamente quanto mais jovem é.

Nihil est ab omni parte beatum (Não há felicidade perfeita) disse Horácio e *Não há lótus sem talo*, confirmou um provérbio indiano: assim também é a solidão, pois ao lado de tantas vantagens tem seus inconvenientes e seus insignificantes incômodos, porém, são mínimos se comparados com os da sociedade, ao ponto de, para um homem de valor próprio, sempre lhe parece mais fácil prescindir dos demais do que manter relações com eles. Entre esses inconvenientes há um que não damos conta tão facilmente como os demais; é o seguinte: assim como a força de viver constantemente encerrado em uma habitação, nosso corpo se torna sensível a toda a impressão exterior que o menor ar lhe afete, adoecendo-o; assim, também, o nosso caráter se torna tão sensível com a solidão e o isolamento prolongados que nos sentimos inquietos, afligidos ou molestados pelos acontecimentos mais insignificantes, em uma palavra, por um simples gesto; não obstante, o homem que vive entre túmulos não presta atenção a estas bagatelas. Pode-se encontrar um homem que, principalmente na sua juventude, por mais que a justa aversão aos seus semelhantes lhe tenha feito fugir muitas vezes da solidão, não pode sofrer o vazio; aconselho-o que se habitue a levar consigo na sociedade uma parte de sua solidão; que aprenda a ficar sozinho, até certo ponto, mesmo dentro do mundo; por conseguinte, que não comunique com os demais o que pensa; que não atribua demasiado valor ao que dizem, mas também não espere nada dos outros, tanto moral como intelectualmente, e que fortifique em si essa indiferença a respeito das opiniões, que é o meio seguro de praticar constantemente uma tolerância louvável. Desta maneira, mesmo que ele não esteja no centro, adotará em respeito a eles uma atitude puramente objetiva, a qual lhe protegerá contra um contato demasiado e íntimo com o mundo e, por conseguinte, contra a mancha, contra toda a lesão. Existe uma notável descrição dramática dessa sociedade, rodeada de barreiras ou de restrições, na obra *O café*, ou seja *A comédia nova*, de Moratin;[162] estão

---

161. Bell-Lancastersche. Alusão a certo sistema pedagógico aplicado na Alemanha. (N.T.)
162. Leandro Moratin, célebre poeta e escritor espanhol nascido em Madrid (1760-1828). (N.T.)

estampadas no caráter de Don Pedro, especialmente nas cenas segunda e terceira do primeiro ato.

Nesta ordem de ideias podemos comparar, também, a sociedade a uma fogueira, na qual o sábio se esquenta, porém, sem pôr a mão nela, como o néscio que depois de tê-la queimada foge para a solidão gemendo de dor.

[10] A *inveja* é natural nos homens; não obstante, é um vício e uma desgraça.[163] Devemos, pois, considerá-la uma inimiga de nossa felicidade e tratar de afogá-la como a um espírito maligno. Isso é o que nos recomenda Sêneca com estas formosas palavras: "*Nostra nos sine comparatione delectent: nunquam erit felix quem torquebit felicior*".[164] E noutra parte: "*Quum adspexeris quot te antecedant, cogita quot sequantur*";[165] devemos considerar aqueles cuja condição é pior dos que cuja situação é melhor do que a nossa. Quando sobrevêm desgraças reais, o consolo mais eficaz, que seja derivado da mesma origem que a inveja, será a contemplação dos sofrimentos maiores que os nossos; geralmente procuramos as pessoas que se adaptem ao caso, as quais chamamos de *sociis malorum* (companheiros de infortúnio).

Referi-me até agora ao lado ativo da inveja. No que toca ao lado passivo, temos que observar que nenhum ódio é tão implacável como o da inveja; em lugar de ocuparmo-nos com ardor, faríamos bem em renunciar aos gozos, como a muitos prazeres, em virtude de suas funestas consequências.

Existem *três aristocracias*: (I) *a do sangue e a da posição*; (II) a do dinheiro; e (III) a do talento. Esta última é, em realidade, a mais distinta e deixa-se reconhecer facilmente uma vez que se lhe conceda o fator tempo. Não disse Frederico, o Grande: "*Les âmes privilegiées rangent à l'egal des souverains*"?[166] Isto ele dizia ao seu marechal de corte, que se assombrava vendo Voltaire ocupar um posto à mesa reservado unicamente aos soberanos e aos príncipes de sangue, enquanto ministros e generais comiam à mesa do marechal. Cada uma dessas aristocracias está sempre rodeada de um *exército especial de invejosos*, secretamente exacerbado contra os seus membros e ocupados, quando creem não

---

163. A inveja dos homens demonstra de que modo se sentem desgraçados; sua constante atenção a tudo o que fazem ou não fazem demonstra como se aborrecem. (N.A.)
164. *De Ira*, III, 30. ["Desfrutemos tudo o quanto temos sem fazermos comparações: jamais haverá felicidade para aquele que é atormentado pelos maiores." (N.T.)]
165. *Epistulae*, 15. ["Em vez de pensar quantos estão sobre ti, pensa quantos estão debaixo de ti." (N.T.)]
166. "As almas previligiadas colocam-se ao nível dos soberanos." (N.T.)

ter que se apresentar, em fazê-los compreender de mil maneiras: "Não és mais que nós". Esses esforços manifestam precisamente a convicção do contrário. A conduta a seguir em respeito aos invejosos consiste em manter certa distância a todos os que compõem essa quadrilha e em evitar todo o contato com eles, de maneira que fiquem separados de nós por um abismo. Quando isso não é possível, temos que sofrer com calma extraordinária os esforços da inveja, com a qual iremos secando a fonte pouco a pouco. Isso é o que devemos aplicar constantemente. Os membros de uma dessas aristocracias se entendem muito bem, e sem que as personagens sintam inveja dos outros que formam a parte das outras duas, porque cada qual põe na sua balança o seu mérito como equivalente dos demais.

[11] Temos que meditar muito e profundamente um projeto antes de pô-lo em execução; mesmo depois de examinado escrupulosamente, devemos levar em conta a insuficiência de toda a ciência humana; visto o limite de nossos conhecimentos, sempre houve circunstâncias que foram impossíveis analisar ou prever e que poderia falsear o resultado de toda nossa especulação. Essa reflexão poderá sempre pôr um peso no prato negativo da balança e nos inclinar a assuntos importantes a não nos movimentar sem necessidade: *Quieta non movere* (Não mover o que está em repouso). Uma vez tomada a decisão e pondo mãos à obra, tudo poderá seguir o seu curso, não temos senão que esperar o resultado; não temos que nos atormentar com reflexões reiteradas sobre o que se fez e com inquietações, sempre renascentes, sobre um perigo possível; pelo contrário, temos que descarregar o espírito desse assunto,[167] fechar todas as dependências do pensamento[168] e tranquilizar-se com a convicção de tê-lo examinado madura e oportunamente.[169] Isso é também o que aconselha o provérbio italiano: "*Legala bene, e poi lascia la andare*". O que Goethe traduziu: "*Du sattle gut und reite getrost*" (Fere bem e depois deixa correr [o sangue]). Observe-se, de passagem, que muitas máximas que Goethe intitula *Proverbiais* são traduções do italiano. Se, apesar de tudo, o assunto sai mal é porque as coisas humanas estão submetidas à mutualidade e ao erro. Sócrates, o mais sábio dos homens, necessitava de um demônio tutelar para descortinar a verdade ou para evitar os passos em falso nos seus assuntos pessoais, o qual demonstrava que a razão humana não é suficiente. Essa sentença atribuída a

---

167. Fonte de Freud para a confissão e descarga do inconsciente. (N.T.)
168. Fonte de Freud para a censura. (N.T.)
169. Freud diz que a descarga do inconsciente traz um estado de tranquilidade em que é possível o paciente refletir maduramente. (N.T.)

um Papa, de que nós mesmos somos culpados, ao menos em parte, das desgraças que nos afligem, não é certo, mesmo que o seja na maioria dos casos. Esse sentimento é o que faz que os homens ocultem o mais possível a sua desgraça e que tratem, enquanto podem consegui-lo, de ocultar o seu rosto cheio de satisfação. Temem que atribuam a desgraça às providências de suas culpas.

[12] Em presença de um acontecimento transcorrido, infelizmente, o qual não é possível lançar mão de meios para variar, é preciso não abandonar a ideia de que poderia ser de outro modo e refletir menos no que se poderia fazer para variá-lo; porque isso é o que leva à gradação da dor até o ponto em que se torna insuportável e converte o homem em um *"O que se atormenta si próprio"*.[170] Façamos mais ou menos como o rei David, que assediava sem descanso a Jeová com suas orações e súplicas durante a enfermidade de seu filho e que quando este morreu saltou em uma pirueta batendo os dedos e não voltou mais a pensar nele. Aquele que não for bastante ligeiro de espírito para conduzir-se dessa maneira deve se refugiar no terreno do fatalismo e compenetrar-se desta alta verdade: que tudo o que chega chega negligentemente, portanto, inevitavelmente.

Não obstante, essa regra só tem valor em um sentido. É válida para aliviar-nos e acalmar-nos imediatamente no caso de infortúnio; porém, quando sucede diversas vezes a mesma coisa, a culpa é em parte de nossa negligência ou de nossa temeraridade, então a meditação repetida e dolorosa dos meios que poderiam impedir o funesto acontecimento é uma mortificação saudável, própria para servir-nos de lição e de emenda para o futuro. Não temos de escusar-nos, desfigurarmos ou tornar pequenas aos próprios olhos as faltas que um indivíduo é culpado com toda a evidência. Temos que confessá-las e representá-las em toda a sua extensão, a fim de podermos tomar a firme decisão de evitá-las no futuro. É verdade que isso proporciona um doloroso sentimento de descontentamento de si mesmo; entretanto, "o homem não castigado não aprende".

[13] Tratando-se de nossa felicidade ou de nossa desgraça, temos *que atar curtamente a nossa fantasia*; convém antes de tudo não fazermos castelos no ar; eles nos custam muito caro, porque imediatamente temos que demoli-los com muitos suspiros. Devemos, porém, procurar não atormentar o coração com angústias, representando vivamente as

---

170. Título de uma das mais famosas comédias de Terêncio. (N.T.)

desgraças que são puramente possíveis. Porque se essas fossem completamente imaginárias, ou pelo menos poderiam ocorrer em uma eventualidade muito remota, saberíamos imediatamente ao despertar desse sonho que tudo aquilo não é senão uma ilusão; por conseguinte, sentiríamos tanto mais regozijo pela realidade que resulta ser melhor e daí tiraríamos uma advertência contra acidentes muito remotos, mesmo possíveis. A nossa fantasia não joga facilmente com tais imagens, constrói por pura diversão fantasias risonhas. A tela de seus sonhos sombrios são desgraças que, mesmo remotas, nos ameaçam efetivamente de certo modo; são os objetos engrandecidos, cuja possibilidade ressalta além do justo limite, pintando as cores mais terríveis. Quando despertamos não podemos sacudir esse sonho como o fazemos com os sonhos agradáveis, porque este último é desmentido sem demora pela realidade e não deixa no seu devaneio senão o leve traço de uma débil esperança de realização. Quando nós nos abandonamos às ideias negras (*blue devils*), aproximamo-nos das imagens que não se alheiam tão facilmente, porque a possibilidade dos acontecimentos, de uma maneira geral, está alheada e nem sempre nós nos deixamos em condições de valorizar seu grau exato; transforma-se então em probabilidade e ei-nos vítimas da angústia. Por isso não devemos considerar o que interessa à nossa felicidade ou à nossa desgraça, mas aos olhos da razão e do juízo; temos primeiro que refletir friamente; depois, agir puramente com noções *in abstracto*. A imaginação deve ficar sem exercício, porque não sabe julgar; só pode apresentar aos olhos imagens que comovem a alma desinteressada e, às vezes, dolorosa. Deveria observar essa regra pela noite. Porque se a obscuridade nos torna medrosos e nos faz ver por todas as partes figuras terríveis, a indecisão de ideias, que lhe é análoga, produz o mesmo resultado; a incerteza engendra a falta de segurança; por isso os objetos de nossa meditação, quando atingem a nossos próprios interesses, tomam, facilmente, à noite, formas ameaçadoras, e se convertem em espantalhos; nesse momento, a fadiga resvestiu o espírito e o juízo de uma obscuridade subjetiva, a inteligência fica exausta e conturbada e não pode examinar nada a fundo. Isso ocorre, às vezes, pela noite, na cama; estando o espírito em tensão, o juízo não tem plena força de ação, porém, a imaginação torna-se ativa. A noite pinta, então, todo o ser e todas as coisas com tinta negra. Assim, pois, nossos pensamentos no momento de dormir ou quando despertamos à noite tornam os objetos tão desfigurados e tão desnaturalizados como um sonho; veremos tanto mais negros e mais aterrorizantes quanto mais tocam de perto as circunstâncias pessoais. Pela manhã esses espantalhos desaparecem como os sonhos; tal é o que significa o provérbio espanhol: *Noche tinta, blanco el dia*.[171]

Desde que começa a noite, a vela se acende e a razão, como o olho, vê menos claro que durante o dia; esses momentos não são favoráveis às meditações sobre assuntos sérios e, principalmente, sobre assuntos desagradáveis. A manhã é a hora favorável para o contrário, como para qualquer trabalho, sem exceção: trabalho intelectual ou físico. Porque a manhã é a juventude do dia, tudo é alegre, fresco e fácil, sentimo-nos vigorosamente dispostos a exercer todas as nossas faculdades. Não temos que abreviá-las, levantando-nos tarde, ou gastá-las em ocupações ou em conversações vulgares; pelo contrário, temos que considerá-las como essenciais à vida, isto é, como algo sagrado. Em troca, a tarde é a velhice do dia; estamos abatidos, faladores e aturdidos. Cada dia é uma vida que se torna pequena; cada despertar e cada levantar-se um nascimento em miniatura; cada fresca manhã, uma juventude em miniatura e cada noite que deitamos e os sonhos que temos, uma morte em miniatura.

O estado de saúde, o sonho, a alimentação, a temperatura, o estado do tempo, o ambiente e muitas outras condições exteriores influem consideravelmente sobre nossa disposição e esta, por sua vez, sobre nossos pensamentos. Daí provém a maneira de considerarmos as coisas, o mesmo que nossa aptidão para produzir alguma obra, pois esta subordina-se ao tempo e ao lugar. Assim disse Goethe:

Nehmt die gute Stimmung wahr,
Denn sie kommt so selten.[172]

Não só as concepções objetivas e os pensamentos originais devemos esperar, *quando* lhe querem vir; mas que, também, a meditação conscienciosa de um negócio pessoal nunca prospera a uma hora fixa de antemão e no momento em que queremos nos entregar a elas, escolhem, pelo contrário, a sua oportunidade; só então se desenvolve espontaneamente o fio das ideias mais convenientes e então podemos segui-las com eficiência completa.

Para melhor refrear a fantasia, como recomendamos, não temos que deixá-la evocar e representar com demasiada vivacidade os agravos, danos, perdas, ofensas, humilhações, prevaricações etc. sofridos no passado, porque agitamos a indignação, a cólera e tantas outras paixões

---

171. Em espanhol no texto alemão. (N.T.)
172. "Aproveitai a boa disposição,/ porque ela chega raras vezes." *Generalbeichte*. (N.T.)

odiosas, por muito tempo aplacadas que voltam a molestar a nossa alma. Segundo uma bela comparação do neoplatônico Proclo, assim como se encontram em cada cidade, ao lado dos nobres e das pessoas distintas, o populacho mais ínfimo, em todo o homem, ainda o mais nobre e elevado, encontra-se uma réstia do elemento baixo e vulgar da natureza humana, isto é, da natureza bestial.[173] Esse populacho não deve ser exilado ao tumulto;[174] não temos, também, que fazê-los assomar na janela porque o seu aspecto é muito feio. Essas produções da fantasia de que falamos são produzidas pelos demagogos da plebe. Agregamos que a menor contrariedade provém dos homens e das coisas; se nós nos ocupamos constantemente em imaginá-las e representá-las com cores vivas em uma escala crescente, elas podem se converter em um monstro que nos coloca fora de nós mesmos. Ao contrário: temos que tornar prosaica e friamente tudo o que é desagradável, a fim de não nos atormentar muito.

Assim como alguns objetos diminutos que, postos perto dos olhos, encurtam o campo da visão e ocultam o mundo exterior, assim, também, os homens e as coisas de nossa vizinhança mais próxima, ainda que fossem os mais insignificantes ou indiferentes, ocupariam nossa atenção e nossos pensamentos os mais convenientes e alheariam ideias e assuntos importantes. Temos que reagir contra essa tendência.

[14] Em vista dos bens que não possuímos, decidimo-nos espontaneamente: Ah! Se isso fosse meu! E esse pensamento nos torna penosa a privação. Em lugar disso, deveríamos perguntar: Que aconteceria *se isso não fosse meu?* Com isso quero dizer que deveríamos nos esforçar por representarmos os bens que possuímos como nos pareceriam depois de tê-los perdido; refiro-me aos bens de todas as classes: riqueza, saúde, amigos, esposa, filhos, cavalos e cães, porque só a perda dessas coisas,

---

173. Freud, na psicanálise, disse que atrás de toda a natureza consciente do indivíduo esconde-se a natureza bestial, isto é, dentro do inconsciente escondem-se os pensamentos sórdidos, a segunda natureza do homem, um ladrão inato, "um assassino inato" reavivando dessa forma as doutrinas lombrosianas que são, também, as doutrinas schopenhauerianas. (N.T.)

174. "Os patrícios, querendo impedir a volta dos reis, procuraram aumentar o movimento de rebeldia que estava no espírito do povo. Mas fizeram mais do que quiseram: – à força de cultivar no povo o ódio pela realeza, a nobreza dotou-o com um desejo imoderado de liberdade. Em uma cidade em que a pobreza era uma virtude pública, onde as riquezas – caminho oculto para a conquista do poder – eram desprezadas, o nascimento e as dignidades não podiam ser de grandes vantagens. O poder tinha de passar à maioria, e a aristocracia estava fadada a transformar-se, de pouco em pouco, em um estado popular (MONTESQUIEU. *Grandeza e decadência dos romanos*, cap. VIII). (N.T.)

às vezes, nos ensina o seu valor. Pelo contrário, o método que recomendamos produz, em primeiro lugar, o resultado de fazer que a sua posse nos torne imediatamente mais felizes do que antes e, em segundo lugar, nos fará precaver-nos por todos os meios contra a sua perda; desse modo não arriscaremos os nossos bens e não irritaremos os nossos amigos, não exporemos a tentação da infelicidade de nossa esposa, cuidaremos da saúde de nossos filhos e assim sucessivamente. Muitas vezes tratamos de borrar com a tinta sombria do presente, por meio de especulações sobre as probabilidades favoráveis, e imaginamos toda a sorte de esperança ilusória, cujo encanto está impregnado de decepções, pois que essas não deixam de chegar enquanto aquelas vieram bater-te contra a realidade dourada. É melhor escolher as más probabilidades por temas de nossas especulações; isso nos chegaria a tomar as disposições com o objetivo de dissipá-las e nos proporcionaria agradáveis surpresas quando essas probabilidades se realizassem. Um indivíduo não fica alegre ao sair de mau passo? Até é saudável representarmos na imaginação certas desgraças que podem eventualmente ferir-nos; isso nos ajuda a resistir facilmente aos males menos graves, quando eles vêm atacar-nos, porque nós nos consolamos então como um pensamento sobre essas desgraças consideráveis que não se realizam. Temos que levar em conta o cuidado ao praticar essa regra, para não esquecermos a anterior.

[15] Os acontecimentos e os assuntos que nos concernem se produzem e sucedem isoladamente, sem ordem e sem relação mútua, em contraste chocante uns com outros e em outro laço que não se refira a nós; resulta que os pensamentos e os cuidados necessários deveriam estar claramente separados, a fim de corresponder aos interesses que provocaram. Em consequência, quando empreendemos uma coisa, temos que levá-la até o fim, fazendo sempre abstração de outros negócios, a fim de realizar, desfrutar ou sofrer cada coisa, sem cuidar das demais; devemos ter, se isso for lógico, dependências para com os nossos pensamentos e não abrir senão uma só, conservando as outras fechadas. Encontramos nessa fórmula a vantagem de não perder todo o prazer atual e de não abandonar todo o repouso pela preocupação de alguma inquietação passada; aprendemos, ademais, que um pensamento não desterra o outro; que o cuidado de um negócio importante não faz desdenhar outros pequenos etc. O homem capaz de pensamentos nobres e elevados não deve deixar o seu espírito ser absorvido por negócios pessoais e preocupar-se com cuidados ínfimos, ao ponto de abrir acesso às suas elevadas meditações, porque isso seria verdadeiramente *propter vitam, vivendi perdere causas* (perder, por viver, as verdadeiras causas

da vida). É indubitável que, para fazer executar ao nosso espírito todas essas manobras e contramanobras, devemos, como em circunstâncias diversas, exercer uma violência sobre nós mesmos; deveríamos esgotar à força de reflexões de que o homem sofre do mundo exterior numerosas e potentes influências, as quais nenhuma existência pode subtrair-se, porém, que um insignificante esforço exercido sobre si mesmo e bem aplicado pode obviar uma grande pressão exterior; tal como um corte insignificante que, no círculo vizinho do centro, correspondendo à abertura, às vezes, é cêntupla na periferia. Nada nos preserva melhor dos agravos exteriores do que o constrangermo-nos a nós mesmos;[175] esta é a significação da seguinte sentença de Sêneca: "*Si tibis vis omnia subjicere, te subjicere rationi*".[176] Essa pressão sobre nós mesmos fará que tenhamos sempre à mão e em um caso extremo, ou, quando se fixa em nós o ponto sensível, a faculdade de afrouxá-la um pouco, enquanto a pressão exterior não tem para nós considerações, olhares, nem compaixão. Por isso é prudente prevenir esta com a outra.

[16] Limitar seus desejos, refrear suas ambições, dominar sua cólera, recordando continuadamente que cada indivíduo nunca pode alcançar senão uma parte infinitamente pequena do que lhe é desejável, e que, em troca, os males sem número devem ferir a cada um; em uma palavra, abster-se e suster-se: eis aqui uma regra sem cuja observação, nem riqueza, nem poder poderão impedir-nos de sentir nossa miserável condição.[177] A esse propósito disse Horácio:

> *Inter cuncta leges, et percontabere doctos*
> *Qua ratione queas traducere leniter aevum;*
> *Ne te semper inops agitet vexetque cupido;*
> *Ne pavor et rerum meidiocriter utilium spes.*[178]

---

175. Havellock Ellis diz que um homem, que, a exemplo dos faquires, chega a dominar o seu pulso, não sente dores nem prazeres na vida. Devemos notar, porém, que uma infecção microbiana não depende de nossa vontade, mas do temperamento, da constituição do indivíduo, do processo de defesa do organismo, sejam as cadeias laterais de Erlich, o humor de Büchner, ou a fagocitose de Metchnikoff, ou o sistema reticuloendotelial. (N.T.)

176. *Epistulae*, 37. ["Se queres submeter todas as coisas a ti mesmo, te submete primeiro à razão." (N.T.)]

177. Schopenhauer resume aqui a sua posição diante das escolas filosóficas: é um estoico. (N.T.)

178. "Não obstante, lê e conversa com os doutos;/ procura assim passar a vida docemente;/ de outra maneira, o desejo, deixando-te sempre desejar,/ te inquietará e te ferirá com o medo e a esperança/ das coisas mediocremente úteis." (*Epistulae*, I, 18, 95-9.) (N.T.)

[17] "A vida está no movimento", disse Aristóteles, com razão: da mesma maneira que a nossa vida física consiste unicamente no movimento incessante, assim também nossa vida interior e intelectual exige uma ocupação constante, uma ocupação em qualquer coisa, pela ação ou pelo pensamento; isso é o que demonstra a mania das pessoas desocupadas que não pensam em nada senão pôr-se imediatamente a tamborilar com os dedos ou a jogar a primeira coisa que encontram. É que a agitação constitui a essência de nossa vida; uma inação completa torna-se imediatamente insuportável, porque engendra o mais horrível dos tédios. Moderado esse instinto, é como se lhe pudesse satisfazer metodicamente com o mais belo dos resultados. A atividade é indispensável para a felicidade; é preciso que o homem obre e que faça algo se isso lhe for possível, ou aprenda, pelo menos, alguma coisa; suas forças exigem emprego e as mesmas não procuram senão vê-lo produzir um resultado qualquer. Sob esse respeito, sua maior satisfação consiste em fazer algo, em confeccionar alguma coisa – um cesto, um livro – porém, o que lhe dá a felicidade imediata é ver como dia a dia cresce a obra manipulada pelas suas mãos e vê-la chegar a sua perfeição. Uma obra de arte, um escrito ou uma simples obra manual produzem inteiramente esse efeito; quanto mais nobre é a natureza do trabalho mais elevado é o seu gozo. Os mais felizes a esse respeito são os homens de dotes superiores que se sentem capazes de fazer obras mais importantes, mais vastas e vigorosamente razoáveis. Isso difunde em toda a sua existência um interesse de ordem superior, dando-lhe um estímulo que falta aos outros, tornado-se a vida desses insípida perto da sua. Com efeito, para os homens eminentes, a vida e o mundo, ao lado do interesse comum, material, tem outro sentido mais elevado: um interesse formal, integrado pelas matérias de suas futuras criações, pretendendo reunir esses materiais no curso de sua existência das quais se ocupam ativamente, quando parte das misérias terrestres lhes dá um momento de repouso. Sua inteligência é dupla até certo ponto; uma parte dedica-se aos assuntos ordinários (objetos da vontade), esta se parece com a de todo o mundo; a outra é para a concepção puramente objetiva das coisas. Vivem, assim, uma vida dupla, de espectadores e de atores, enquanto os demais não são senão atores. É preciso que todo o homem se ocupe de algo que se ajuste à medida de suas faculdades. Pode-se comprovar a influência perniciosa da ausência de atividade regular de qualquer trabalho que seja durante as viagens de recreio de longa duração, em que, de quando em quando, o homem se sente desgraçado, só pela razão de que, privado de toda a ocupação real, encontra-se fora de seu

elemento natural. Adquirir doenças e lutar contra os obstáculos é uma necessidade do homem, como cavar é um instinto para o topo. A imobilidade que produziria satisfação completa de um gozo permanente tornar-se-ia insuportável. Vencer obstáculos é a plenitude do gozo na existência humana, quer esses obstáculos sejam de uma natureza material, como na ação e no exercício, ou de uma natureza espiritual, como no estudo e nas investigações. A luta e a vitória tornam o homem feliz. Se a ocasião lhe faltar, pode-se criá-la, segundo a sua individualidade lhe impulsione, casará ou jogará no boliche, ou arrastado pela inclinação inconsciente de sua natureza, urdirá intrigas, maquinará enganos ou outras vilanias, nada mais do que para pôr termo ao estado de imobilidade que não pode suportar. *Dificilis in otio quies* (Difícil é a tranquilidade no ócio).

[18] Não são pelas imagens da fantasia, mas pelas noções claramente concebidas que devemos nos guiar. Às vezes sucede o contrário. Examinando-as bem, observamos que as determinações que vêm em último recurso dar a sentença decisiva não são, de ordinário, noções e juízos, mas, simplesmente uma imagem da fantasia que as representa e as substitui. Não me recordo mais em que novela de Voltaire ou de Diderot a virtude aparece sempre ao herói, colocada como o Hércules adolescente na encruzilhada da vida, sob a forma de ancião governante, que tem na mão esquerda o seu pito e na direita o rapé e está pregando moralidade: o vício sob a forma de camareira de sua mãe. Particularmente durante a juventude fixamos o fim de nossa felicidade sob a forma de certas imagens que se apresentam ante nós e que persistem muitas vezes durante a metade e, às vezes, durante a totalidade da vida. Estes são verdadeiros duendes que nos assediam, apenas tocados, desaparecem e vêm a experiência ensinar-nos que nada cumprem do que prometeram. São desse gênero as cenas particulares da vida doméstica, civil e social, ou rural, as imagens de nossa habitação e de nossas adjacências, as insígnias honoríficas etc.; *"chaque fou a sa marotte"* (cada louco com a sua mania), pois é muito natural que assim o seja, porque o que se vê no *imediato* age mais rapidamente sobre a nossa vontade do que a noção, o pensamento abstrato, que só produz o *geral* sem o *particular*. Este último é, precisamente, o que contém a realidade; a noção não pode, pois, agir sem meditação sobre a vontade. E só a noção cumpre a palavra; assim, pois, é um testemunho de cultura intelectual depositar-lhe toda a nossa fé. Deixar-se-á por momentos de sentir seguramente a necessidade de explicar ou de parafrasear por meio de algumas imagens *"cum grano salis"* (com um grão de sal).

[19] A regra anterior cabe nesta outra máxima geral: temos que dominar sempre a impressão de tudo o que é presente e visível. Isso, em comparação ao pensamento simples, ao conhecimento puro, é incomparavelmente mais enérgico, não em virtude de sua matéria e de seu valor, que são muito insignificantes, mas em virtude de sua forma, isto é, a visibilidade e a presença direta que nos penetram o espírito, cujo repouso turva ou cujos planos nos deitam por terra. Porque o presente é visível, podendo congregar-se facilmente com um só olhar, age sempre de uma só vez e com toda a força; pelo contrário, os pensamentos, as razões e as meditações exigem tempo e tranquilidade e não podem estar em qualquer momento presentes plenamente no espírito. Por isso uma coisa agradável, pela qual a reflexão nos faz renunciar, nos encanta sempre com o seu aspecto; do mesmo modo, uma opinião cuja incompetência absoluta compreendemos nos impressiona, uma ofensa nos fere, mesmo que saibamos que ela não merece senão o desprezo; da mesma maneira, dez razões contra a presença de um perigo caem por terra com a falsa aparência de sua presença real etc. Em todas as circunstâncias, o que prevalece é a primitiva irracionalidade do nosso ser. As mulheres estão sujeitas, com frequência, a tais impressões e poucos homens têm uma razão bastante preponderante para não sofrer os seus efeitos. Quando não podemos dominá-los por completo com o pensamento, o melhor que poderíamos fazer é neutralizar com uma impressão contrária; por exemplo, a impressão de uma ofensa com visitas às pessoas que nos estimam, a impressão de um perigo que nos ameaça com a vista real dos meios próprios para evitá-lo. Um italiano, cuja história nos é contada por Leibniz,[179] conseguiu resistir valorosamente às dores e aos tormentos mediante uma resolução tomada de antemão: impôs à sua imaginação a ideia de não perder de vista um só instante a imagem da pena que lhe impuseram por ter feito condenar uma confissão; assim, gritava de quando em quando: *"Io ti vedo"* (eu te vejo), palavras que explicou mais tarde, dizendo que se referia ao patíbulo. Pela mesma razão, quando todos os que nos rodeiam são de uma opinião diferente da nossa agem consequentemente, é muito difícil não se deixar dobrar, mesmo que o indivíduo estivesse convencido de que caiu no erro. Para um rei fugitivo, perseguido e viajando incógnito, o cerimonial de subordinação só é observado pelo seu companheiro ou confidente quando estão a sós, devendo ser cordial, quase indispensável, para que o infortunado não chegue a duvidar de sua própria existência.

---

179. *Novos ensaios*, liv. I, cap. II, § 11.

[20] Depois de fazer ressaltar, desde o capítulo 2, o grande valor da *saúde* como condição primária e mais importante para a nossa felicidade, quero indicar aqui algumas regras gerais de conduta, a fim de fortificá-la e de conservá-la.

Para enrijecimento do organismo, é preciso, enquanto se desfruta de boa saúde, submeter o corpo, em seu conjunto ou em partes, a muitos esforços e fadigas e habituar-se a resistir a tudo o que lhe pode afetar, mesmo que seja de modo rude. Pelo contrário, quando se manifesta um estado mórbido do todo ou das partes, devemos recorrer imediatamente ao processo contrário, isto é, a cuidar de todas as maneiras do corpo ou de sua parte enferma, porque o que é delicado e débil não é suscetível de se endurecer.

Os músculos se fortificam; os nervos, pelo contrário, debilitam-se com o seu emprego excessivo. Convém, pois, exercitar os primeiros por meio de esforços convenientes e economizar todos os desgastes. Guardemos os nossos olhos da luz muito viva, sobretudo quando é refletida, contra todo o esforço à meia-luz, contra a fadiga por olhar durante muito tempo os objetos demasiadamente pequenos; preservemos igualmente nossos ouvidos dos ruídos fortes, antes de tudo, evitemos ao nosso cérebro toda a luta forçada, persistente ou intempestiva; temos que deixá-lo repousar durante a digestão, porque nesse momento a mesma força vital que, no cérebro, forma os pensamentos, trabalha com todo o seu esforço no estômago e no intestino, preparando o quimo e o quilo; precisamos igualmente repousar após um intenso movimento muscular. Porque, para os nervos motores, como para os nervos sensitivos, não acontecem as coisas da mesma maneira. A dor sentida em um membro lesado tem a sua origem no cérebro; da mesma maneira não são os braços e as pernas os que se movem e trabalham, mas o cérebro, isto é, a porção do cérebro que, por intermédio da medula alongada e da medula espinhal, excita os nervos desses membros e faz que se movam. Por conseguinte, a fadiga que sentimos nos braços ou nas pernas tem o seu assento real no cérebro; por esse motivo os membros cujo movimento está submetido à vontade, isto é, a parte do cérebro, são os únicos que se fatigam, enquanto aqueles cujo trabalho é involuntário, como o coração, são infatigáveis. Evidentemente, é prejudicial ao cérebro exigir dele atividade muscular enérgica e tensão de espírito, seja simultâneo, seja só depois de um curto intervalo. Isso não está de modo algum em contradição com o feito de que, ao começo de um passeio, ou durante as caminhadas curtas, sente-se uma atividade reforçada do espírito, porque, neste último caso, ainda não temos fadiga das respectivas partes do cérebro e, por outra parte, esta atividade ligeira, muscular, acelerando a respiração, faz subir ao cérebro o sangue arterial melhor oxigenado. Temos, também, que dar ao cérebro o sono suficiente para o seu descanso, porque o sono é ao cérebro o que a corda é para o pêndulo.[180]

Essa quantidade deve ser tanto maior quanto mais desenvolvido e ativo é o cérebro; passar disso é gastar inutilmente o tempo, porque o sono perde então em intensidade o que ganha em extensão.[181] Em geral, devemos nos compenetrar de que o nosso pensamento não é outra coisa senão a função orgânica do cérebro e, portanto, suscetível à fadiga e ao repouso, pois que age de uma maneira análoga a qualquer outra atividade orgânica. Um esforço excessivo fatiga o cérebro como fatiga os olhos. Diz-se, com razão: o cérebro pensa como o estômago dirige. A ideia de uma alma imaterial, simples, essencial e constantemente pensante, portanto, infatigável, que estivesse como alojada no cérebro e não tivesse necessidade de nada do mundo, impulsionou muitos homens a uma conduta insensata. Frederico, o Grande, por exemplo, não intentou prescindir absolutamente do sono? Os professores de filosofia deveriam não fomentar esta ilusão, prejudicial à prática, com sua filosofia ortodoxa, para mulheres velhas. Temos que aprender a considerar as forças intelectuais como se fossem em absoluto funções fisiológicas, a fim de saber dirigi-las, economizando ou fatigando; devemos recordar-nos de que todo o sofrimento, toda a incomodidade, toda a desordem, em qualquer parte do corpo, afeta o espírito. Para nos compenetrarmos disso temos que ler a Cabanis: *Des rapports du physique et du moral de 1'homme*.[182]

Por ter-se negado a seguir esse conselho, muitos espíritos nobres e muitos grandes sábios padeceram, em sua velhice, de imbecilidade, retrocedendo à nova infância e chegando até a loucura. Alguns célebres poetas ingleses de nossa época, como Walter Scott, Wordsworth, Southey e muitos outros, chegados à velhice desde os sessenta anos tornaram-se intelectualmente obtusos e impotentes e até imbecis; a atri-

---

180. Veja-se *O mundo como vontade e representação*, vol. II.
181. Veja-se *Ibid.*, vol. II, final do cap. 19. O sono é uma porção da morte que tomamos antecipadamente e por meio do qual recobramos e renovamos a vida esgotada no espaço de um dia. *Le sommeil est un emprunt fait à la mort* ["O sono é um empréstimo feito à morte." Em francês no original alemão. (N.T.)] O sono pede a prestação à morte para conservar a vida. É o interesse pago provisionalmente à morte, e o pagamento integral do capital. O reembolso total é exigido em um plano tão longo quanto mais elevado é o interesse e mais metódico é o pagamento. (N.A.)
182. Refere-se a Pierre-Jean Georges Cabanis (1757-1808), filósofo e fisiologista autor de *Relações entre o físico e o moral no homem*. Representante do Materialismo Mecanicista que explica os aspectos mentais e morais do homem. (N.E.)

buição indubitável dessa doença é que, pela sedução dos honorários elevados, todos eles exerceram a literatura simplesmente para ganhar dinheiro. Este ofício impulsa a uma fadiga contra a natureza; todos os que baixam o seu pégaso ao jugo e açoitam a sua música com o chicote terão que expiar mais tarde a culpa do esforço, assim como aquele que rendeu culto forçado a Vênus. Suspeito que Kant, em uma idade avançada, quando já era célebre, entregou-se a um trabalho excessivo, que provocou com esse a segunda infância em seus quatro últimos anos.[183]

Cada mês do ano tem uma influência especial e direta, isto é, independente das condições meteorológicas, sobre a nossa saúde, sobre o estado geral de nosso corpo e até sobre o estado de nosso espírito.

3. Concernente à nossa conduta para com os demais

[21] Para andar pelo mundo é útil levar consigo uma ampla provisão de *circunspecção* e de *indulgência*: a primeira nos garante contra os prejuízos e as perdas; a segunda nos põe a salvo de disputas e de querelas.

Quem está chamado a viver entre os homens não deve refutar de maneira absoluta nenhuma individualidade desde o momento em que esteja determinado pela natureza, mesmo que seja a individualidade mais perversa, mais lastimosa ou mais ridícula. Deve aceitá-la como algo imutável e que, em virtude de seu princípio eterno e metafísico, deve ser tal como é; em suma, devemos dizer: "é necessário que haja também dessa espécie". Se toma a coisa de outra maneira, comete uma injustiça e provoca o outro para um combate de morte. Nada pode modificar a sua individualidade própria, isto é, seu caráter moral, suas faculdades intelectuais, seu temperamento, sua fisionomia etc. Ficarmos sem essa reserva não nos restará recursos para combater contra um inimigo mortal, uma vez que não queremos reconhecer o direito de existir, mas a condição de chegar a ser distinto daquilo que é imutável. Por isso, quando se quer viver entre os homens, temos que deixá-los viver e aceitar a individualidade que lhes corresponde, qualquer que ela seja; temos que nos preocupar unicamente em utilizá-la quanto a sua qualidade e organização lhe permitirem, porém, sem esperar modificá-la e sem

---

183. É verdade e não suspeita: Kant viveu nos seus últimos anos uma loucura mansa devido ao desenvolvimento tardio de seu gênio e aos estudos em que embrenhou-se, principalmente um princípio de luta que teve que sustentar com o Estado e o rei da Prússia quando escreveu o célebre ensaio: "A paz eterna". (N.T.)

condená-la, pura e simplesmente, por ser tal como é.[184] Aqui temos a verdadeira significação do provérbio: *Viver e deixar viver*. Não obstante, a tarefa é menos fácil do que equitativa; ditoso daquele a quem se conceder o poder de evitar para sempre as individualidades. Entretanto, para aprender a suportar os homens, é bom exercitar a paciência com os objetos inanimados, que, em virtude de uma necessidade mecânica ou qualquer outra espécie física, contrariam obstinadamente a nossa ação; para esses exercícios, temos tempo todos os dias. Depois dos quais aprendemos a exercer com os homens a paciência adquirida e acostumamo-nos ao pensamento de que eles também, sempre que são para nós um obstáculo, o são forçosamente em virtude de uma necessidade natural tão vigorosa como aquela em virtude da qual agem os objetos inanimados; que, por conseguinte, é tão insensato indignar-se de sua conduta como uma pedra que nos vem esmagar os nossos pés. A respeito de muitos indivíduos, o mais prudente é dizer: "Não posso transformá-los, pois vou utilizá-los".

[22] É surpreendente ver até que ponto se manifesta na conversação a homogeneidade ou a heterogeneidade do espírito e do caráter dos homens; essa diferença se torna sensível nas ocasiões mais insignificantes. Entre duas pessoas de naturezas completamente dessemelhantes, que falem de assuntos mais indiferentes, mais opostos, cada frase de um desautoriza mais ou menos a de outro; às vezes, uma palavra chega a provocar a cólera do companheiro. Quando, pelo contrário, eles se parecem, sentem, em seguida, certa conformidade e homogeneidade perfeita e chegam até mesmo ao diapasão uníssono. Assim se explica, primeiramente, porque os indivíduos muito vulgares são tão sociáveis e encontram facilmente excelente sociedade, o que chamamos de "pessoas boas e amáveis". O contrário sucede com os homens que não são vulgares, pois que são tanto menos sociáveis quanto mais distinguidos são; de tal sorte que, às vezes, em seu isolamento, podem sentir uma verdadeira alegria em ter descoberto no outro uma fibra qualquer, por mais insignificante que seja, da mesma natureza que a sua. Porque cada qual não

---

184. A nossa individualidade é um complexo anatomofisiológico que deve e pode ser respeitado. Um indivíduo pensa segundo o seu temperamento, a sua constituição. Essa diferenciação biológica já foi levada a bom termo desde Buffon, Lamarck, Darwin, Haeckel, principalmente hoje que a biologia deu um salto gigantesco e trouxe à baila esses relevantes problemas. A. Huxley, neto do grande biologista inglês, em um de seus livros mais populares, faz um protagonista dizer: "Faze o que quiseres", generalizando estas vistas, como em resposta à constituição do indivíduo, no apoio da democracia, contra os regimes totalitários, a metafísica hegeliana, que pressupondo um todo de sua filosofia faz do indivíduo função mecânica do estado. (N.T.)

pode ser a outro homem senão o que este é ao primeiro. Como a águia, os espíritos realmente superiores vagam pelas alturas solitárias.[185] Isso explica, em segundo lugar, como os homens da mesma disposição se reúnem imediatamente como se se atraíssem magneticamente; as almas irmãs saudam-se ao longe. Poderá observar-se isso com mais frequência entre as pessoas de sentimentos baixos ou débeis de inteligência; porém, estas constituem legiões, enquanto os bons e os nobres chamam as naturezas escolhidas. Assim, ocorrerá, por exemplo, que em uma vasta associação, fundada com o objetivo que dê resultados efetivos, dois espertos famigerados se reconhecem mutuamente, como se levassem um cartel, e se unem imediatamente para tramar algum abuso ou alguma traição. Suponhamos, *per impossible*, uma sociedade numerosa, composta inteiramente de homens inteligentes e engenhosos, exceto dois imbecis que também formem parte dela; estes dois sentir-se-ão simpaticamente atraídos um para com o outro e imediatamente se alegrarão, no fundo de seu coração, por terem se encontrado dois homens razoáveis. É realmente curioso, ao ver, como os dois seres, principalmente entre os que estão atrasados na moral e no intelecto, se reconhecem à primeira vista, tendendo com ardor a ajuntar-se, saudando-se com amor e alegria, correndo um para o outro, como antigos conhecidos; isto é tão surpreendente que nos sentimos tentados a admitir, segundo a doutrina budista da metempsicose, que estavam já unidos pela amizade em uma vida anterior.

Mesmo no caso em que existe harmonia, mantém aos homens separados uns dos outros e que chega até a produzir neles uma dissonância passageira; é a diferença da disposição do momento, que é quase sempre distinta em cada um deles, segundo a sua situação momentânea, a ocupação, o ambiente, o estado de seu corpo, a corrente atual de suas ideias etc. Isso é o que produz dissonâncias entre os indivíduos que melhor se acomodam. Trabalhar sem descanso em corrigir essas moléstias e em estabelecer a igualdade da temperatura ambiente seria o efeito de uma suprema cultura intelectual. Poderíamos apreciar a magnitude daquele que pode produzir para a sociedade a igualdade de sentimentos, pelo feito de que os membros de uma reunião, mesmo que sejam numerosos, inclinam-se a comunicar reciprocamente suas ideias, a tomar parte sincera no interesse e no sentimento geral, quando vem impressioná-los, no mesmo instante e da mesma maneira, algo exte-

---

185. Tal é o pensamento de Nietzsche quando conjecturou aquela águia voejando pelas alturas, na solidão indómita dos céus. O seu *Zaratustra* é como o símbolo da sabedoria solitária. (N.T.)

rior, um perigo, uma esperança, uma notícia, a vista de coisas extraordinárias, um espetáculo, a música ou qualquer outra coisa. Porque esses motivos subjugam todos os interesses particulares e fazem nascer, dessa sorte, a unidade da disposição. Faltando a tal influência objetiva, recorre-se, geralmente, a qualquer meio subjetivo e então a vasilha é a destinada habitualmente a dar uma disposição comum à reunião. O chá e o café empregam-se igualmente com esse fim.

Esse mesmo desacordo que produz facilmente, em qualquer reunião, a diversidade de humor momentâneo, dá, também, a explicação parcial do seguinte fenômeno: que cada um aparece como idealizado, às vezes, até transfigurado na recordação, quando não esteja sob o domínio dessa influência passageiramente perturbadora ou de qualquer outra semelhante. A memória age à maneira da câmara convergente na câmara escura; reduz todas as dimensões e produz uma imagem muito mais bela do que a original. A cada ausência nos proporciona, parcialmente, a vantagem de sermos vistos sob este aspecto. Porque, mesmo para terminar a sua obra, a recordação idealizadora exige um tempo considerável para o seu trabalho começar imediatamente. Por isso é prudente não apresentar-se aos conhecidos e aos bons amigos senão com intervalo de tempo: ao revê-los, notará que a recordação já trabalhou.

[23] Ninguém pode *ver por cima de si mesmo*. Quero dizer com isso que não se pode ver em outro mais do que ele é, porque cada qual não pode compreender ao outro senão na medida de sua própria inteligência. Se esta é da espécie mais ínfima, todos os dotes intelectuais mais elevados não a impressionam de maneira alguma e não observa, neste homem de altas qualidades, senão o lado vil que existe em sua individualidade: todos os defeitos e todas as debilidades de temperamento e caráter. Eis aqui de que maneira está composto o homem invulgar aos olhos do homem vulgar. As faculdades intelectuais mais eminentes de um indivíduo não existem para os outros, como não existem as cores para o cego. É que o maior talento é invisível para os que não o possuem e todo o cálculo é o produto do valor estimado pela esfera de apreciação do estimador.

Daqui resulta que quem conversa com outro homem deve se colocar sempre a seu nível, uma vez que tudo o que tem demais desaparece na abnegação de si mesmo, que exige esta nivelação, ficando perfeitamente desconhecido. Se reflexionarmos, como a maioria dos homens que têm sentimentos e faculdades de ínfima categoria, em uma palavra, nos que são vulgares, se verá que é impossível falar com eles sem que o indivíduo se torne vulgar, durante este intervalo (por analogia, como a transmissão da eletricidade); compreender-se-á, então, o significado próprio e a verdade desta expressão alemã: *"sich gemein machen"* (emparelhar-se com o companheiro); tratar-se-á de evitar a companhia com a qual não se pode comunicar senão mediante a *partie honteuse* (a parte vergonhosa) de sua própria natureza. Compreender-se-á, também, que, em presença dos imbecis e dos insensatos, não temos senão uma maneira de demonstrar que temos razão: é não falar com eles. Não é verdade que, então, se poderia encontrar na sociedade muitos homens na situação de um bailarino que entra no salão, onde não existem senão aturdidos coxos? Com quem iria dançar?

[24] Concedo toda a minha consideração, como a um elegido entre cem que, estando desocupado, espera algo, não se põe imediatamente a bater ou a tamborilar com tudo o que lhe vem às mãos, com sua bengala, seu punhal, seu garfo ou qualquer outro objeto. É provável que esse homem pense em alguma coisa. Conhece-se na cara da maioria das pessoas que nelas a vista substitui o lugar do pensamento; tratam de assegurar-se de sua existência fazendo ruído, a não ser que tenham um cigarro na mão, que lhes faz o mesmo serviço. Pela mesma razão, são todos olhos, todos ouvidos para tudo o que passa ao seu redor.

[25] La Rochefoucauld observou, exatamente, que é difícil venerar e amar intensamente a alguém.[186] Temos que escolher, pois, entre a conquista do amor ou da veneração. Seu amor é sempre interessado, mesmo por diversos motivos. Ademais, as condições em que se adquire o amor não dão sempre o propósito para nos orgulhar dele. Antes de tudo, um sujeito far-se-á amar à medida do limite de suas preterições para encontrar talento e coração nos demais, seriamente, sem dissimulação e não em virtude dessa indulgência, que origina o desprezo. Para completar as premissas que ajudarão a deduzir a conclusão, recordemos esta sentença verdadeira de Helvécio: *O grande talento necessário para agradar-nos é uma medida constante, exata no grau do talento que temos.* Sucede tudo ao contrário quando se trata do apreço das pessoas; não se lhes arranca senão lutando corpo a corpo, ocultando-nos sempre algumas coisas. Por isso, ele nos proporciona uma satisfação interior muito maior e está em proporção com o nosso valor, provindo diretamente do amor das pessoas, porque este é subjetivo e o apreço é objetivo. O amor nos é seguramente mais útil.

---

186. Eis o texto da máxima à qual Schopenhauer se refere: *"Il est difficile d'aimer ceux que nous n'estimons point; mais il ne l'est pas moins ceux que nous estime beaucoup plus que nous".* (La Roch., Edit. da Bibliot. Nac. p. 71, 303.) (Nota do tradutor da edição francesa, J.-A. Cantacuzène.)

[26] A maioria dos homens é tão subjetiva que, no fundo, nada exerce interesse diante de seus olhos senão a si próprio. Daí resulta que, de qualquer coisa que se fale, pensam imediatamente em si mesmos e que tudo o que seja por casualidade remota se refere a algo que lhes afete, atrai e cative toda a atenção, que não tem liberdade para penetrar na parte objetiva da conversação; de igual maneira não temos razões válidas para eles, uma vez que contrariam seu interesse ou a sua vaidade. Assim, pois, se distraem tão facilmente e se ofendem ou se afligem que, quando se fala com eles do ponto de vista objetivo sobre qualquer matéria, não se pode ter uma relação possível, acaso moleste o precioso e o delicado eu que o homem tem dentro de si. Nada lhes interessa mais do que este eu e sendo assim não tem nem sentido e nem sentimento para o que é verdadeiro e notável, o belo, o delicado, e os engenhos dos outros; possuem a mais esquisita sensibilidade para tudo o que é remoto ou que indiretamente lhes possa afetar a mesquinha vaidade referindo-se desvantajosamente, de qualquer maneira que seja, ao seu inapreciável eu. Parecem-se, em sua sucetibilidade, a esses cãezinhos cuja pata é tão fácil pisar por descuido e cujos gritos temos que sofrer depois, ou a um enfermo coberto de chagas e varíola a quem temos que evitar cuidadosamente o seu contato. Há os que levam isto tão longe que sentem exatamente como a uma ofensa a opinião e o juízo que se lhes revela ou se não dissimularmos ao falar com eles. Calam-se, verdadeiramente, um momento; depois, aquele que não tem bastante experiência reflexionará e quebrará a cabeça em vão por saber o que pôde atrair seu rancor e seu ódio. Assim mesmo é fácil conglomerá-los e conquistar-lhes a confiança. Por conseguinte, sua sentença está comprovada geralmente, pois não é senão um decreto em favor de seu partido ou de sua classe e não um juízo objetivo e imparcial. Isso provém de que neles a vontade excede em muito a inteligência e de que seu débil entendimento está completamente submetido a serviço da vontade, da qual não se podem livrar um só momento.

Esta lastimosa subjetividade dos homens, a que nos referimos em público ou na sociedade, daquilo que se imprime nos livros até a sua pessoa, está superabundantemente fomentada pela astrologia, que refere a marcha dos grandes corpos do universo ao tímido eu e que encontra uma correlação entre os cometas no céu, as querelas e as misérias da terra. Sempre passei assim nas épocas mais remotas.[187]

[27] Não temos que nos desesperar pelo absurdo que se diz em público ou na sociedade daquilo que se imprime nos livros, pois aquilo

---

187. Cf. ESTOBEO. *Eclogae*, I, cap. 22, 9, p. 478.

é bem acolhido, pelo menos não é refutado; não temos que acreditar tampouco que isto ficará eternamente admitido. Saibamos, para o nosso consolo, que mais tarde, insensivelmente, o absurdo se aclarará, se elucidará, se meditará, se examinará, se discutirá e, ao mais das vezes, será julgado com justiça, de sorte que, depois de um transcurso de tempo variável, em razão direta com a dificuldade do assunto, quase todo o mundo acabará por compreender aquilo que o espírito lúcido tinha previsto à primeira vista. É verdade que desse ínterim devemos ter paciência. Porque um homem de juízo acertado e justo, entre pessoas que estão no erro, parece com aquele relógio que anda bem em uma cidade onde todos os relógios andam desacertados. Só ele sabe a hora certa; mas, que lhe importa? Todo o mundo se guia pelos relógios públicos, que marcam uma hora falsa, mesmo que alguns saibam que só o relógio do primeiro marca a hora exata.

[28] Os homens se parecem com os meninos que tomam maus costumes quando se lhes mima demasiadamente; não temos que ser muitos indulgentes nem muito amáveis com ninguém. Geralmente, não perdemos um amigo por termos negado a emprestar-lhe dinheiro, mas sim quando o emprestamos; de igual maneira não se lhe perderá por uma atitude altaneira ou desdenhosa, mas por um excesso de amabilidade e de atenções; então torna-se altaneiro, insuportável e não tardará em produzir-se a ruptura. O que os homens não podem suportar, sem voltar-se arrogantes e vaidosos, é a ideia de que se necessite deles. Em algumas pessoas, essa ideia nasce só porque se estabelecem relações ou se fale com eles de um modo familiar. Imaginam, em seguida, que somos obrigados a suportá-los e tratam de transpassar os limites da cortesia. Por esse motivo existem muito poucos indivíduos os quais se podem tratar com intimidade, especialmente quando temos que privar familiarmente com as naturezas inferiores. Se, por desgraça, um indivíduo dessa classe imagina que eu tenha muito mais necessidade dele do que ele tem necessidade de mim, então experimentará subitamente um sentimento como se eu o tivesse roubado em alguma coisa. Tratará de vingar-se e de reintegrar-se da suposta propriedade. Não ter nunca e de maneira alguma necessidade dos outros, isto é o que devemos compreender. Esse é o único modo de conservar nossa superioridade entre os conhecidos. É prudente fazer sentir a todos, homens e mulheres, que se pode muito bem prescindir deles. Isso fortifica a amizade e é bom que se introduza, às vezes, em nossa atitude para com a maioria deles uma partícula de desdém. Com isso concederão mais valor à nossa amizade. *"Chi non stima, vien stimato"* (Quem não estima é estimado),

disse muito bem um provérbio italiano. Se alguém tem realmente valor ao nosso juízo, temos que dissimulá-lo como se isto fosse um crime. Isso não é muito encantador, mas é certo. Apenas os cachorros sofrem a excessiva benevolência, os homens merecem muito menos.

[29] As pessoas de espécie nobre e dotadas de faculdades mais eminentes revelam, principalmente na sua juventude, uma falta surpreendente de conhecimentos dos homens e da arte de viver. Deixam-se facilmente enganar ou extraviar-se, ao passo que as naturezas inferiores sabem melhor e imediatamente sair do apuro no mundo. Isso provém de que, por falta de experiência, deve-se julgar *a priori* e de que, em geral, nenhuma experiência vale *a priori*. Nas pessoas de inteligência vulgar, este *a priori* lhes é proporcionado pelo próprio eu, o que não acontece com as naturezas nobres e distintas, porque, precisamente, estas se diferenciam daquelas. Avaliando, pois, os pensamentos e os atos dos homens vulgares com acerto aos seus próprios, o cálculo resulta falso.

Mesmo que um homem tenha aprendido *a posteriori*, isto é, pelas lições de outro e pela sua própria experiência, o que temos que esperar dos homens, mesmo quando tivéssemos compreendido que os cinco sextos deles estão conformados, tanto moral como intelectual, de tal forma que, aquele que não se vê obrigado pelas circunstâncias a pôr-se em relação com eles, age melhor em evitá-los e subtrair-se do seu contato. Mesmo que este homem não possa, apesar de tudo, ter um conhecimento suficiente da pequenez e da mesquinhez dos demais, terá que estender e que completar esta noção durante toda a sua vida, porém, até então fará muitos cálculos falsos em seu detrimento. Ademais, mesmo penetrado dos ensinamentos recebidos, lhe acontecerá, às vezes, que, encontrando-se em uma sociedade de pessoas a quem todavia não conhece, ficará maravilhado ao vê-las todas aparentar nas suas conversações que são razoáveis, leais, sinceras, honradas e virtuosas e acaso inteligentes e engenhosas. Porém, isto não lhe deve extraviar, porque provém sensivelmente de que a natureza não age como os poetas quando tem que apresentar um espertalhão ou um néscio, louvam-no tão grosseiramente e com uma intenção tão acentuada que se vê assomar atrás de cada personagem o autor, desautorizando constantemente o seu caráter e seus discursos e dizendo em alta voz, à maneira de advertência: "Esta é uma uva desgranada, este outro é um imbecil, não faça caso do que eles dizem". A natureza, pelo contrário, age à maneira de Shakespeare e de Goethe. Em suas obras, cada personagem, mesmo que seja o diabo, enquanto esteja em cena, fala como deve falar; é concebido de uma maneira tão objetiva e real que nos atrai e nos obriga a tomar parte em seus interesses. Semelhante às criações da natureza é o desenvolvimento de um princípio interior, em virtude do qual seus discursos parecem naturais, por conseguinte, necessários. Os que acreditam que no mundo os diabos nunca andam sem cornos e os loucos sem os guizos serão sempre vítimas e joguetes deles. Agreguemos a tudo isso que, em suas relações, as pessoas fazem o que a lua e os corcovados nos ensinam que não têm senão uma cara; têm um talhe inato para transformar o seu rosto por meio de uma mímica hábil, com o disfarce que representa exatamente o que deveriam ser, em realidade. Esse disfarce, cortado exclusivamente à medida de sua individualidade, se adapta e se ajusta tão bem que a ilusão é completa. Cada qual impõe-se sempre quando se trata de se acolher bem. Não deve tão pouco fiar-se dele mais do que o seu disfarce de tela encerada, recordando o excelente provérbio italiano: *Non è si triste cane, che non meni la coda* (Não há cão que por tão mau não mexa a sua cauda).

Preservemos, em todo o caso, de formarmos uma opinião favorável de um homem a quem acabamos de conhecer. Sentiríamos desiludidos com a grande confusão e acaso com detrimento próprio. As palavras de Sêneca também são dignas de nota: argumenta *"morum ex minimis quoque licet capere"*.[188] Outras observações dignas de se notar são, precisamente, nas coisas pequenas, em que não pensamos em nos preocupar com o gesto, pois o homem revela o seu caráter. Nas ações insignificantes, às vezes, em simples modalidades pode-se observar facilmente esse egoísmo ilimitado, sem considerações para nada, que não se desmentirá depois nas coisas grandes, mas que se dissimulará. Quantos detalhes semelhantes nos passam inadvertidos! Quando um indivíduo se conduz sem discrição alguma nos incidentes nímios da vida quotidiana, nos assuntos insignificantes da vida aos quais se aplica o *"De minimis lex nom curat"* (A lei não se preocupa de coisas insignificantes), quando não procura nessas ocasiões mais que o seu interesse ou a sua comodidade, em detrimento de outro ou se apropria do que está ali para servir a todos etc. Este indivíduo (está convencido deles) não tem no coração o sentimento da justiça; será também um esperto nas circunstâncias importantes, sempre que a lei ou a força não lhe ate as mãos; não permitais a esse homem que cruze os vossos humbrais. Sim, eu o afirmo, porque quem viola sem escrúpulos os regulamentos de seu *Casino* violará igualmente as leis do Estado, enquanto possa fazê-lo sem

---

188. *Epistulae*, 52. ["O homem demonstra seu caráter no modo como lida com banalidades." (N.T.)]

perigo.[189] Quando um homem com quem estamos em relações mais ou menos íntimas nos faz algo que nos desagrada ou nos molesta, não nos fica senão a pergunta de que se isso tem ou não bastante valor ao nosso juízo, para que aceitemos de sua parte, uma segunda vez e nas ocasiões cada vez mais repetidas um tratamento semelhante ou, seguramente, um pouco mais acentuado (perdoar e esquecer significam tirar as vantagens das experiências adquiridas com muita dificuldade). No caso afirmativo, tudo está dito, porque falar sensivelmente de nada servirá; então temos que deixar passar a coisa, com ou sem admonição. Devemos, porém, recordar que, desta maneira, atraímos benevolamente a repetição. Na segunda alternativa, devemos romper, imediatamente e para sempre, com o nosso querido amigo e se é um servente, despedi-lo para que não torne a reicindir. Porque, em outro caso, fará inevitavelmente e exatamente o mesmo, ou algo completamente análogo, ainda quando neste momento nos jurasse o contrário, em alta voz e sinceramente. Pode-se esquecer de tudo, exceto do seu próprio ser. O caráter é absolutamente incorrigível, porque todas as ações humanas partem de um princípio íntimo, em virtude do qual um homem deve agir sempre o mesmo em idênticas circunstâncias e não pode agir de outra maneira. Recomendo aqui a leitura cuidadosa de meu ensaio premiado sobre o livre-arbítrio, cujo estudo dissipará quaisquer ilusões que o leitor tenha sobre o assunto. Assim sendo, reconciliar-se com um amigo com o qual se tinha rompido é, pois, expiar, quando esteja na primeira ocasião propícia, a volta exata do mesmo motivo que tinha produzido a ruptura e até com mais segurança, porque temos a secreta consciência de sermos indispensáveis. Isto se aplica igualmente aos domésticos despedidos que retornam ao serviço. Não devemos tão pouco e pelo mesmo motivo confiar em um homem que se porte da mesma maneira que a vez anterior, quando as circunstâncias variam. Pelo contrário, a disposição e a conduta dos homens trocam imediatamente com o seu interesse; as instruções que se movimentam, emitem suas letras de câmbio a prazo tão breve que teria que dilatar o prazo para deixá-las passar sem protesto.

Suponhamos, agora, que quiséssemos saber como agiria uma pessoa em uma situação em que intentássemos colocá-la. Não podemos acreditar nas suas promessas e protestos. Porque mesmo que não admita que fale sinceramente, nem por isso deixa de falar de uma coisa que

---

189. Se nos homens, tais como são em sua maioria, o bom avantaja-se ao mau, seria mais certo fiar-se de sua justiça, de sua equidade, de sua fidelidade, de seu afeto ou de sua caridade que de seu temor; porém, como sucede o contrário, é o mais afável. (N.A.)

ignora. É, pois, pela apreciação das circunstâncias nas quais vai entrar em conflito com o seu caráter, pelo que teremos que dar conta de sua atitude.

Em síntese geral, para adquirir a compreensão nítida, profunda e necessária da verdadeira e triste condição dos homens, é eminentemente instrutivo empregar, como comentário ao seu procedimento e à sua conduta no terreno da vida prática, sua conduta no domínio literário e vice-versa.

Isso é muito útil para não enganar a si mesmo nem aos outros. Porém, no curso deste estudo nenhum rasgo de grande infâmia ou necessidade que encontramos na vida ou na literatura deve ser matéria para nos entristecer ou irritar-nos; deve servir-nos unicamente para instruir-nos quando se nos apresenta um complemento do caráter na espécie humana, que será bom não esquecermos. Desta maneira, examinaremos o assunto como o mineralogista considera um exemplar bem caracterizado de um mineral que lhe vem às mãos. Há exceções, que são incompreensivelmente grandes porque as diferenças entre as individualidades são imensas; porém, considerado em conjunto, como já disse há pouco, o mundo é mau; os selvagens se devoram entre si e os civilizados se enganam mutuamente e aqui está a significação daquilo que chamam de "a marcha do mundo".[190] Os Estados com seus engenhosos mecanismos, dirigidos contra o exterior e o interior e com seus meios de violência não são senão medidas estabelecidas para traçar limites à iniquidade ilimitada dos homens. Não vemos na história inteira alguns reis que consolidam e desfrutam de alguma prosperidade aproveitar-se, para cair com seu exército, como em uma sortida de bandidos, sobre os Estados vizinhos? Não são no fundo todas as guerras atos de banditismos? Na antiguidade remota, assim como em uma boa parte da Idade Média, os vencidos tornavam-se escravos dos vencedores, os quais, no fundo, equivalia a dizer que deviam trabalhar para estes, porém, os que pagam contribuições de guerra devem fazer outro tanto, isto é, entregar o produto de seu trabalho anterior. *Dans tout les guerres, il ne s'agit que de voler* (Em todas as guerras não trata senão de roubar), escreveu Voltaire, e que os alemães guardem bem essa sentença.

[30] Nenhum caráter pode abandonar a si mesmo e deixar que tudo corra por completo; necessita de ser guiado por noções e máximas. Porém, levando as coisas ao extremo, se quisesse fazer do caráter não o

---

190. A evolução estava no ar, Spencer tinha-lhe prevista em seu célebre ensaio; Schopenhauer, aqui, mostra-se em tudo um predecessor de Darwin; acha na luta o meio da marcha do mundo. (N.T.)

resultado da natureza inata, mas unicamente o produto de uma deliberação racional, por conseguinte, um caráter integralmente adquirido e artificial, imediatamente se veria confirmada a sentença latina que diz: "*Naturam expellas furca, tamen usque recurret*".[191]

Poder-se-ia compreender muito bem, até descobrir e formular admiravelmente uma regra de conduta para com os demais na vida real, pecar-se desde o princípio contra eles. Não temos que perder valor por isso e crer que seja impossível dirigir a conduta na vida social por regras e máximas abstratas e que valha mais, por conseguinte, deixar-se ir do que sair. Porque acontece com estas como com todas as instruções e direções práticas. Compreender a regra é uma coisa e apreender a aplicá-la é outra. A primeira se adquire pela inteligência e a segunda, pouco a pouco, pelo exercício. Ensina-se ao discípulo as teclas de um instrumento, as paradas e os ataques ao florete, mas, por melhor que seja a sua boa vontade, engana-se imediatamente, e imagina então que recordar essas lições na rapidez da leitura musical ou no ardor do combate é uma coisa quase impossível. E, à força de titubear, de cair, pouco a pouco, o exercício acaba por ensiná-lo. O mesmo acontece com as regras gramaticais, quando se aprende a ler e a escrever em latim. De outro modo, o palúrdio não se tornaria cortesão; o cérebro obtuso, um homem distinguido no alto mundo; o homem fraco, um taciturno; o nobre, um sarcástico. Essa educação de si mesmo, obtida pela dilatação do costume, agirá sempre como um esforço vindo do exterior, ao qual a natureza nunca cessa de se opor e apesar de tudo chega, às vezes, a romper inesperadamente. Porque toda a conduta que tem por modelos máximas abstratas refere-se a uma conduta movida pela inclinação primitiva e inata, como um mecanismo feito pela mão do homem, um relógio, por exemplo, em que a forma e o movimento impõem-se a uma matéria que lhes é estranha, referindo-se a um organismo vivo, onde forma e matéria se penetram mutuamente e se identificam. Esta relação entre o caráter adquirido e o caráter natural confirma o pensamento enunciado pelo Imperador Napoleão: *Tout ce qui n'est pas naturel est imparfait* (Tudo o que não é natural é imperfeito). Isto é certo tanto no físico como na moral e a única exceção a esta regra que me recordo é a aventura natural que não tem o mesmo valor da artificial.

Assim, pois, guardemo-nos de qualquer afetação. Esta provoca sempre o desprezo: em primeiro lugar, é um engano, porque se funda no medo; ademais, implica condenação de si mesmo, posto que se quer

---

191. "Em vão desterras o natural, outra vez voltará." (*Epistulae*, I. 10, 24.) (N.T.)

aparentar o que não se calcula ser melhor do que é. O feito de afetar qualidade, de vangloriar-se dela, é uma confissão de que não a possui. Quando uma pessoa se vangloria de qualquer coisa: valor ou instruções, inteligência ou engenho, êxitos com as mulheres ou riquezas, nobreza etc., se poderá deduzir que é precisamente a esse respeito no que lhe falta algo, porque aquele que possui real e completamente uma qualidade não pensa em exibi-la nem afetá-la; pode ficar perfeitamente tranquilo sobre este respeito. Este é, também, o sentido do provérbio espanhol: *Herradura que chocoletea, clavo le falta*.[192] Não se deve, indubitavelmente, como dissemos, afrouxar por completo as rendas e revelar-se absolutamente tal como somos, porque o aspecto mau e bestial de nossa natureza é considerável e necessitamos de ocultá-lo; porém, isso não legitima senão o ato negativo, a dissimulação, do lado positivo. Temos que saber, também, que se reconhece a afetação em um indivíduo antes de notar claramente o que lhe afeta com exatidão. Isso, porém, não dura muito e dia virá em que o disfarce cairá por si mesmo. "*Nemo potest personam diu ferre fictam. Ficta cito in naturam suam recidunt*".[193]

[31] Do mesmo modo que se leva o peso do próprio corpo sem senti-lo, como se sentiria o de todo o corpo estranho se quiséssemos movê-lo, assim mesmo só notamos os defeitos e os vícios dos outros e não vemos os nossos. Cada homem possui no outro um espelho, no qual pode ver com clareza seus próprios vícios, seus defeitos, suas modalidades grosseiras e repugnantes. Faz, porém, comumente, como o cão que ladra no espelho porque não sabe que é ele mesmo quem está ali e imagina ver outro cão. Quem critica aos demais trabalha na sua própria emenda. Aquele que tem uma tendência habitual a submeter tacitamente em seu foro íntimo os costumes dos homens, tudo o que fazem ou o que não fazem, a uma crítica atenta e severa, trabalha também em corrigir-se e aperfeiçoar-se a si mesmo, porque terá bastante equidade, ou ao menos bastante orgulho e vaidade para evitar aquilo que tantas vezes censurou asperamente. O contrário é o certo para os tolerantes: "*Hanc veniam damus petimusque vicissim*".[194] O Evangelho moraliza, admiravelmente, aqueles que veem a palha nos olhos do vizinho e não veem a viga nos seus. Notar e censurar os defeitos dos outros é um meio próprio para fazer sentir os nossos. Essa regra é boa, especial-

---

192. Em espanhol no texto original. (N.T.)
193. SÊNECA. *De Clementia*, l. I, c. I. ["Ninguém pode suportar por muito tempo o disfarce. Tudo o que está disfarçado retorna à sua natureza." (N.T.)]
194. "É um privilégio que reclamo e que concedo reciprocamente." (HORÁCIO. *Ars Poetica*, II.) (N.T.)

mente quando se trata do estilo e da maneira de escrever; aquele que nesta matéria admira qualquer nova loucura, em lugar de censurá-la, terminará por imitá-la. Daí provém porque na Alemanha essa classe de loucura se propaga tão rapidamente. Os alemães foram muito tolerantes e é fácil certificar-se disso. *Hanc veniam damus petimusque vicissim*, eis aqui a sua divisa.

[32] O homem de condição nobre, durante a sua juventude, acredita que as relações essenciais decisivas, aquelas que criam os verdadeiros laços entre os homens, são de natureza ideal, isto é, estão fundamentadas na conformidade do caráter, da inclinação, do espírito, do gosto, da inteligência etc. Mais tarde, porém, nota que são as reais, isto é, as que se fundam no interesse material. Estas são as que formam as bases de todas as relações e a maioria dos homens ignora totalmente que existam outras. Por conseguinte, cada qual é escolhido em razão de seu cargo, de sua profissão, de seu país, ou de sua família, em geral, segundo a sua posição e o papel que se lhes concederam pela conveniência; segundo ela, escolhe-se as pessoas e se as classifica como em uma papeleta de fábrica. Pelo contrário, o que um homem é em si e por si, em virtude de suas qualidades próprias, não é tomado em consideração senão a capricho, por exceção; cada qual atira essas coisas a um lado quando lhe convém e faz como se ignorasse tudo com grande despreocupação. Quanto mais valor pessoal tem um homem, menos poderá convir-lhe esta classificação. Tratará de subtrair-se a ela. Notemos, de passagem, que esta maneira de proceder está baseada em que, neste mundo, onde reinam a miséria e a indigência, os recursos que servem para desterrá-las são essenciais e necessariamente predominantes.

[33] Do mesmo modo que o papel circula em vez da prata, assim também, em lugar do apreço e da amizade verdadeiras, suas demonstrações e aparências são imitadas o mais naturalmente possível, para terem curso no mundo. É verdade que se poderia perguntar se existe verdadeiramente pessoas que mereçam o apreço e a amizade sinceras. Seja como for, tenho mais confiança no cachorro leal, quando movimenta a cauda, do que em todas essas demonstrações e fórmulas que com tanta abundância são distribuídas pela chamada gente bem educada.

A verdadeira amizade pressupõe que o homem toma parte enérgica, puramente objetiva e completamente desinteressada na felicidade e na desgraça do outro e essa participação supõe, por sua vez, uma verdadeira identificação do amigo com o amigo. O egoísmo da natureza humana é de tal maneira oposto a esse sentimento que a verdadeira amizade forma parte dessas coisas, das que não se sabe, como a grande serpente do mar, se pertence à fabula ou se existe em algum lugar. Não obstante, encontram-se, às vezes, entre os homens algumas relações que, mesmo que se fundem essencialmente em motivos secretamente egoísticos e de natureza diferente, vão adicionados com um grão dessa amizade verdadeira e sincera, a qual é suficiente para lhes dar o selo da nobreza, que podem, nessas imperfeições, levar com algum direito o nome de amizade. Elevam-se acima das amizades de todos os dias; estas são, porém, exceções, porque se dirigíssemos a palavra à maioria de nossos conhecidos e ouvíssemos como falam de nós em nossa ausência, então certificaríamos de nossas amizades.

Ademais, nos casos em que se necessitam de socorros sérios e sacrifícios consideráveis, a melhor ocasião para provar a sinceridade de amigo é o momento em que anunciamos uma desgraça que acaba de nos suceder. Então veremos esboçar em suas faces uma verdadeira aflição, por um traço que se esboça fugitivamente, confirmando a máxima de La Rochefoucauld: "*Dans l'adversité de nos meilleurs amis, nous trouvons toujours quelque chose qui ne nous déplait pas*".[195] Os que habitualmente se chamam amigos apenas podem, nessas ocasiões, reprimir o estremecimento insignificante e o ligeiro sorriso de satisfação. Temos poucas coisas que exaltam às pessoas de bom humor como a relação de algumas calamidades que sobreviveram a alguma pessoa ou a confissão sincera de suas debilidades pessoais. Isso é verdadeiramente característico.

O isolamento e a ausência prolongados prejudicam a qualquer amizade, se bem que as pessoas não confessem isso de bom grado. Mesmo que as pessoas fossem nossas melhores amigas, insensivelmente, com o transcorrer do tempo, evaporam-se os estados de noções abstratas, o que faz que o nosso interesse por eles se convertam, cada vez mais, em um assunto de raciocínio e de tradição; o sentimento vivo e profundo está reservado para os que temos à vista, mesmo que esses não fossem senão os animais que gostamos. A natureza humana é guiada pelos sentidos. Mais uma vez tem razão Goethe, ao dizer:

Die Cegenwart ist eine mächtige Göttin.[196]

Os "amigos da casa" podem ser chamados com esse nome, porque estão mais aderidos à casa do que ao dono; parecem-se mais com os gatos do que com os cachorros.

---

195. "Na adversidade de nossos melhores amigos encontramos sempre algo que não nos desagrada." (N.T.) [Em realidade Rochefoucauld não diz: "nous trovons *toujours*" mas "nous trouvons *souvant*..." (Nota do tradutor da edição francesa, J.-A. Cantacuzène.)]

196. Tasso, ato 4, cena 4. ["O momento presente é uma poderosa divindade." (N.T.)]

Os amigos se dizem sinceros; os sinceros são os inimigos; assim para aprender a conhecer-se a si mesmo, deveria tomar a sua censura como se tomasse um medicamento amargo.

Como se pode supor que os amigos são raros na necessidade? Apenas se faz amizade com um homem, ei-lo imediatamente na necessidade de lhe pedir dinheiro.

[34] Só o noviço pode acreditar que revelar engenho e bom juízo é um meio de se fazer acolher bem na sociedade! Muito ao contrário, isso desperta na maioria das pessoas um sentimento de ódio e de rancor; tanto mais acerbo quanto mais aquele que o sente não esteja disposto a declarar os motivos, dissimulando a si mesmo. Eis aqui os detalhes dessa ocorrência: de dois interlocutores, enquanto um observa e comprova uma grande superioridade no outro, deduz, tacitamente, e sem ter dele consciência absoluta, que este outro observa e comprova no mesmo grau a inferioridade e o espírito limitado do primeiro. Essa oposição excita o seu ódio, o seu rancor e a sua raiva amarga.[197] Assim Gracian disse, com razão: *Para ser bienquisto, el único medio es vestirse la piel del más simples de los brutos.*[198] Revelar talento e juízo não é uma maneira desfigurada de acusar aos outros de incapacidade e de tolice? Uma natureza vulgar se rebela à vista de uma natureza oposta; o fator secreto da rebeldia é a inveja.[199] Porque, satisfazer a vaidade é, como se pode ver em qualquer ocasião, um gozo que, entre os homens, excede a qualquer outro, porém, que não é possível senão em virtude de uma comparação entre eles mesmos e os demais. Não há méritos que se orgulham mais do que os da inteligência, supondo que nesses se fundamentam sua superioridade intelectual em respeito à dos animais.[200] É, pois, a maior temeridade demonstrar-lhes uma superioridade intelectual marcada, sobretudo, diante de testemunhas. Isso provoca sua vingança e, geral-

---

197. Cf. *O mundo como vontade e representação*, vol. II, cap. 19, onde cito Dr. Johnson e Merck, o amigo de juventude de Goethe.

198. Cf. *Oraculo Manual, y Arte de Prudencia*, 240. Obras, Amberes, 1702, Parte II, p. 287.

199. Uma minoria de homens almeja o poder dos outros; arma uma revolução, dá o golpe e derruba por pura inveja os seus antecedentes. Muito bem fez Schopenhauer em dizer esta verdade! E George Santayanna confirma com melhores razões: todas as revoluções trazem os vícios conatos das que lhes precederam... quando são feitas por certas classes sociais. (*Sceptism and Animal Faith*). (N.T.)

200. Pode-se dizer que o homem deu a si próprio a vontade, pois essa é o homem em si mesmo. O intelecto, entretanto, é uma dádiva que recebeu dos céus, isto é, do eterno e misterioso destino e de sua necessidade, da qual sua mãe foi um mero instrumento. (N.A.)

mente, tratará de exercê-la por meio de injúrias, porque assim passa do domínio da inteligência ao da vontade, na qual todos somos iguais. Se a posição e a riqueza podem contar sempre com as considerações da sociedade, as qualidades intelectuais não devem contar com elas de nenhuma maneira; o melhor que se pode fazer é não prestar atenção a elas; se a consideramos como a uma espécie de impertinência ou como um bem que a sua propriedade adquiriu por meios ilícitos e que propõe, em silêncio, infligir ulteriormente alguma humilhação a este propósito, não espera para isso senão uma ocasião favorável.

Apenas por uma atitude das mais humildes, conseguirá arrancar o perdão da superioridade de seu espírito, como se arrancasse uma esmola. Saadi disse no *Gulistan:* "*Saiba que no homem ininteligente há cem vezes mais aversão contra o inteligente que deste em relação ao primeiro*". Pelo contrário, a inferioridade intelectual equivale a uma carta de recomendação. Porque o sentimento benfeitor da superioridade é para o espírito assim como o calor é para o corpo; cada qual se aproxima do indivíduo que lhe proporciona esta sensação, pelo mesmo instinto que lhe impulsa a aproximar-se de um lugar ou passear sob o sol. Para isso, unicamente, é bom o ser decididamente inferior: nas faculdades intelectuais entre os homens, em beleza entre as mulheres. Temos que confessar que, para aparentar inferioridade não simulada, em presença de muitas pessoas, é preciso possuir-lhe uma dose respeitável. Vemos com que cordial amabilidade vai uma jovem medianamente linda ao encontro daquela que é horrorosamente feia. O sexo masculino não concede grande valor às faculdades físicas, mesmo que prefira se encontrar ao lado de um homem mais pequeno, do que ao lado de um homem mais alto.

Em consequência, os homens imbecis e ignorantes são os mais procurados e mais mimados em todas as partes; entre as mulheres, as feias, porque a sua reputação fica criada por ter um coração excelente, toda a vez que necessite de um pretexto para justificar sua simpatia aos seus olhos e aos olhos dos demais. Pela mesma razão, toda a superioridade de espírito tem a propriedade de isolar; fogem dela, odeiam-na e para ter um pretexto atribuem-lhe defeitos de todas as classes.[201] A beleza

---

201. Para abrir caminho no mundo, amizades e camaradagem são, entre tudo, o meio mais poderoso. As grandes capacidades dão orgulho e, neste caso, não estão acostumadas a adular aos que não as têm e ante os quais, por causa disso, têm que dissimular e renegar as suas altas qualidades. A consciência de não possuir recursos limitados age inversamente: acomoda-se perfeitamente com a humildade, a afabilidade, a complacência e o respeito, a tudo quanto é mau; ajuda, por conseguinte, a arranjar amigos e protetores. Isso não se aplica somente aos cargos do Estado, mas também aos empre-

produz, entre as mulheres, o mesmo efeito; as jovens, quando são belas, não encontram amigas nem sequer companheiras. Não devem sonhar apresentar-se em parte alguma para ocupar o posto de senhorita de companhia, pois se assim o fizesse, logo o semblante da dama, em cuja casa espera entrar, ficará turvo, porque, seja por conta própria, ou seja por conta das próprias filhas, não tem necessidade alguma de uma linda figura. Pelo contrário, nada disso acontece quando se trata das vantagens da posição, porque estas não agem como os méritos pessoais, por efeito de contraste e de relevo, mas por via de reflexão, como as cores que nos rodeiam quando se refletem no semblante.

[35] A negligência, o egoísmo e a vaidade representam muitas vezes a parte mais importante na confiança que demonstramos aos outros: negligência quando, para não examinar, analisar e agir por nós mesmos, preferimos confiar nos outros; egoísmo, quando a necessidade de falar de nossas coisas nos leva a lhes fazer algumas confidências; vaidade, quando estas coisas são de tal natureza que nos ensoberbecem. Mas exigimos que apreciem nossa confiança.

Nunca deveríamos, pelo contrário, irritar-nos pela desconfiança, porque implica em uma cumplicidade à honradez, a confissão sincera de sua extraordinária raridade, em virtude da qual pertence essa coisa, cuja existência se põe em dúvida.

[36] Expus na minha *Moral* uma das bases da cortesia, essa virtude cardial dos chineses; a outra é a seguinte: a cortesia se funda em um convênio tácito para não se anotar nuns e noutros a miséria moral e intelectual da condição humana e para não a atirar mutuamente da casa, donde resulta em benefício de ambas as partes, pois aparece menos facilmente.

Cortesia é prudência; descortesia é tolice; criar inimigos por ser grosseiro, sem necessidade alguma e com grande satisfação de ânimo, é loucura, é como se ateasse fogo na sua própria casa. Porque a cortesia é como as fichas do jogo, uma moeda notoriamente falsa; economizá-la demonstra ser um homem sem juízo; gastá-la com liberalidade, um homem de razão. Todas as pessoas terminam suas cartas com *Votre très--humble serviteur, Your most obedient servant, Suo devotissimo servo*; só os alemães suprimem o *diener* (servidor), porque dizem que não é certo. Pelo contrário, aquele que leva a cortesia até ao sacrifício de interesses reais se parece a um homem que dá moedas de ouro em vez de fichas.

---

gos honoríficos, às dignidades e até à glória no mando das ciências; nas academias, os medianos bonacheirões e os inofensivos ocupam sempre os altos postos e as pessoas de mérito jamais entram ou não entram nunca; o mesmo acontece em todas as coisas. (N.A.)

Assim como a cera, dura e resistente por natureza, torna-se maleável mediante um pouco de calor, que toma a forma que se quer, assim se pode, com um pouco de cortesia e de amabilidades, fazer dóceis e complacentes até aos homens hostis e rudes.

Assim, pois, a cortesia é para o homem o que o calor é para a cera. A cortesia é, verdadeiramente, uma árdua tarefa, pois nos impõe testemunhos de consideração para todos, pois que a maioria não merece nenhuma; ademais, exige que finjamos o mais vivo interesse quando devemos alegrar-nos de não o ter. Unir a cortesia com a dignidade é um golpe de mestre.

Como as ofensas consistem sempre no fundo em manifestações de falta de considerações, não poderíamos, tão facilmente, fora de nós, se por uma parte não abrigássemos uma opinião muito exagerada de nosso valor e de nossa dignidade, e o orgulho desmesurado de si mesmo e tivéssemos dado conta do que geralmente os outros pensam a nosso respeito no fundo de seu coração. Que contraste entre a sucetibilidade da maioria das pessoas pela mais ligeira alusão crítica dirigida contra elas, o que teriam que ouvir se pudessem supreender o que dizem delas os conhecidos! Mas, vale recordarmos sempre que a cortesia não é senão um disfarce capcioso; desta maneira não poderíamos soltar gritos de pavão real sempre que o disfarce se levantasse um pouco ou se abaixasse por alguns instantes. Quando um indivíduo se torna francamente grosseiro, é como se se despojasse de suas roupas e se apresentasse *ina puris naturalibus*. Temos que confessar que isso é muito feio, como a maioria das pessoas neste estado.

[37] Nunca devemos tomar como modelo do outro para o que se quer fazer ou não fazer, porque as situações, as circunstâncias e as relações não são sempre idênticas e porque a diferença de caráter dá, também, um tom muito distinto à ação; por isso *duo cum faciant idem, non est idem* (quando dois fazem a mesma coisa já não é a mesma coisa). Depois de madura reflexão e meditação séria, temos que agir conforme o nosso próprio caráter. Assim, pois, também na prática é indispensável a originalidade; sem ela o que um faz não está de acordo com o que um é.

[38] Não combatais a opinião dos outros; pensai que se quiséssemos dissuadir as pessoas de todos os absurdos que cometem não teríamos acabado a tarefa, ainda mesmo que chegássemos à idade de Matusalém.

Abstenhamo-nos também na conversação de qualquer observação crítica, mesmo que se faça com a melhor intenção, porque ferir as pessoas é fácil, corrigi-las é difícil e quase impossível. Quando os absurdos de uma conversação que estamos ouvindo começam a nos irritar, devemos imaginar que assistimos a uma cena de comédia entre dois loucos. *Probatum est* (Está provado). O homem nascido para instruir o mundo sobre os assuntos mais importantes e sérios pode considerar-se afortunado quando sai são e salvo.

[39] Aquele que quer com sua opinião cimentar o seu crédito deve enunciá-la firmemente e sem paixão. Porque todo o arrebatamento procede da vontade; logo, a esta, e não à inteligência, que é fria por natureza, se deve atribuir o juízo emitido. Sendo a vontade o princípio radical no homem e não sendo o conhecimento mais que secundário e acessório, deve-se considerar o juízo emitido como nascido da vontade excitada, isto é, a excitação da vontade produzida pelo juízo.

[40] Não temos que elogiar a nós próprios, mesmo que se tenha o direito disso. Porque a vaidade é coisa tão comum e o mérito, pelo contrário, é coisa tão rara, que sempre nos parece que envaidecemos, mesmo que seja indiretamente, todos apostarão, cem contra um, como aquilo que falou pela nossa boca é a vaidade, porque não tem bastante razão para compreender o ridículo da arrogância. Não obstante, Bacon de Verulamio poderia não estar de todo equivocado quando pretendeu que o *semper aliquid haeret* (sempre fica algo) não é certo somente na calúnia, mas também no envaidecimento de si mesmo, a recomendação de doses moderadas.[202]

[41] Quando se suspeita que alguém mente, devemos fingir credulidade; então o mentiroso se torna desavergonhado, mente mais gravemente e lhe descobrimos a fraude. Se notamos, pelo contrário, que uma verdade que quisera dissimular se lhe subtrai uma parte, tornamo-nos incrédulos a fim de que ele, provocado pela contradição, agregue outras reservas.

[42] Consideremos todos os nossos assuntos pessoais secretos; mas além do que os bons amigos veem com seus próprios olhos, temos que permanecer completamente desconhecidos. Porque o que podem saber no tocante às coisas mais inocentes pode nos ser funesto em outras ocasiões. Em geral, vale mais manifestar a razão por tudo o que se cala do que por tudo o que se diz. O efeito da prudência está no primei-

---

202. Cf. *De augmentis scientiarum*, Leiden, 1645, l. VIII, c. 2, p. 644 s. [Schopenhauer refere-se à passagem na obra de Bacon [Sir Francis Bacon (1561-1626), célebre filósofo inglês, considerado o fundador do método experimental] onde é dito: "Assim como se diz comumente da calúnia que, quando lançada gravemente, sempre fica algo, pode-se dizer da jactância (quando não é completamente vergonhosa e ridícula) que, quando nos elogiamos abertamente, sempre fica algo". (N.F.)]

ro caso e o da vaidade no segundo. As ocasiões de silêncio e de falar apresentam-se em igual número, porém, muitas vezes preferimos a fugitiva satisfação que nos proporciona a última em proveito da duração que tiramos da primeira. Deveria o homem negar-se a esse alívio de espírito[203] que se sente, às vezes, em falar em voz alta a si mesmo, o qual acontece facilmente com as pessoas nervosas, para que não se tomasse o costume, porque com isso, o pensamento se torna de tal maneira a alma e o irmão da palavra que, insensivelmente, chegamos a falar, também, com os demais como se pensássemos em alta voz; e sem embargo, a prudência ordena abrir um abismo entre o pensamento e a palavra.

Parece-nos, às vezes, que os demais não podem de nenhuma maneira crer em uma coisa que nos interessa, sendo assim, não pensam, de nenhum modo, em duvidar delas; se nos ocorre que despertamos neles essa dúvida, então, não poderão nos conceder grande crédito. Não traímos, porém, unicamente na ideia de que é impossível que não se note alguma coisa. Precipitamo-nos de uma grande altura pelo efeito de uma vertigem, isto é, do pensamento de que não é possível permanecer solidamente ali, sendo tão agudo que vale mais a pena abreviá-lo. Esta ilusão se chama vertigem.

Por outra parte, temos que saber que as pessoas, ainda aquelas que revelam uma mediana perspicácia, são excelentes matemáticos quando se trata dos assuntos pessoais dos demais. Nesta matéria, dada uma só quantidade resolvem os problemas mais complicados. Se, por exemplo, se lhes conta uma história passada, suprimindo todos os nomes e todas as demais indicações sobre as pessoas temos que nos livrar de introduzir na narrativa o menor detalhe positivo e especial, como a localidade, a data ou o nome de um personagem secundário, ou qualquer outra coisa que tenha com o assunto a conexão mais remota, com ajuda da sua perspicácia algébrica, deduzem as demais. A exaltação da curiosidade é tal que, nestes casos com o seu socorro, a vontade esporeia os flancos do entendimento que, impulsado desta maneira, chega aos resultados mais distantes. Porque à medida que os homens têm pouca aptidão e curiosidade para as verdades gerais, tornam-se ávidos de verdades individuais.

Por isso o silêncio é recomendado com tantas instâncias por todos os doutores na sabedoria, que com os argumentos mais diversos sustentam o seu apoio. Não tenho, pois, necessidade de dizer mais e me contentarei com reproduzir algumas máximas árabes:

---

203. Quando Rousseau escreveu as *"Confissões"* descarregou o seu inconsciente. Esta fonte é principalmente uma procedência freudiana. (N.T.)

O que teu inimigo não deve saber não o digas a teu amigo.

Devo guardar o meu segredo; é o meu prisioneiro; enquanto eu o solto, converto-me em seu prisioneiro.

Da árvore do silêncio recolho o seu fruto: a tranquilidade.

[43] Não há dinheiro melhor colocado do que aquele que temos deixado roubar, porque nos serve logo para comprar a prudência.

[44] Não guardemos animosidade contra ninguém, se isso for possível; contentemo-nos com notar os "procedimentos" de cada um; recordemos, para estabelecer, com isso, o valor de cada qual, ao menos no que nos atinge e para regular, em consequência, nossa atitude e nossa conduta para com as pessoas; estejamos sempre bem convencidos de que o caráter jamais varia; esquecer uma ação vil é atirar pela janela o dinheiro penosamente adquirido. Seguindo esta recomendação, o homem ficará protegido contra a confiança desordenada e a louca amizade.

"Nem amar nem odiar": esta regra encerra a metade de toda a sabedoria. *"Não dizer nada e não crer em nada"*: eis aqui a outra metade. Em verdade deveríamos voltar as costas ao mundo que não nos legisla necessárias regras como estas.

[45] Revelar ódio ou cólera nas palavras ou nos gestos é inútil, perigoso, imprudente, ridículo e vulgar. Não se deve, pois, manifestar cólera ou ódio senão por atos. É a segunda maneira de se obter êxitos quanto mais se preserva o homem da primeira. Os únicos animais venenosos são os de sangue frio.

[46] *Parler sans accent* (Falar sem paixão): esta regra antiga nos ensina que devemos deixar à inteligência dos demais o cuidado de decifrar o que tínhamos dito; sua compreensão é lenta e antes que haja terminado estamos muito longe. Pelo contrário, *parler avec accent* (falar com paixão) significa dirigir-se ao sentimento e então tudo ficará transformado. Há pessoas as quais com um gesto cortês e um tom amistoso se lhes pode dizer, em realidade, tolices, sem perigos imediatos.

4. Sobre a nossa conduta diante da marcha do mundo e da sorte

[47] De qualquer forma que se reveste a existência humana, seus elementos são sempre semelhantes; as condições essenciais seguem sempre identificadas, mesmo que se viva em uma cabana, na corte, no

convento, ou no exército. Apesar de sua variedade, os acontecimentos, as aventuras, os acidentes felizes ou as desgraças da vida recordam os artigos de confeitaria; as figuras são numerosas e variadas, no aspecto e no colorido. Tudo, porém, é feito da mesma massa; os incidentes ocorridos a um homem se parecem aos sobrevindos aos outros, mais do que este pensasse ao ouvi-los contar. Os acontecimentos de nossa vida assemelham-se, também, às imagens do caleidoscópio: em cada volta vemo-las distintamente, sendo que a realidade é sempre a mesma que temos diante dos olhos.

[48] Três forças dominam o mundo, disse, exatamente, um antigo: *prudência, força* e *sorte*. Esta última é, ao meu juízo, a mais influente. Porque o curso da vida pode comparar-se à marcha de um navio. A sorte, a *secunda aut adversa fortuna* (a próspera ou sorte adversa), desempenha o ofício do vento, que rapidamente nos arrasta para frente ou para trás, enquanto nossos próprios esforços e nosso trabalho servem apenas como um débil anteparo. Seu ofício é o dos remos; quando estes, depois de muitas horas de trabalho, nos fizeram avançar um pouco, eis que de repente uma lufada de vento nos faz retroceder outro tanto. Se o vento, pelo contrário, é favorável, nos arrasta tão bem que podemos prescindir dos remos. Um provérbio espanhol expressa com uma energia incomparável o poder da sorte: *"Da ventura a tu hijo, y échalo en el mar"* (dá ventura a teu filho e lança-o no mar).

O azar, porém, é uma potência maligna, no qual temos que nos fiar muito pouco. Qual é, pois, entre todos os que dispensam bens, o único que, quando nos dá, indica ao mesmo tempo, sem deixar lugar a enganos, que não temos nenhum direito a aspirar aos seus dons, que devemos dar graças a eles, não aos nossos méritos, mas só a sua bondade e favor e que, por causa disso, podemos abrigar a esperança regozijada de receber com humildade muitos outros dons, poucos merecidos? O azar sabe que a arte de presentear compreende o oposto ao seu favor e à sua graça, pois qualquer mérito carece de força e de valor.

Quando dirigimos as vistas para trás do caminho da vida, e quando abrangemos, em conjunto, seu curso tortuoso e pérfido como o labirinto, vemos tantas existências fracassadas, tantas desgraças provocadas, que qualquer pessoa se inclinaria facilmente a exagerar as acusações contra si mesma. Porque a marcha de nossa existência não é obra própria, é produto de dois fatores: a série de acontecimentos e a série de nossas decisões que, sem cessar, se cruzam e se modificam reciprocamente. O nosso horizonte, para ambos os fatores, é sempre muito limitado, supondo que não podemos prescindir nossas decisões antecipadamente e ao menos prever os acontecimentos. Em ambas as séries, só as do momento nos são conhecidas. Por isso, enquanto o nosso fim está ainda distante, não podemos dirigir o barco para onde queremos. Podemos, quando muito, dirigi-lo por aproximação e por probabilidade; às vezes, precisamos fazer muitos rodeios. Tudo o que podemos fazer é decidirmo-nos em relação aos acertos das circunstâncias presentes, com a esperança de acertar o fim principal. Neste sentido, os acontecimentos e nossas resoluções importantes são comparáveis a duas forças que agem distintamente em várias direções e cuja diagonal representa a marcha de nossa vida: "*In vita est hominum quasi cum ludas tesseris: si illud, quod maxime opus est jactu, non cadit, illus quod cecidit forte, id arte ut corrigas*".[204] É provável que tivesse em mente um jogo similar ao gamão. Podemos dizer, brevemente: a sorte embaralha as cartas e nós jogamos. Para expressar o que quero dizer com isto, a melhor comparação é a seguinte: as coisas se sucedem na vida como no jogo de xadrez: combinamos um plano, porém, este fica subordinado ao que o adversário fizer; tal a vida, tal a sorte. As modificações que nosso plano sofre, consequentemente, são, às vezes, tão consideráveis que apenas na execução distinguimos alguns rasgos fundamentais.

No transcurso de nossa existência há algo superior a tudo isso. É, efetivamente, uma verdade vulgar e muitas vezes confirmada de que somos mais tolos do que pensamos. Ser néscio mais do que se supõe é uma descoberta que só os que se encontravam nesse caso podem fazê-lo e assim mesmo o fazem depois de muito tempo. Há, em nós, algo mais profundo do que o cérebro. Nos grandes momentos, nos passos mais importantes de nossa vida, agimos sem conhecimento exato do que nos convém fazer, movidos por um impulso interno. Dir-se-ia um instinto nascido do fundo de nosso ser. Criticamos a nossa conduta em virtude das noções que, embora precisas, são também mesquinhas e até tomadas de empréstimos, a exemplo do que os outros fizeram sem considerar que uma coisa não é para todas. Desta maneira tornamo-nos facilmente injustos para conosco mesmos. O fim, porém, demonstra que quem tem razão e só uma velhice alcançada para julgar a questão em relação ao mundo exterior, como em relação consigo mesmo.

Talvez este impulso interno esteja guiado, sem que nós déssemos conta disso, pelos sonhos proféticos, esquecidos ao despertar, que dão precisamente à nossa vida esse tom sempre harmônico, essa unidade

---

204. "Acontece com a vida humana o mesmo que com uma partida de dados; se não se acerta com o dado aquilo de que mais necessitamos, temos que aproveitar daquilo que caiu na sorte." (*Adelphi*, IV, 7; ll. 739-41.) (N.T.)

dramática que não lhe poderia dar a consciência cerebral, tantas vezes vacilante, fatigada e tão facilmente variável. Isso é, talvez, o que faz que o homem chamado a produzir grandes obras em um ramo especial tenha desde sua juventude o sentimento íntimo e secreto disso e trabalhe com a mira desse resultado, como a abelha trabalha na construção de sua colmeia. Em cada homem, o que o impulsiona é o que Baltasar Gracian chama *la gran sindéresis* (a grande sindicância), isto é, o cuidado instintivo e enérgico de si mesmo, sem o qual ele morreria. Agir em virtude de princípios abstratos é difícil e não se consegue senão depois de laboriosa preparação e isto nem sempre. Esse princípio, às vezes, é insuficiente. Cada qual pode possuir certos princípios inatos e concretos, encerrados em sua carne e em seu sangue, porque são o resultado de todo o seu pensamento, seu sentir e seu querer. A maioria das vezes não o conhece em abstrato e só dirigindo os seus olhares à vida passada nota que, obedeceu, sem cessar, e que foi guiado por esses princípios, como por um fio invisível. Esses princípios, segundo sua qualidade, conduzir-lhes-ão à sorte ou à desgraça.

[49] Nunca se deverá perder de vista a ação que o tempo exerce nem a mobilidade das coisas; por conseguinte, em tudo o que acontece atualmente tem que evocar, em seguida, a imagem do contrário. Assim, na felicidade, representa-se vivamente o infortúnio; na amizade, a inimizade; durante o tempo bom, o mau; no amor, o ódio; na confiança e na expansão, a traição e o arrependimento. Encontraríamos assim um manancial inesgotável de sabedoria para este mundo, porque seríamos sempre prudentes e não nos deixaríamos enganar tão facilmente. Na maioria dos casos não faríamos mais do que antecipar a ação do tempo. Não há, talvez, nenhuma noção para a qual seja indispensável a experiência como para a exata apreciação da inconstância e da vicissitude das coisas. Como cada situação, no tempo de sua duração, existe necessariamente e, portanto, com pleno direito, parece ser que cada ano, cada mês, cada dia conserva este pleno direito para a eternidade. Ninguém, porém, conserva esse direito de atualidade e só a variação é a coisa imutável. O homem prudente é o que não abusa da estabilidade e prevê a direção em que se operará a próxima troca.[205] O que faz que os homens

---

205. O acaso exerce um papel tão importante em todas as questões humanas que, quando tratamos de evitar, por meio de sacrifícios imediatos, algum perigo que nos ameace remotamente, esse desaparece frequentemente por uma guinada imprevista que tomam os acontecimentos; e não só se perdem os sacrifícios feitos, senão também que a mudança que produziram se faz positivamente desvantajosa em presença das novas circunstâncias. Assim, em nossas medidas preventivas, não devemos penetrar demasiado no porvir, mas considerar também o acaso; e afrontar feroz-

considerem geralmente o estado precário das coisas ou a direção de seu curso, como se nunca tivesse que variar, é que, tendo os efeitos à vista, não compreendem as causas; estas são as que levam em si o germe das futuras variações; o efeito, que é o único que existe aos seus olhos, não contém nada de semelhante. Atêm-se ao resultado e, quanto às causas que ignoram, supõem que, tendo produzido o efeito, será também capaz de conservá-lo. Têm nisso a vantagem de que, quando se enganam, tornam-se isolados. Diga-se de passagem, isso confirma o princípio que enunciei em *O mundo como vontade e representação* (vol. I, § 15), de que o erro sempre consiste em realizar uma inferência incorreta, isto é, em imputar um dado efeito a algo que não o causou.

Só em teoria convém a antecipação do tempo, prevendo o seu efeito, não praticamente, o que quer dizer que não podemos usurpar o futuro, exigindo antes do tempo o que só pode vir com ele. Todos os que tratam de fazê-lo sentirão que não há usurário pior e mais intratável que o tempo e que, quando se pede o pagamento adiantado, exige enormes interesses mais do que qualquer argentário. Por exemplo, por meio da cal viva e do calor, pode-se desenvolver a vegetação de uma árvore, até o ponto de fazer que, em alguns dias, brotem suas flores e seus frutos, porém, depois fenecem.

Quando o adolescente quer exercer desde logo, mesmo que seja durante poucos dias, a potência genital do homem completo, pode realizar aos dezenove anos o que lhe será fácil aos trinta, mas o tempo fará o pagamento adiantado. Uma parte de seus anos vindouros e, quiçá, uma parte da vida, lhe servirão de interesse. Há enfermidades que não se podem curar conveniente e radicalmente senão deixando seguir o seu curso natural. Então desaparecem por si mesmas sem deixar rastro. Se se tratar, porém, de recompor imediatamente o corpo, então o tempo terá que fazer o pagamento adiantado; a enfermidade se retirará, mas ficará o interesse representado por uma grande debilidade e por males crônicos que durarão toda a vida. Quando, no tempo de guerra ou de distúrbios, se quer encontrar dinheiro imediatamente, vê-se obrigado a vender a terceira parte de seu valor representado pelos imóveis, os papéis do Estado, cujo valor íntegro se alcançaria se se deixasse passar o tempo, isto é, se se esperassem alguns anos, em vez de obrigá-los a fazer adiantamentos. Necessita-se certa soma para fazer uma longa viagem; poder-se-ia reunir o dinheiro necessário em um ou dois anos, provindo de suas rendas; porém, não se quer esperar; pede-se a prestações ou se

---

mente muitos perigos, esperando que desapareçam como tantas nuvens sombrias tempestuosas. (N.A.)

colhe o capital, em outros termos, o tempo está destinado a fazer um pagamento adiantado. Nesse caso o interesse será a desordem, fazendo a irrupção na fazenda e um déficit permanente e crescente, de que não se pode desembaraçar. Essa é, pois, a usura praticada pelo tempo e todos os que não podem esperar serão as suas vítimas. Não há empresa mais custosa do que querer precipitar o curso compassado do tempo. Preservemo-nos também de lhe dever interesses.

[50] Entre os cérebros vulgares e as cabeças sensatas há uma diferença característica que se assinala na vida ordinária: é que os primeiros, quando refletem em um princípio possível cuja magnitude querem apreciar, não procuram e não consideram senão o que pode ter sucedido de semelhante, enquanto os segundos pensam por si mesmo no que poderia suceder; esses pensam como diz um provérbio espanhol *lo que no acaece en un ano, acaece en un rato* (o que não acontece em um ano, acontece em um instante). A diferença que noto é muito natural, porque, para abranger com um olhar o que pode suceder, necessita-se de discernimento, e para ver o que sucedeu bastam os sentidos.

Que a nossa máxima seja: façamos sacrifícios aos espíritos malignos! Isso quer dizer que não temos que retroceder ante certos dispêndios de cuidados, de tempo, de incômodos, de estorvos, de dinheiro, de privações, quando se pode cerrar o acesso à eventualidade de uma desgraça e fazer, quanto mais grave seja um acidente, mais débil, remota e inverossímil se torne sua possibilidade. O exemplo, pois, mais surpreendente, em apoio desta regra, é o parentesco próximo com o seguro. Esse é um sacrifício, frequente e geral, na área dos espíritos malignos.

[51] Nenhum acontecimento deve provocar em nós grandes explosões de júbilo nem muitas queixas, por causa da versatilidade de todas as coisas, que podem em qualquer momento modificar a situação. Por causa da falsidade de nosso juízo nós nos enganamos sobre o que nos é benéfico ou prejudicial. Aconteceu que todos, ao menos uma vez na vida, gemeram por uma coisa que mais tarde veio lhes beneficiar e que muito os alegrou, não obstante ser ela a origem dos sofrimentos. O sentimento que reconhecemos foi expressado por Shakespeare, em versos tão formosos:

> *Y have felt so many quirks of joy and grief,*
> *That the firs face of neither, on the start,*
> *Can woman me unto it.*[206]

---

206. *Tudo bem quando termina bem*, ato 3, cena 2. ["Senti tantas sacudidas de alegria e de dor,/ que o primeiro aspecto e choque imprevisto de uma ou outra/ não podem tornar-me impressionável como a uma mulher." (N.T.)]

O homem que permanece tranquilo nos revezes prova que sabe quanto imensos e múltiplos são os males possíveis na vida e que não considera a desgraça que sobrevém em certo momento senão como uma pequena parte do que poderia suceder. Esse é o sentimento estoico que obriga a não ser *conditionis humanae oblitus* (esquecer da condição humana), mas a recordar, sem cessar, o triste e deplorável destino geral da existência humana, assim como o número infinito de sofrimentos a que estamos expostos. Para avivar este sentimento, não temos senão a que dirigir um olhar ao redor de nós mesmos; em qualquer lugar se terá à vista a luta e os tormentos de uma miserável e insignificante existência. O indivíduo perderá então as suas pretensões, saberá acomodar-se às imperfeições de todas as coisas e de todas as condições e saberá sobrevir aos desastres para aprender a evitá-los ou a suportá-los. Porque os revezes, grandes ou pequenos, constituem o lamento de nossa vida. Entretanto, não deveríamos, por tal razão, nos entregar às lamúrias e, como um "indivíduo descontente", quedar insatisfeitos com Beresford devido às intermináveis *Miseries of Human Life* [Misérias da Vida Humana], e menos ainda *in pulicis morsu Deum invocare* [invocar Deus por uma mordida de pulga]. Pelo contrário, como um "indivíduo prudente e circunspecto", devemos exercitar o cuidado de prevenir e distanciar as desgraças, vindas dos homens ou das coisas, e aperfeiçoar-nos tanto nessa arte que, como uma raposa astuta, evitemos com elegância qualquer infortúnio, grande ou pequeno (que geralmente é nossa própria inépcia disfarçada).

A razão principal é que um acontecimento desgraçado torna-se menos duro de suportar quando o consideramos como possível e tomamos nossa determinação, que é a seguinte: quando pensamos com calma na desgraça antes que se produza, como em uma simples possibilidade, distinguimos claramente e, por todas as partes, sua magnitude, e temos então a noção de algo acabado e fácil de abranger com um olhar; de maneira que, quando ela chegar não pode agir com mais peso do que tem em realidade. Se pelo contrário, não tivermos tomado essas precauções, se nos colhe sem a preparação das vistas medir exatamente sua extensão, inclinamo-nos a considerá-la incomensurável ou, pelo menos, maior do que é verdadeiramente. Assim, a obscuridade e a incerteza engrandecem qualquer perigo. Agreguemos que, seguramente, ao considerar de antemão uma desgraça, como possível, meditamos ao mesmo tempo nos motivos que teremos para consolar-nos e sobre os meios de remediá-la, ou pelo menos nos familiarizar com a sua vista.

Nada, porém, nos fará suportar com mais calma as desgraças do que convencermo-nos da verdade que se estabeleceu firmemente, remontando aos seus primeiros princípios, em minha premiada obra *A liberdade da vontade*, que explanei dessa forma: tudo o que acontece, desde o mais grande ao mais pequeno, ocorre necessariamente. Porque o homem sabe resignar-se a tudo o que é inevitável e necessário; o conhecimento do preceito enunciado lhe fará considerar todos os acontecimentos, mesmo aqueles que se produzem no azar mais estranho, tão necessários como os que derivam das melhores leis conhecidas e se conformam com as previsões mais exatas. Remeto o leitor ao que disse sobre a influência benéfica que exerce a noção do inevitável e do necessário.[207] Qualquer homem que se tenha compenetrado disso começará por praticar esse molde, depois sofrerá valorosamente o que deve sofrer.

Podemos considerar os acidentes mínimos que nos vêm incomodar a cada momento como destinados a nos ter em contínua inquietação, a fim de que a força necessária para resistir às grandes desgraças não se relaxe nos dias felizes. Enquanto os aborrecimentos diários, os atritos nas relações com os homens, os choques insignificantes e outras coisas semelhantes, temos que estar encouraçados contra eles, isto é, não só não lhes levar a sério nem pensá-los, mas nem sequer senti-los; não nos deixemos afetar por tudo isso, rechacemo-los com os pés, como os dançarinos que rodam pelas ruas e não façamos nunca deles um objeto íntimo de reflexão e de meditação.

[52] As pessoas que chamam comumente a sorte são simplesmente filhas de suas próprias tolices. Não podemos penetrar bastante naquela formosa passagem de Homero,[208] onde recomenda uma prudente circunspecção. Porque se não expiam as faltas no outro mundo, neste se pagam as tolices, mesmo que sejam perdoadas em determinadas ocasiões.

Não é o temperamento violento, é a prudência o que faz parecer terrível e ameaçador; o cérebro do homem é uma arma mais terrível do que a garra do leão.

O homem do mundo perfeito será aquele a quem a indecisão nunca lhe detém e a quem nada lhe amendronte.

[53] O valor é, depois da prudência, uma condição especial para a nossa felicidade. É indubitável que não se pode adquirir nem uma nem outra dessas qualidades; herdar-se-á a primeira do pai e a segunda da mãe. Por uma resolução bem tomada e pelo exercício, chega-se a aumentar a parte que já se possui. Neste mundo, onde a sorte é de bronze,

---

207. *O mundo como vontade e representação*, vol. I, § 55.
208. *Ilíada*, XXIII, p. 313 ss. (N.T.)

temos que possuir um caráter de bronze, encouraçado contra o destino e armado contra os homens. Porque a vida não é senão um combate; estamos a cada passo disputando uma peleja; Voltaire disse com razão: *on ne réussit dans ce monde, qu'à la pointe de l'épée, et on meurt les armes à la main* (só com a ponta da espada se triunfa neste mundo; morre-se com as armas nas mãos). É próprio de uma alma covarde deixar-se abater, perder o valor e gemer, enquanto as nuvens se agrupam ou simplesmente assomam no horizonte. Que seja nossa divisa:

Tu ne cede malis, sed contra audentior ito.[209]

Enquanto temos dúvidas sobre o resultado de uma coisa perigosa, enquanto resta-nos uma possibilidade para que o resultado seja favorável, não nos debilitemos, não pensemos senão na resistência; assim como não devemos nos desesperar do bom tempo, mesmo que dele não reste senão um buraco azul no céu. Temos que chegar a compreender:

*Si fractus illabatur orbis
Impavidum ferient ruinae.*[210]

Nem a própria existência com maior razão, seus bens, merecem definitivamente tão covarde terror e tantas angústias:

*Quocirca vivite fortes,
Fortiaque adversis opponite pectora rebus.*[211]

É possível um excesso: o valor pode degenerar em temeridade. Por isso a timidez é necessária, em certo modo, para a conservação de nossa existência na Terra. A covardia é o excesso desta medida. Isto é o que Bacon de Verulamio expôs tão bem em sua explicação etimológica do *Terror Panicus*, explicação que deixa muito atrás as que nos foram conservadas por Plutarco.[212] Bacon faz que ela derive de *Pan*, purificador da Natureza, depois ajunta: "*Natura enim rerum omnibus viventibus*

---

209. "Não cedas às adversidades, mas, pelo contrário, marcha audazmente contra elas." (VIRGÍLIO. *Eneida*, VI, 95.) (N.T.)
210. "Se o mundo se desmoronasse,/ suas minas cairiam sobre ele, sem assustá-lo." (HORÁCIO. *Odes*, III. 3. 7-8.) (N.T.)
211. "Pela qual deveis viver virtuosos/ e opor um ânimo vigoroso contra as adversidades." (HORÁCIO. *Sátiras*, II, 2, 135-6.) (N.T.)
212. *De Iside et Osiri*, 14.

indidit metum, ac formidinem, vitae suae essentiae conservatricem, ac mala ingruentia vitantem et depellentem. Veruntamen eadem natura madum tenere nescia est; sed timoribus salutaribus semper vanos et inanes admiscet; adeo ut omnia (si intus conspici durentur) Panicis terroribus pletissima sint, praesertim humana."[213]. Ademais, aquele que experimenta o terror pânico não leva em conta claramente os seus motivos; pressupõe mais do que conhece e, em caso de necessidade, o medo engendra o motivo do próprio medo.

---

213. *De sapientia veterum*, I, VI. ["A natureza pôs em todas as coisas viventes o medo e o temor, para conservar a vida, a sua essência e evitar os perigos. Não obstante, esta mesma Natureza não sabe guardar a medida: aos temores saudáveis mescla sempre os vãos e infundados: de tal maneira que, se pudéssemos penetrar em seu interior, veríamos a todos os seres, e especialmente os homens, cheios de terror pânico." (N.T.)]

Capítulo 6

DAS DIFERENTES ÉPOCAS DA VIDA

Voltaire disse admiravelmente:

*Qui n'a pas l'esprit de son âge
de son âge a tout le malheur.*[214]

Devemos, pois, para terminar estas considerações eudemonológicas, dirigir um olhar às modificações que a idade produz em nós. Em todo o curso de nossa vida não possuímos senão o presente e nada existe fora dele. A única diferença é que, em primeiro lugar, no começo vemos diante de nós um grande futuro e, no fim, um passado grandioso; em segundo lugar, porque nosso "temperamento", porém nunca o nosso caráter, percorre uma série de modificações conhecidas, que dão a cada homem um matiz distinto do presente.

Expus em minha grande obra (vol. II, cap. 31) como e por que na infância nós nos inclinamos muito mais ao conhecimento do que à vontade. Nisso funda-se, precisamente, essa felicidade da primeira quarta parte da vida, que nos faz ver, depois, atrás de nós, um paraíso perdido. Durante a infância, temos relações pouco numerosas e necessidades limitadas, por conseguinte pouca excitação da vontade; a maior parte de nosso ser está ocupada em conhecer. A inteligência, como o cérebro, que aos sete anos alcança todo o seu esplendor, desenvolve-se precocemen-

---

214. "Quem não tem o espírito de sua idade, / de sua idade tem todos os defeitos." (N.T.)

te mesmo que não amadureça mais tarde, estuda esta existência ainda nova, em que tudo, absolutamente tudo, está revestido do verniz brilhante, que lhe empresta um encanto de novidade. Daí provém o porquê dos anos de infância serem como uma poesia ininterrupta. A essência da poesia, como a de todas as artes, consiste em perceber em cada coisa isolada a ideia platônica, isto é, a essência e o que é comum à espécie em geral; cada objeto nos aparece como representando todo o seu gênero e um caso vale por mil, mesmo que, nas cenas de nossa idade infantil, tivéssemos nos ocupado mais do objeto do que do acontecimento atual, porque a nossa vontade estava no momento interessada por ele. A vida, com toda a sua importância, oferece aos nossos olhos um halo tão jovem, tão fresco, com impressões tão pouco emurchecidas pela repetição frequente que, com todo o nosso ar infantil, nós nos ocupamos, em silêncio e sem intenção declarada, em perceber nas cenas os acontecimentos isolados da mesma essência da vida, os tipos fundamentais de suas formas e de suas imagens. Vemos como Spinoza expressa todas as coisas e pessoas *sub specie aeternitatis* (sob a forma da eternidade).[215] Quanto mais jovem somos, cada coisa representa isoladamente para nós o gênero inteiro. Esse efeito vai diminuindo gradualmente à proporção dos anos, e isso é o que determina a diferença tão considerável da impressão que os objetos produzem sobre nós na juventude e na idade madura. As experiências e os conhecimentos adquiridos durante a infância e a primeira juventude chegam a ser depois os tipos constantes e as rubricas de todas as experiências e conhecimentos posteriores, as categorias sob as quais classificamos, sem darmos conta exata de tudo o que encontramos mais tarde.[216] Assim se forma, desde nossos anos de infância, o fundamento sólido de nossa maneira, superficial ou profunda, de contemplar o mundo; desenvolve-se e se completa sucessivamente; porém, não varia nos pontos principais. Logo, em virtude dessa maneira de ver, puramente objetiva, poética, essencial à infância, quando é sustentada pelo feito de que a vontade está ainda longe de se manifestar com toda a energia, o menino se ocupa mais em conhecer do que em querer. É-nos explícita a demonstração de toda a série contemplativa de alguns meninos que Rafael aproveitou afortunadamente para seus anjos, especialmente no quadro da Madonna da capela Sistina. É por isso que os

---

215. Evidentemente Schopenhauer enganou-se, pois não é *sub "specie" aeternitatis*, mas *sub "quadam" aeternitatis specie*, segundo Charles Appuhn, o que deve ser evitado para a tradução, sob certa "forma" ou certo "aspecto" da eternidade. (N.T.)

216. "Ah, esses anos de infância! Quando o tempo passa tão lentamente que tudo parece quase estático, como se quisesse permanecer como está por toda a eternidade." (N.A.)

anos da infância são tão felizes, que a sua recordação vai sempre unida a um doloroso sentimento. Enquanto, por uma parte, nos consagramos com toda a nossa seriedade ao conhecimento intuitivo das coisas, por outra, a educação se ocupa em proporcionar-nos noções. As noções não nos dão a essência própria das coisas; estas constituem o fundo e o verdadeiro conteúdo de nossos conhecimentos, funda-se principalmente na compreensão intuitiva do mundo. Esta última, porém, só podemos adquiri-la por nós mesmos e não pode, de maneira alguma, ensinar-se. Donde resulta que nosso valor intelectual, o mesmo que nosso valor moral, não entra do exterior para nós, mas sai da profundidade do nosso ser, e toda a ciência pedagógica de Pestalozzi nunca chegaria a fazer um imbecil de nascimento, um pensador. Não, mil vezes não![217] Imbecil nasceu e imbecil deve morrer. Esta compreensão contemplativa do mundo exterior, novamente oferecida à nossa vista, explica também por que tudo o que se viu e aprendeu na infância grava-se tão energicamente na memória. Ocupamo-nos exclusivamente disso, porém, a dissertação não nos distraiu e consideramos as coisas que vimos como as únicas da espécie, ainda mais como as únicas existentes. Mais tarde, o número considerável das coisas até então conhecidas nos tira o valor e a paciência. Se se quer recordar aqui o que expus no segundo volume de minha grande obra, a saber: que a existência *objetiva* de todas as coisas, isto é, a *representação pura*, é sempre agradável, enquanto sua existência objetiva, que está no *querer*, na volição, está misturada de dor e de pena, então se admitirá, como expressão resumida, a proposição seguinte: todas as coisas são belas à *vista* e horríveis na sua essência.[218] Resulta de tudo que procede que, durante a infância, os objetos são conhecidos muito mais pelo lado da vista, da representação, da objetividade do que por meio do ser, que é ao mesmo tempo o da vontade. Como o primeiro é o lado alegre das coisas, e seu lado subjetivo e horrível nos é ainda desconhecido, o entendimento jovem toma todas as imagens que a realidade e a arte lhe apresentam por representação de tantos outros seres felizes; imagina-as tão belas como são no *ver* mais do que são no próprio *ser*. A vida assim nos parece um éden, pois essa é a Arcádia onde todos

---

217. Não obstante, os imbecis, na escola ortofrênica de M. Montessori, aprendem alguma coisa, destacando-se da vulgaridade da própria moléstia. (N.T.)

218. Na nota do tradutor na introdução do livro, preparei o espírito do leitor quanto à linguagem de Schopenhauer. Esta proposição não é fácil de ser traduzida com o vigor da linguagem original, que forma um jogo elegante de vocábulos. Diz ele: *Alie Dinge sind herrlich zu SEHN, aber schrecklich zu SEYN*, cuja tradução literal seria: "Todas as coisas são belas no ver, mas horríveis no ser.". (N.T.)

nascemos. Resulta mais tarde a sede da vida real, a necessidade impulsiva de agir e de sofrer, arrastando-nos irresistivelmente ao tumulto do mundo. Aqui aprendemos a conhecer a outra face das coisas e do ser, isto é, da vontade, que vem se cruzar a cada passo em nosso caminho. Então se aproxima, pouco a pouco, a grande desilusão, e quando chega diz: *L'âge des illusions est passé* (A idade das ilusões já passou), e assim avança cada vez mais e se torna mais completo. Pelo que podemos dizer que durante a infância a vida se apresenta como uma decoração de teatro, vista de longe, e durante a velhice, como a mesma vista de perto.

Eis aqui também um sentimento que vem contribuir para a felicidade da infância: assim como no começo da primavera toda a folhagem tem a mesma cor e a mesma forma, assim na primeira infância todos nós nos parecemos e estamos todos sempre de comum acordo. Na puberdade é quando começa a diferença que vai sempre aumentando, como os raios de um círculo.

Aquilo que preocupa e que tornam desgraçados os anos da juventude, o resto dessa primeira metade da vida tão preferida à segunda, é a perseguição da felicidade, empreendida com a firme suposição de que se pode encontrá-la na existência. Essa é a origem da esperança sempre enganadora que engendra depois o descontentamento. As imagens enganadoras, o vago sonho de felicidade, flutuam diante de nossos olhos sob as formas caprichosamente escolhidas e, em vão, procuramos quase sempre descontentamentos do nosso estado e de nossa vizinhança, quaisquer que elas sejam, porque a eles atribuímos o que nos recorda a inanidade e a miséria da vida humana, que conhecemos pela primeira vez, depois de termos esperado coisa muito distinta. Ganharíamos muito em destruir em idade tenra, por meio de ensinamentos adequados, essa ilusão da juventude de que há grandes coisas para se ver nesse mundo. Acontece que, pelo contrário, a vida faz-se conhecer pela poesia e depois pela realidade. Na aurora da juventude, as cenas que a arte nos descreve, exibindo brilhantes diante de nossas vistas, estimulam ao desejo imenso de vê-las realizadas e de recolher o arco-íris. O jovem espera que a sua vida transcorra como uma novela interessante. E assim nasce a ilusão sobre a qual escrevi detalhadamente no segundo volume de minha obra já citada. Aquilo que empresta encanto a essas imagens é precisamente o fato de serem imagens e não realidades e que, ao contemplá-las, não nos encontrávamos no estado de alma do contentamento perfeito e do conhecimento puro. Realizar significa ser dominado pela vontade, a qual traz dores infalíveis. Aqui, devo remeter o leitor para o segundo volume de meu livro.

O característico da primeira metade da vida é uma aspiração inesgotável à felicidade; o da segunda metade é a compreensão da desgraça. Porque neste momento reconheceu-se mais ou menos claramente que toda a felicidade é quimérica e todo o sofrimento é, pelo contrário, real. Então, os homens, pelo menos os de juízo sensato, em lugar de aspirar aos gozos, não procurão senão uma condição isenta de dores e de inquietações.[219] Quando, nos meus anos de juventude, ouvia-me chamar à porta, ficava alegre porque dizia, então: "Ah! Chegou afinal!" Mais tarde, na mesma situação, a minha impressão era próxima do terror, porque pensava: "Ai! Já!". Os seres distinguidos e notáveis, os que pelo menos não pertencem absolutamente ao restante dos homens e se encontram mais ou menos isolados em proporção de seus méritos, experimentam em frente à sociedade humana estes dois sentimentos opostos: na sua juventude, o de estarem abandonados; na idade madura, o de serem *libertados*. O primeiro, que é mais penoso, provém de sua ignorância; o segundo que é agradável, de seu conhecimento do mundo. Isso faz que a segunda parte de um período musical tenha menos fogosidade e mais tranquilidade que a primeira, a qual provém de que a juventude forja castelos no ar sobre a felicidade e os gozos que pode encontrar na terra, consistindo a única dificuldade em alcançá-los, enquanto a velhice sabe que não tem nada que encontrar; tranquila a esse respeito, saboreia qualquer presente suportável e se deleita com tal coisa.

O que o homem maduro ganhou com a experiência da vida, o que faz que ele veja o mundo de outra maneira que o adolescente e o jovem, é o *desembaraço*. Ele começa, primeiramente, ver as coisas simples e tomá-las pelo que elas são; enquanto, aos olhos do jovem e do adolescente, uma ilusão composta de sonhos criados por si mesmos, de prejuízos transmitidos e de fantasias estranhas, ocultam ou deformam o verdadeiro mundo. A primeira tarefa que a experiência tem que levar a cabo é despojar-nos das ilusões e das noções falsas acumuladas durante a juventude;[220] garantir os jovens contra elas seria indubitavelmente a melhor educação que se lhes podia administrar, mesmo que ela fosse simplesmente negativa; isto, porém, é um assunto difícil. Com esse fim, teríamos que começar por reduzir, restritamente possível, o horizonte do menino, não lhe proporcionar em seus limites senão noções claras

---

219. Na idade madura, um indivíduo sabe se precaver contra a desgraça; na juventude, suporta-a. (N.A.)

220. A ontogenia é a recapitulação em miniatura da filogenia. As ilusões nos jovens são produtos da própria evolução, segundo a fórmula de F. Müller. (N.T.)

e exatas e não o encher senão gradualmente, depois que tiver o conhecimento exato de tudo que está situado dentro desses limites, tendo o cuidado de que nada fique em nada e que tudo quanto tenha compreendido fique em situação média ou equívoca. Daí resultaria que suas noções sobre as coisas e sobre as relações humanas, mesmo restringidas e sensíveis, seriam, não obstante, claras e verdadeiras, de maneira que não teria necessidade senão da ampliação e não da correção; assim se continuaria até que o menino se tivesse convertido em jovem. Este método exige que não se permita a leitura de novelas; devemos substituí-las por biografias convenientemente escolhidas, como por exemplo, a de Franklin ou da história de *Antonio Reiser*, por Moritz e outras.[221]

Enquanto somos jovens, imaginamos que os acontecimentos e as personagens importantes e de transcendência farão sua aparição em nossa existência com tambores e trombetas; na idade madura, uma olhada retrospectiva nos indica que tudo deslizou sem ruído pela porta e as personagens passaram quase despercebidas.

Assim se pode, do ponto de vista que focalizamos, comparar a vida a um tapete bordado, no qual cada um vê, na primeira metade de sua existência, o lado inverso e, na segunda, o reverso; este último lado é menos belo, porém, mais instrutivo, porque permite reconhecer o enlace dos anéis.

A superioridade intelectual, ainda a mais extraordinária, não fará valer plenamente sua autoridade na conversação, senão depois dos quarenta anos. Porque a maturidade própria da idade e os frutos da experiência podem avantajar-se muito, porém, nunca reempossar pela inteligência; essas condições proporcionam ainda ao homem mais vulgar um contrapeso que opõe a força do mais elevado espírito. Falo aqui da personalidade e não das obras.

Nenhum homem superior, nenhum dos que não pertencem a essa maioria dos 5/6 dos homens tão restritamente dotados pela natureza, poderá despojar-se de certa tinta de melancolia quando passou os quarenta anos. Porque, como era natural, julgou aos demais por si mesmo e foi por isso enganado; compreendeu que estão muito atrasados a respeito dele, pelo cérebro, pelo coração, às vezes pelas coisas, e que nunca poderão saldar as suas contas; assim evita todo o trato com eles, como todo o homem amará ou odiará a solidão, isto é, sua própria sociedade, em proporção de seu valor interior. Kant trata, também, desse

---

221. Essa obra está escrita na forma de um romance, mas, para todos os propósitos, é uma biografia. As biografias dão um sabor todo especial de exaltação heroica e romântica do tipo fixado; temos o exemplo de Ludwig, Maurois, Zweig e outros. (N.T.)

gênero de misantropia na *Crítica do juízo*, no final da nota geral, no parágrafo 29 da primeira parte.

É um mal sintomático, moral como intelectual, para o jovem, encontrar-se facilmente em meio das intrigas humanas, estar ali a gosto e penetrar nesse recinto como se estivesse preparado de antemão; isso anuncia vulgaridade. Pelo contrário, uma atitude descontente, vacilante, torpe e forçada é, em tais circunstâncias, o indício de uma natureza de nobre espécie.

A serenidade e o valor com que nós nos lançamos a viver durante a juventude provém, também, em parte, de que ao subir na colina vemos a morte situada ao pé da outra vertente. Uma vez franqueado o cume, vemos com nossos olhos a morte, que até então só conhecíamos por meio de palavras; como nesse momento as forças vitais começam a diminuir, o nosso valor se debilita ao mesmo tempo; uma seriedade sombria sucede à petulância juvenil que se imprime em nossas faces. Enquanto somos jovens, acreditamos que a vida não tem fim, dizemos o que queremos e usamos o tempo com larga prodigalidade. À medida que envelhecemos, tornamo-nos mais econômicos. Porque, na idade avançada, cada dia da vida que passa provoca em nós o mesmo sentimento que experimenta um condenado a cada passo que se aproxima do cadafalso.

Considerada do ponto de vista da juventude, a vida é um porvir infinitamente dilatado; do ponto de vista da velhice, é um passado muito curto, de tal maneira que o princípio se nos apresenta como os objetos vistos pela lente pequena de um binóculo de campanha. Temos que envelhecer, isto é, ter visto muita coisa para verificar como a vida é tão curta. Quanto mais avançamos na vida mais insignificantes nos parecem as coisas humanas, por maiores que elas sejam; a vida que durante a juventude estava ali, diante de nós, firme e imóvel, nos parece agora fugir rapidamente como aparições efêmeras; compreendemos então o nada das coisas deste mundo. O tempo, durante a primeira juventude, marcha a passo lento; a primeira quarta parte de nossa vida não é só a mais feliz, mas também a mais longa; deixa, pois, muitas recordações e cada homem pode, em qualquer ocasião, contar desta primeira quarta parte mais acontecimentos do que as seguintes. Na primavera da vida, como na primavera do ano, os dias acabam por tornar-se de uma longitude nebulosa. O outono da vida, como o outono do ano, é curto, porém sereno e mais constante.

Por que na velhice a vida que o homem tem atrás de si lhe parece tão breve? Porque a consideramos curta como a recordação que conservamos dela. Tudo o que nela foi insignificante e de uma grandeza dolorosa fugiu de nossa memória e só ficou, por conseguinte, muito pouca coisa. Porque, do mesmo modo que a nossa inteligência é imperfeita, assim também é a nossa memória; devemos, pois, exercitar nossos conhecimentos e relembrar o nosso passado, sem o qual ambos desaparecerão no abismo do esquecimento. Não gostamos, porém, de voltar com o pensamento para as coisas insignificantes nem para as coisas desagradáveis, o que deveria ser indispensável para conservá-las na memória. As coisas insignificantes tornam-se cada vez mais numerosas porque muitos feitos, que à primeira vista nos parecem importantes, perdem todo o interesse à medida que vão se repetindo. As repetições são frequentes no princípio, porém, na sucessão são inumeráveis. Recordamos mais os nossos melhores anos vividos na juventude do que aqueles que se lhes seguiram. Quanto mais tempo vivemos, menos acontecimentos existem que se pareçam demasiadamente graves ou demasiados significativos para que mereçam reflexão, que é, não obstante, o único meio de conservar a recordação deles, uma vez que apenas passam e logo nos esquecemos deles. E por isso o tempo foge, deixando cada vez menos sulcos atrás de si.

    Não gostamos de voltar às coisas desagradáveis, especialmente quando ofendem a nossa vaidade, que é o que acontece com mais frequência, porque poucas coisas desagradáveis nos acontecem que não sejam por nossa culpa. Esquecemos, pois, igualmente muitas coisas penosas. Pela eliminação dessas duas categorias de acontecimentos, nossa memória se torna curta e se faz cada vez mais, à proporção que é mais longa a urdidura dos acontecimentos. Assim como os objetos situados na margem se tornam cada vez mais pequenos, vagos e indistintos à medida que a nossa barca se distancia, assim borram-se os anos transcorridos com nossas aventuras e nossas ações. Acontece também que a memória e a imaginação nos traçam uma cena de nossa vida, há muito desaparecida, com tanta vivacidade que nos parece o acontecimento datar da véspera. Esse efeito resulta de que nos é impossível a representação de uma vez no largo espaço de tempo que transcorreu então, e que agora não podemos abrangê-lo só com a vista no quadro. Ademais, os acontecimentos verificados nesse intervalo são esquecidos em grande parte, e não nos fica senão o conhecimento geral, *in abstracto*, uma simples noção e não uma imagem. Então, esse passado longínquo e isolado apresenta-se tão perto que parece que era ontem; o tempo intermediário desapareceu de nossa vida inteira e nos parece de uma brevidade incompreensível.[222] Às vezes, na velhice, esse passado que te-

---

222. Eis aqui uma afinidade com o tempo intuitivo da Teoria da Relatividade. (N.T.)

mos atrás de nós e, por conseguinte, nossa mesma idade, pode em certos momentos parecer-nos fabuloso; o que resulta principalmente de que vemos sempre diante de nós o mesmo presente imóvel.[223] Definitivamente, todos esses fenômenos interiores estão fundados em que não é nosso ser por si mesmo, mas só sua imagem visível, o que existe sob a forma de tempo em que o presente é o ponto de contato entre o mundo exterior e nós, entre o objeto e o sujeito.[224]

Pode-se perguntar, também, por que na juventude a vida parece estender-se diante de nós até perder-se de vista. É, em primeiro lugar, porque necessitamos de espaço para alojar nela as esperanças ilimitadas de que povoamos o nosso cérebro e para cuja realização o próprio Matusalém teria morrido demasiadamente jovem; depois, porque tomamos por escala de sua medida o reduzido número de anos que já temos atrás de nós; porém, sua recordação é dilatada e rica em materiais, porque a novidade deu importância a todos os acontecimentos; gostamos assim de voltar para eles os pensamentos e muitas vezes evocamos em nossa memória e acabamos por fixar-se neles.

Parece-nos, às vezes, que desejamos ardentemente encontrar-nos em um lugar distante, sendo que na realidade não sentimos senão o tempo que passamos ali quando éramos jovens e mais frescos. Eis aqui como o tempo nos engana sob a capa de espaço. Vamos ao lugar tão desejado e não levamos em conta a ilusão.[225]

Existem muitos meios de chegar a uma idade avançada com a condição *sine qua non* de possuir uma constituição inata; para explicá-la, suponhamos o exemplo de duas lâmpadas que ardem: uma arderá muito tempo, porque com pouco azeite tem uma mecha muito pequena; a outra, porque com uma grande mecha tem, também, muito azeite; o azeite é a força vital; a mecha é o emprego aplicado para qualquer uso.

No que respeita à força vital, podemos comparar aos trinta e seis anos aqueles que vivem dos interesses de um capital; o que se gasta hoje se receberá amanhã. A partir dessa época, somos semelhantes a um arrendatário que começa a gastar o seu capital. A princípio, a diminuição não é sensível, a maior parte do gasto se reembolsa, todavia, por si mesmo e o insignificante déficit que resulta passa desapercebido. Pouco

---

223. Einstein coloca, em uma de suas leis, a impossibilidade do movimento. Segundo se deduz daí, o observador é que está em relação com os fenômenos físicos. (N.T.)

224. Com a adoção da geometria não euclidiana de Gauss e Riemann, chegou-se a este mesmo resultado que Schopenhauer enuncia claramente. (N.T.)

225. Matéria, tempo e espaço formam uma só coisa na Teoria da Relatividade. Há, portanto, um regresso ao intuitivismo de Schopenhauer. (N.T.)

a pouco, aumenta, torna-se aparente e o seu número cresce dia a dia; invade-nos cada vez mais; cada dia que passa é mais pobre do que o dia anterior, sem obter a licença de estancamento desses gastos. Como a queda dos corpos, a perda se acelera rapidamente até a desaparição total. O caso mais triste é aquele em que, para ambas as coisas, força vital e fortuna (e esta não como termo de comparação, mas em realidade), estão em caminho de fundir-se simultaneamente; assim, o amor à riqueza aumenta com a idade. Em nossos primeiros anos, até a maior idade e mais além, somos sob o respeito da força vital semelhantes aos que, sobre todos os interesses, ajuntam algum capital; não só o que se gasta se renova por si só, mas que o mesmo capital aumenta. Isso acontece, também, às vezes, com o dinheiro, graças aos cuidados previsores do tutor e do homem honrado. Oh! Juventude afortunada! Oh! Triste velhice! Apesar de tudo isso, temos que economizar as forças da juventude. Aristóteles observa (*Política*, liv. último, cap. 5.)[226] que entre os vencedores dos jogos olímpicos não se encontrou senão dois ou três que, vencedores uma primeira vez como jovens, triunfaram como homens completos, porque os esforços prematuros que exigem os exercícios preparatórios esgotam de tal maneira as forças que faltam mais tarde na idade viril. Isso é certo também tanto para a força muscular como mais ainda para as forças nervosas, cuja produção intelectual não é senão a sua manifestação; por isso os *ingenia praecocia*, os meninos prodígios, esses frutos de uma educação de estufa, que assombram na sua idade infantil, chegam a ser, mais tarde, cérebros perfeitamente vulgares. Até hoje é muito possível que um excesso de aplicação precoce e forçada ao estudo das línguas antigas seja a causa de que fez cair mais tarde tantos sábios em um estado de paralisia e de infância intelectual.

Notei que o caráter, na maioria dos homens, parece adaptar-se particularmente a uma das idades da vida, de maneira que essa idade se apresenta sob um aspecto mais favorável. Uns são personagens amáveis e nada mais; outros, nessa idade madura, são homens enérgicos e ativos, os quais a idade, ao avançar, tira todo o seu valor; outros, por fim, se apresentam mais vantajosos na velhice, durante a qual são mais doces, porque têm mais experiência e mais calma; isso acontece frequentemente com os franceses, devendo proceder que o seu caráter tem algo de juvenil, de viril ou de senil em harmonia com a idade correspondente, ou emendado por essa idade.

---

226. Em realidade é no cap. 8 e não no 5 onde se encontra a observação citada pelo autor alemão. (N.T.)

Assim como em um navio não sabemos quando ele está em movimento senão porque vemos os objetos situados na margem desaparecerem atrás e, por conseguinte, tornar-se mais pequenos, assim também não percebemos que vamos ficando velhos e cada vez mais velhos, e que as pessoas de uma idade avançada nos parecem como jovens.

Já examinamos anteriormente como e por que à medida que se envelhece, tudo o que se viu, todas as ações e todos os acontecimentos da vida deixam marcas cada vez menos palpáveis. Assim considerada, a juventude é a única idade em que vivemos com plena consciência; a velhice só tem uma semiconsciência da vida.[227] Com os progressos da idade, essa consciência diminui gradualmente; os objetos passam rapidamente diante dos olhos sem deixar-nos alguma impressão, semelhantes a esses produtos de arte que não chocam senão quando os vimos diversas vezes; faz-se a tarefa que se tem que fazer e depois não se sabe o que se deve fazer. Enquanto a vida torna-se cada vez mais inconsciente, enquanto a marcha feita a grandes passos para a inconsciência completa, a fuga do tempo se acelera pelo mesmo motivo. Durante a infância, a novidade das coisas e dos acontecimentos faz que tudo se imprima em nossa consciência. Às vezes, os dias são tão longos que os perdemos de vista.

O mesmo acontece conosco, pela mesma causa, nas viagens, quando um mês nos parece mais longo que quatro, dentro de casa. Apesar dessa novidade, o tempo que nos parece mais longo se nos faz, na infância como na velhice, muito mais longo em realidade do que na velhice ou em casa. Insensivelmente a inteligência se cobre de mofo pelo costume das mesmas percepções, que acabará por deslizar sobre ele sem impressioná-lo, o que torna os dias cada vez mais insignificantes e, consequentemente, cada vez mais curtos; as horas do menino são mais longas do que os dias do ancião.[228] Vemos, pois, que o tempo de vida tem um movimento acelerado, como o de uma esfera que roda sobre um plano inclinado. Do mesmo modo que em um disco que gira, cada ponto corre tanto mais depressa quanto mais distante está do centro; assim é, para cada um que a proporção da sua distância do começo da vida, o tempo transcorre cada vez mais depressa. Pode-se, pois, admitir que a longitude do ano, tal como calcula a nossa disposição no momento, está em relação inversa ao quociente do ano dividido pela idade; quando, por exemplo, o ano é o 10 da idade, parece dez vezes mais longo que

---

227. Os velhos fazem uma regressão introvertida ao inconsciente. É a vida que lhes chama novamente para a sua primitiva feitura. (N.T.)

228. O que confirma o tempo intuitivo. (N.T.)

quando é o 1/50. Essa diferença na rapidez do tempo exerce influência mais decisiva sobre nossa maneira de ser e em cada idade da vida. Passa primeiro a infância e, depois que atinge os quinze anos, parece que esse é o período mais longo da existência e, por conseguinte, o mais rico em recordações; parece que todo o transcurso da vida está submetido ao tédio em relação inversa com a nossa idade. Os meninos necessitam constantemente de passar o tempo, seja com jogo ou com trabalhos; se o passatempo cessa, são logo atacados de um tédio formidável. Os adolescentes estão, todavia, muito expostos a ele e temem, por consequência, as horas de desocupação. Na idade viril, o tédio vai desaparecendo e para os anciãos o tempo é sempre curto e os dias passam como a rapidez das flechas. Entenda-se bem de que falo sempre de homens e não de brutos envelhecidos. A aceleração na marcha do tempo, supre, pois, quase sempre, o tédio na idade avançada; por outra parte, as paixões, com sua tormenta, começam a mitigar-se; em resumo, uma vez que nós nos encontramos em bom estado de saúde, a carga da vida é, na realidade, mais ligeira do que durante a juventude; no intervalo que precede a aparição da debilidade e das enfermidades da velhice chamam-se "os melhores anos".

Talvez eles o sejam do ponto de vista de nossa tranquilidade; porém, os anos da juventude em que tudo impressiona, em que cada coisa entra na consciência, têm a vantagem de ser a estação fertilizadora do espírito, a que faz brotar as flores. As verdades profundas não se adquirem senão pela intuição e não pela especulação, isto é, a sua primeira percepção é imediata e provocada pela impressão momentânea; não pode, pois, produzir-se senão quando a impressão é enérgica, viva e profunda. Tudo depende, pois, sob esse respeito, do emprego dos anos da juventude. Mais tarde, podemos agir com mais força sobre os demais e até sobre o mundo inteiro, porque estamos completamente acabados e não dependemos da impressão; porém, o mundo age menos sobre nós. Estes anos são a época da ação e da produção; os primeiros são os da compreensão e do conhecimento intuitivo.

Na juventude, domina a contemplação; na idade madura, a reflexão. Por isso a primeira é a época da poesia; a segunda, a da filosofia, da percepção e de sua impressão durante o período da juventude. Mais tarde, então, vem a da reflexão. Isso é proveniente de que na idade madura as imagens se apresentaram e se agruparam ao redor das noções em número suficiente para lhes dar a devida importância, peso e valor, assim como para moderar, ao mesmo tempo, o costume e a impressão das percepções. Pelo contrário, a impressão de tudo o que é visível, do aspecto exterior das coisas, é tão preponderante durante a juventude, especialmente nos cérebros vivos e ricos de imaginação, que os jovens consideram o mundo como um quadro; preocupam-se principalmente do efeito e da figura que fazem nele, muito mais do que a disposição interior que despertam nele. Isso se vê na vaidade de sua pessoa e de sua "janotice".

A maior energia e a mais elevada tensão das forças intelectuais se manifestam indubitavelmente durante a juventude até aos trinta e cinco anos ou mais tarde; a partir dessa época, diminuem insensivelmente. A idade seguinte e até a velhice não carecem de compensações intelectuais. Neste momento, a experiência e a instrução adquiriram toda a sua riqueza. Teve tempo e ocasião em considerar as coisas sob todos os aspectos e meditá-las; comparou umas com as outras e chegou à descoberta do como e onde os pontos se ligam e se unem; por conseguinte, é a idade que se compreende bem, no seu encadeamento completo. Tudo fica esclarecido. Por isso, sabe-se a fundo as coisas que já se sabiam na juventude, porque, para cada noção, tem-se muitos dados. O que se queria saber quando se era jovem sabe-se depois melhor na velhice. Evidentemente, sabe-se mais e possui-se conhecimentos racionais, em todas as direções, solidamente encadeados, enquanto na juventude nosso saber é defeituoso e fragmentário. Só o homem chegado a uma idade avançada terá uma ideia completa e exata da vida, porque sabe abrangê-la com um golpe de vista, em todo o seu conjunto e no seu curso natural, sobretudo, porque não a vê como os demais, unicamente do lado de fora, como também do lado de dentro. Colocado dessa maneira, reconhece plenamente o nada, enquanto os outros são joguetes dessa ilusão constante do aparecimento do verdadeiro bem. Durante a juventude, existem muitas concepções; um homem qualquer pensa que está apto a produzir mais coisas do que conhece; na idade madura existe mais discernimento, mais penetração e mais profundidade. Durante a juventude, recolhe-se os materiais de suas noções, as opiniões originais e fundamentais, isto é, de tudo o que um espírito privilegiado está destinado a presentear ao mundo; porém, só muitos anos mais tarde torna-se senhor de seu assunto. A maioria das vezes encontramos dados em que afirmamos que os grandes escritores não produziram suas obras-mestras senão depois dos cinquenta anos.[229] Mas, nem por isso a juventude deixa de ser a raiz dos conhecimentos, uma vez que é a copa

---

229. Goethe, por exemplo, produziu o seu *Fausto* quase no fim da vida; o mesmo aconteceu com Calderon e Hartzenbusch. (N.T.)

da árvore que produz os frutos. Assim como cada época, ainda que seja lastimosa, crê ser a mais sábia que todas as outras que lhe procederam, de igual maneira é o homem que acredita ser superior ao que era antes. Ambas as coisas induzem ao erro.

Durante os anos de crescimento físico, quando aumentamos, igualmente, em forças físicas, intelectuais e em conhecimentos, o de hoje habituar-se-á a olhar o ontem com desdém. Esse costume arraiga-se e persevera mesmo quando começa a decadência das forças intelectuais; o de hoje deveria olhar o de ontem com mais consideração; desprezam-se demasiadamente, nesse momento, as produções e os juízos dos anos de juventude.[230]

Devemos notar, sobretudo, mesmo que o cérebro e o entendimento sejam inatos quanto às suas propriedades fundamentais, como o caráter e o coração dos homens não permanecem tão invariáveis, pois estão submetidos a muitas modificações que, em conjunto, se produzem metodicamente, porque provêm de uma parte cuja face é física e, por outra, porque seu tecido é empírico. Sendo assim, a sua força própria tem um crescimento contínuo ao ponto máximo e, depois, seu decrescimento contínuo vai até a imbecilidade. Tal é o tecido sobre o qual se exerce essa força e que a mantém em atividade, isto é, o conteúdo dos pensamentos do saber, a experiência, os acontecimentos, o exercício do discernimento e a perfeição que daí resulta: toda essa matéria é uma quantidade que cresce constantemente até o momento em que sobrevém a debilidade definitiva e a inteligência deixa escapar tudo. Essa condição do homem de ser composto por uma parte absolutamente variável – o caráter – e de outra – a inteligência – que varia regularmente, em duas direções opostas, explica a diversidade do aspecto sob a qual se manifesta e de seu valor nas diferentes épocas de sua vida.

Em um sentido mais amplo, pode-se dizer também que os quarenta primeiros anos da existência proporcionam o texto e os trinta seguintes o comentário, que nos fornece então a compreensão exata do verdadeiro sentido, logo, a moral e todas as suas sutilezas.

Particularmente, no termo da vida existe algo que recorda o final de um baile de máscaras, quando os mascarados retiraram-se. Nesse momento vemos quais eram aqueles com quem estivemos em contato durante sua vida. Os caracteres saíram à luz, as ações deram os seus frutos, as obras encontraram sua exata apreciação e todas os fantasmas

---

230. Ainda assim, em nossa juventude, quando o tempo é mais precioso, o gastamos com liberalidade, e apenas na velhice começamos a economizá-lo. (N.A.)

se desvaneceram. Porque, para isso, necessitou-se de tempo. O mais estranho é que o homem não se conheça e não se compreenda bem a si mesmo, o fim de suas aspirações, especialmente no que concerne ao mundo e aos homens e o objetivo de sua vida. Muitas vezes terá que classificar-se mais abaixo do que supunha; porém, às vezes, também, conceder a si próprio um posto superior; nesse último caso, essa exaltação provém de que não se tem conhecimento suficiente da pequenez do mundo, do fim da vida, colocando-se em demasiada altura. Aprende-se a conhecer aproximadamente o que cada homem vale.

Costuma-se chamar a juventude a época feliz, e a velhice a época triste da vida. Isso seria certo se as paixões tornassem felizes. Elas, porém, são as que bamboleiam a juventude daqui para lá, dando-lhe poucas alegrias e muitas preferências. Não agitam mais a idade fria, que se reveste em seguida de uma tinta contemplativa, porque o conhecimento livra o homem e alça grandes voos. O conhecimento está, por si mesmo, isento de dor.[231] Por conseguinte, quanto mais este predomina na consciência, mais feliz esta será. Não temos senão que refletir que todo o gozo é negativo e a dor é positiva, para compreender que as paixões não poderiam tornar o homem feliz e que a idade não é do sentir, porque os gozos lhes estão proibidos. Todo o gozo não é mais que a satisfação de uma necessidade e o indivíduo não é desgraçado por perdê-lo. É a mesma coisa que não poder comer depois de ter comido ou dever velar, depois de toda uma noite de sono. Platão (na introdução à *República*) tem razão ao julgar a velhice a época mais feliz da vida, por estar despojada do instinto sexual que até há pouco lhe atormentava constantemente. Quase se poderia sustentar que as fantasias diversas e incessantes que engendram o instinto sexual, assim como as emoções que daqui resultam, mantêm, no homem, uma benigna e constante demência, quando está sob a influência desse instinto ou desse diabo, de que se vê possuído, ao ponto de não chegar a ser completamente razoável senão depois de ter-se livrado dele. Na abstração feita de todas as circunstâncias e condições individuais, é próprio da juventude ostentar ares de melancolia e certa serenidade própria da velhice; e isso somente porque o jovem é ainda escravo e não o senhor desse demônio que dificilmente lhe concede uma hora de liberdade e que é também o autor, direto e indireto, de quase todas as calamidades que ferem ou ameaçam o homem. A idade madura tem a serenidade de que, rompendo cadeias que levou durante muito tempo, desfruta a sucessão da

---

231. O que confirma as vistas de Spinoza. (N.T.)

liberdade de seus movimentos. Por outra parte, poderíamos dizer que, uma vez extinta a inclinação sexual, atingiu o verdadeiro eixo da vida,[232] não ficando senão o envoltório. A vida se parece a uma comédia cuja representação, começada por homens vivos, é terminada por autômatos revestidos com as mesmas roupas.

Seja o que quiser, a juventude é o momento da agitação; a idade madura é a do repouso; isso basta para julgar os seus respectivos prazeres. O menino levanta avidamente as mãos para o espaço, em direção aos objetos aberrantes e tão diversos que vê diante de si; tudo isso o excita, porque o seu senso é ainda muito fresco e jovem. O mesmo acontece, porém, com mais energia, a tudo que atinge ao jovem. Ele, também, é excitado pelo mundo de cores brilhantes e de figuras múltiplas e sua imaginação lhe atribui imediatamente mais valor do que o mundo lhe pode oferecer. Assim a juventude está cheia de exigências e de aspirações vagas que lhe tiram o repouso sem o qual não existe felicidade. Com a idade, tudo se acalma, porque o sangue esfriou-se e a excitabilidade do senso diminuiu, a experiência, ensinando-lhe o valor das coisas e o conteúdo dos gozos, despojou-a, pouco a pouco, das ilusões, das quimeras e dos prejuízos que ocultavam até então no aspecto livre e nítido das coisas, de maneira que conhecemo-las com mais exatidão e clareza. Tomamo-las pelo que são e adquirimos em maior grau a convicção do nada de todas as coisas terrestres. Isso é o que dá a todos os anciãos, ainda aos de uma inteligência muito vulgar, certo traje de sabedoria que lhes distingue dos mais jovens. Ademais, tudo isso produz, principalmente, a calma intelectual, que é um elemento importante e condicional à essência da felicidade. Enquanto o jovem acredita que poderia conquistar neste mundo, quem sabe quantas maravilhas, mesmo que tenha trabalhado muito em encontrá-las, o velho está penetrado da máxima do Eclesiastes: "Tudo é vaidade" e sabe, agora, que todas as nozes são ocas, por mais douradas que sejam.

Só a uma idade avançada o homem chega plenamente ao *nil admirari* de Horácio, a condição direta, sincera e firme da vaidade de todas as coisas e da inanidade de todas as pompas do mundo.[233] Nada de quimeras! Não se construa mais com a ilusão, de que reside, em alguma parte, no palácio ou na cabana, uma felicidade especial, maior daquela

---

232. Fonte do pansexualismo de Freud. Está escrito na própria biologia que, extinta a sexualidade, a vida decairá. Um eunuco não vê este belo mundo como um homem normalmente constituído na sua sexualidade. (N.T.)

233. HORÁCIO, *Epistulae*, 1.6.1. ["Não se perturbar com nada é quase o único meio que pode dar e conservar a felicidade." (N.T.)]

que ele desfruta, no que há de essencial sempre que esteja livre de toda a dor física ou moral. Não existe, tampouco, distinção, no seu juízo, entre o grande e o pequeno, entre o nobre e o vil, medidos pela escala dos baixos. Isso concede ao ancião uma tranquilidade particular de ânimo que lhe permite olhar, sorrindo, os prestígios fictícios do mundo. Está completamente desenganado; sabe que a vida humana, faça-se o que se fizer para enfeitá-la, não tarda em revelar-se em toda a sua miséria, através dos ouropéis de feira; sabe que, faça-se o que se fizer para pintá-la, é sempre a mesma coisa; uma existência cujo real valor temos que calcular pela ausência das dores e não pela presença dos prazeres e ainda menos dos faustos.[234] O rasgo fundamental e caraterístico da velhice é o desengano; as ilusões desaparecerem, pois elas davam à vida encanto e atividade; reconheceu o nada e a vaidade de todas as magnificências deste mundo, especialmente a pompa e o esplendor das grandezas; experimentou a insignificância do que há no fundo de todas as coisas que se desejam e de todos os gozos a que se aspiram e chegou, assim, pouco a pouco, a convencer-se da pobreza e do vazio da existência. Só aos sessenta anos se compreende bem o primeiro versículo do Eclesiastes.[235] Isso é, porém, o que lhe dá certa tinta lúgubre. Acredita-se, comumente, que a enfermidade e o tédio são o patrimônio da velhice. A primeira não é essencial, especialmente, quando se tem a esperança de chegar a uma velhice avançada, porque *crescente vita, crescit sanitas et morbus* (à medida que a vida avança, crescem a saúde e a enfermidade).

É quando sobrevém o tédio, como demonstrei acima, porque a velhice teme-o menos que a juventude; o tédio não é tampouco o companheiro obrigatório da solidão, ao qual nos arrasta, efetivamente, a idade por motivos fáceis de compreender; só acompanha aos que conheceram os gozos dos sentidos e dos prazeres da sociedade e deixaram o seu espírito sem enriquecer-se e suas faculdades sem desenvolver-se. É verdade que, em uma idade avançada, as forças intelectuais declinam também; porém, onde restou uma partícula, sempre ficou o suficiente para combater o tédio. Ademais, como demonstramos, a razão ganha em vigor com a experiência, os conhecimentos, o exercício e a reflexão; o juízo torna-se mais penetrante e se aclara no encadeamento das ideias; adquire-se, cada vez mais, em todas as matérias, perspectivas de conjunto sobre todas as coisas; a combinação sempre variada dos conhecimentos que já se possuía, as aquisições novas que vêm agregar-se,

---

234. *Ibid.*, I, 12, 1-4. (N.T.)
235. "Vaidade de vaidades, diz o pregador, vaidade de vaidades! Tudo é vaidade." (N.T.)

favorecem em todas as direções os progressos contínuos de nosso desenvolvimento intelectual, no qual o espírito encontra a sua ocupação, alívio e prêmio. Tudo isso compensa, até certo ponto, o debilitamento intelectual de que falamos. Sabemos, ademais, que na velhice o tempo corre mais rapidamente e assim neutraliza o tédio. O enfraquecimento das forças corporais não é muito prejudicial, salvo o caso em que se necessitem dessas forças para a profissão que se exerce. A pobreza, durante a velhice, é uma desgraça. Se se conservou a saúde, a velhice torna-se uma parte suportável da vida. A comodidade e segurança são as suas principais necessidades; por isso ama, mais do que nunca, o dinheiro, porque supre as forças que lhes abandonaram. Relegado de Vênus, quererá, naturalmente, cair nos braços de Baco. A necessidade de ver, de viajar, de aprender, é logo substituída pela de ensinar e de falar. É uma sorte o ancião ter conservado o amor ao estudo, à música ou ao teatro e, geralmente, a faculdade de ser impressionado pelas coisas exteriores. Isso acontece para alguns homens, mesmo em idade avançada. O que o homem "tem por si mesmo" nunca é aproveitado tanto como na velhice. É verdade que a maioria dos indivíduos tendo sido, em todos os tempos, obtusos no entendimento, tornam-se cada vez mais autômatos à medida que avançam na vida; pensam fazer sempre o mesmo e nenhuma impressão exterior pode substituir o curso de suas ideias ou fazê-lo produzir algo de novo. Falar aos semelhantes velhos é escrever na areia, porque a impressão se apaga imediatamente. Uma velhice dessa espécie não é senão um *caput mortuum* da vida. A natureza parece querer simbolizar o advento desta segunda infância por uma terceira dentição que se declara em alguns casos raros, entre os anciãos.

O debilitamento de todas as forças, na velhice progressiva, é verdadeiramente uma coisa triste; porém, é necessária e até benfeitora. Do contrário, a morte, da qual é o prelúdio, se tornaria demasiadamente penosa. A vantagem que uma idade avançada proporciona é a eutanásia,[236]

---

236. A vida humana, propriamente falando, não pode chamar-se nem longa nem curta, porque no fundo é a escala com que medimos todas as demais dimensões do tempo. As *Upaniṣadas* (II, 53) concedem cem anos para a duração natural da vida. Eu creio que, com razão, porque anotei que os que passaram de noventa anos acabam pela eutanásia, isto é, morrem sem enfermidade, sem apoplexia, sem convulsão, sem estertor, até sem empalidecer, às vezes sentados, principalmente depois da comida. Seria mais exato dizer que não morrem, mas que cessam de viver. No Antigo Testamento (*Salmos* 90, 10), a duração da vida humana é calculada em setenta, às vezes, em oitenta anos, e o que é também de se notar, Heródoto (I, 32, e III, 22) diz o mesmo. Porque a duração natural da vida fosse de setenta ou de oitenta anos, deviam morrer de velhice; mas não é isso que acontece. Morrem como os jovens,

a morte fácil, sem enfermidade que lhe preceda, sem convulsões que lhe acompanhem; é uma morte em que o indivíduo não sente morrer. Dei uma descrição dela no segundo volume de minha grande obra, no capítulo 41.

Por muito tempo que se viva, não se possui nada mais do que o presente indivisível; a recordação perde, cada dia, pelo esquecimento, mais do que ganha com o crescimento.

A diferença fundamental entre a juventude e a velhice será sempre esta: que a primeira tem a vida em perspectiva e a segunda a morte; que, por conseguinte, uma possui um passado curto, com largo futuro e outra, o contrário. Indubitavelmente, o ancião não tem diante de si senão a morte, o jovem tem a vida. Agora trata-se de saber qual das duas perspectivas oferece mais inconvenientes e se não é preferível ter a vida detrás de si do que adiante. O Eclesiastes dizia: *O dia da morte é melhor que o dia do nascimento*. Em todo o caso pedir para viver muito é desejo temerário. Porque *"quien larga vida vive mucho mal vive"* (quem larga vida vive, muito mal vive), diz um provérbio espanhol.

Não estão, como supõe a astrologia, as existências individuais inscritas nos planetas, mas gravadas na marcha do mundo, em geral, enquanto correspondem, por sua ordem, cada um, a uma idade e enquanto a vida está governada por eles. Aos dez anos, rege Mercúrio. Como este, o homem se move com rapidez e facilidade em uma órbita muito reduzida; a menor bagatela é para ele uma perturbação, porém, aprende muito e com soltura sob a direção dos deuses da astúcia e da eloquência. Com os vinte anos começa o reinado de Vênus: o amor, e as mulheres tomam conta dele. Aos trinta anos é Marte o que domina; o homem é então, violento, robusto, audaz, belicoso e altaneiro. Aos quarenta anos, governam os quatro planetas menores: o campo de sua vida aumenta, é *frugi*, pois consagra-se ao útil, pela virtude de *Ceres*; tem um lugar doméstico, por *Vesta*; aprendeu o que necessita saber pela influência de *Palas* e como Juno, a esposa governa, como senhora da casa.[237] Aos cin-

---

pela enfermidade, porém, a enfermidade é uma anomalia, de maneira que isto não é um fim natural. Só entre os noventa e os cem anos é normal morrer de velhice, sem enfermidade, sem luta, sem convulsões, sem estertor, às vezes sem empalidecer, em uma palavra, pela eutanásia. Por isso que nesse ponto as *Upaniṣadas* assinalam em cem anos a duração natural da vida. (N.A.) [Schopenhauer morreu como ele desejava: sentado em uma cadeira, sem soltar um grito. (N.T.)]

237. Sei que descobriram depois 62 planetoides telescópicos; porém, não quero saber nada disso. Faço com eles, conforme os professores de filosofia fazem comigo; ignoro-os, porque desacreditam a minha mercadoria. (N.A.)

quenta anos domina Júpiter; o homem sobreviveu à maior parte de seus contemporâneos e sente-se superior à geração atual. Estando em plena posse de suas forças, é rico de experiências e de conhecimentos; tem (na medida de sua individualidade e de sua posição) autoridade sobre todos os que lhes rodeiam. Não se deixa mandar, porque quer dirigir. Agora é, na sua esfera, o mais apto para ser guia e dominador. Assim culmina Júpiter com ele, o quinquagenário. Depois dos sessenta anos, chega Saturno e com ele a lentidão, o peso, a tenacidade do chumbo:

> *But old folks, many feing as they were dead;*
> *Unwieldy, slow, heavy and pale as lead.*[238]

Por último vem Urano; é o momento de ir para o céu, segundo se diz. Não podemos contar aqui com Netuno (assim chamaram-no por irreflexão), que se chamava verdadeiramente Eros. Gostaria de demonstrar de que maneira o começo se enlaça com o fim. Eros está em conexão misteriosa com a Morte, conexão em virtude da qual o Orcus ou Amenthes dos egípcios[239] é não só "o que toma" mas também "o que dá", isto é, o que teria demonstrado, como a morte é o grande *reservoir de la vie* (reservatório da vida). Sim; do Orcus vem tudo e daí tudo o que tem vida; se fôssemos capazes de compreender o mecanismo por meio do qual se pratica isso, então tudo ficaria esclarecido!

---

238. SHAKESPEARE, *Romeo and Juliet*. Ato II, cena V. ["Alguns anciãos parecem mortos;/ são pálidos, tardios, pesados e inertes como o chumbo." (N.T.)]
239. Cf. PLUTARCO. *De Iside et Osiri*, cap. 29.

Este livro foi impresso pela Gráfica Rettec
em fonte Minion Pro sobre papel Pólen Bold 70 g/m²
para a Edipro no verão de 2022.